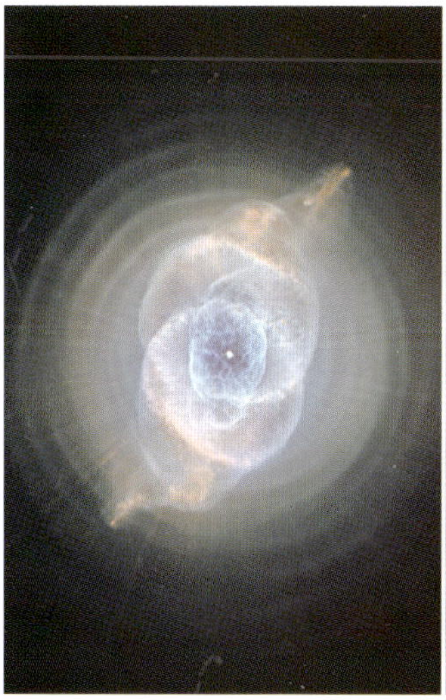

图注

“大爆炸宇宙论”模拟图,它认为：宇宙是由 个致密炽热的奇点于137亿年前一次大爆炸后膨胀形成的。（上图）

寒武纪时期多细胞生物复原图。寒武纪是地质年代划分中属显生宙古生代的第一个纪，距今5.7亿—5.1亿年，寒武纪是现代生物的开始阶段，是地球上现代生命开始出现、发展的时期。（左图）

图注

恐龙复原图，恐龙是生活在距今2亿3500万—6500万年前的、能以后肢支撑身体直立行走的一类动物，灭亡于白垩纪所发生的中生代末白垩纪生物大灭绝事件。其灭绝原因最为公认的是陨石撞击说和火山说，当然还有其他假说：气候变迁说、物种斗争说、大陆漂移说、地磁变化说、海洋退潮说……（上图）

原始肉食性鱼类化石，距今已有3.8亿年的历史。（下图）

图注

人类进化复原图。人类进化起源于森林古猿，从灵长类经过漫长的进化过程一步一步发展而来。主要经历了猿人类、原始人类、智人类、现代类四个阶段。（上图）

旧石器时代的原始人日常生活景象。旧石器时代，距今300万—1万年，以使用打制石器为标志的人类物质文化发展阶段。地质时代属于上新世晚期更新世，从距今约300万年前开始，延续到距今1万年左右止。（下图）

图注

新石器时代原始人使用的磨制石器。

图注

新石器时代人类生活复原图。

新石器时代大约从1万年前开始，结束时间从距今5000多年至2000多年不等。新石器时代有三个基本特征：开始制造和使用磨制石器；发明了陶器；出现了农业和养畜业。

图 注

古埃及壁画《埃及艳后和她的追求者》。埃及的壁画大多都存在于墓室和神庙中，所描述的大多是古埃及人当时的生活场景、战争场面与埃及的宗教诸神与传说。（上图）

雅典卫城是希腊最杰出的古建筑群，是综合性的公共建筑，为宗教政治的中心地。雅典卫城面积约有4平方千米，位于雅典市中心的卫城山丘上，始建于公元前580年。卫城中最早的建筑是雅典娜神庙和其他宗教建筑。雅典卫城，也称为雅典的阿克罗波利斯，希腊语为“阿克罗波利斯”，原意为“高处的城市”或“高丘上的城邦”。（下图）

图 注

亚历山大大帝画像。亚历山大大帝即亚历山大三世，马其顿帝国国王，亚历山大帝国皇帝，他是古代史上著名的军事家和政治家。是欧洲历史上最伟大的四大军事统帅之首（亚历山大大帝，汉尼拔，恺撒大帝，拿破仑）。他先后统一希腊全境，进而横扫中东地区，不费一兵一卒占领埃及全境，荡平波斯帝国，大军开到印度河流域。（上图）

唐三彩是中国古代陶瓷烧制工艺的珍品，全名唐代三彩釉陶器，是盛行于唐代的一种低温釉陶器，釉彩有黄、绿、白、褐、蓝、黑等色，而以黄、绿、白三色为主，所以人们习惯称之为“唐三彩”。（下图）

图注

胡夫金字塔是埃及金字塔中最大的金字塔。塔高146.59米，相当于40层大厦高。塔身是用230万块巨石堆砌而成，大小不等的石料重达1.5吨至160吨，塔的总重量约为684万吨，它的规模是埃及至今发现的70多座金字塔中最大的。

图注

希波战争绘画，希波战争是古代波斯帝国为了扩张版图而入侵希腊的战争，希波战争是世界历史上第一次欧亚两洲大规模国际战争。这场战争前后持续了将近半个世纪，结果是希腊城邦国家和制度得以幸存下来，而波斯帝国却从此一蹶不振。

图注

古罗马人时装绘画。古罗马人的衣服大多数都是羊毛做的，是由奴隶或妇女在织布机上纺织而成的。

图注

法国大革命油画。法国大革命是1789年7月14日在法国爆发的革命，统治法国多个世纪的波旁王朝的君主制在三年内土崩瓦解。（上图）

蒙古帝国士兵绘画。蒙古帝国是在13世纪由孛儿只斤·铁木真、尊号“成吉思汗”建立，铁木真及其子孙在对外征战中，开拓了东起日本海、西抵地中海、北跨西伯利亚、南至波斯湾的辽阔疆域，国土横跨亚欧大陆，极盛时国土面积达4000多万平方公里（含西伯利亚北部），是连续面积最大的帝国。（下图）

图 注

中国唐代宫廷乐舞图。在乐舞方面，唐朝继承发扬传统文化，胸怀博大，兼蓄并收，形成了继西周、西汉之后的第三个高峰。

图 注

美国独立战争画像。

美国独立战争（1775—1783年）是英属北美13个殖民地反抗英国统治、争取民族独立的革命战争，又称美国革命战争或美国革命。

图注

反映1889年日本明治维新，《大日本帝国宪法》颁行的浮世绘。

图注

出现在第一次工业革命期间的火车，它的发明者为英国工程师乔治·斯蒂芬孙。（上图）
俄国十月革命油画。十月革命发生于1917年11月7日（俄历10月25日），十月革命是经伟大革命导师列宁同志领导下的布尔什维克领导的武装起义，建立了人类历史上第二个无产阶级政权和由马克思主义政党领导的第一个社会主义国家——俄罗斯苏维埃联邦社会主义共和国，简称苏维埃俄国。（下图）

A Short History of The World

极简世界史

从地球起源到人类的现在

【英】乔治·威尔斯◎著
罗建华◎译

中国出版集团
现代出版社

图书在版编目(CIP)数据

极简世界史 / （英）乔治·威尔斯著；罗建华译
. —北京：现代出版社，2017.4
ISBN 978-7-5143-5850-6

Ⅰ. ①极…　Ⅱ. 乔…②罗…　Ⅲ. ①世界史—通俗
读物　Ⅳ. ①K109

中国版本图书馆CIP数据核字(2017)第043608号

极简世界史

作　　者　【英】乔治·威尔斯
译　　者　罗建华
责任编辑　魏　巍
出版发行　现代出版社
地　　址　北京市安定门外安华里 504 号
邮政编码　100011
电　　话　010-64267325　010-64245264（兼传真）
网　　址　www.1980xd.com
电子邮箱　xiandai@cnpitc.com.cn
印　　刷　三河市南阳印刷有限公司
开　　本　710mm×1000mm　1/16
印　　张　19.75
版　　次　2017 年 5 月第 1 版　2017 年 5 月第 1 次印刷
书　　号　ISBN 978-7-5143-5850-6
定　　价　45.00 元

版权所有，翻印必究；未经许可，不得转载

前 言

《极简世界史》是英国著名作家乔治·威尔斯撰述的一部世界历史，它被称为“通俗世界史的扛鼎之作”，它像小说一样好看、迷人，一定会让你忍不住一口气读完。威尔斯一生创作过许多作品，涉及文学、科学、历史、社会、政治、哲学等多个领域，《极简世界史》作为他的代表作之一，被公认为是世界历史书籍的经典著作。在这本书中，作者以无比开阔的视野、轻快简洁的笔调，将物种起源以来的人类历史有条不紊地展现出来，他的写作角度不拘泥于考据，给读者提供一个宏伟、宽广的视野，不仅是一部历史著作，也是一部优秀的科普读物。

历史的写法有很多种，我们经常看到的是那种枯燥史料的堆砌，抑或是老生常谈的剖析；或者按照时间的发展顺序写成的历史，看不到独到的见解，也毫无灵感的迸发……历史学家都好像是从远古走来的老学究，带给我们的是满满沉闷无趣的印象。然而乔治·威尔斯的书不是这样，他写的历史独具特色。

从《极简世界史》中，我们能看到在古老而遥远的时代旅程中，人类历史慢慢浮现出来。起初它如同婴儿蹒跚学步，步伐缓慢，站立不稳，随着历史年代越来越近，婴儿长大成人，步履沉稳坚实，历史时空的故事也更加完整，扣人心弦。《极简世界史》顾名思义，并不具备长篇大论记述历史事件的特点，但是，它的内容十分精练突出、知识含量丰富，从人类文明的开端直到第二次世界大战，将主要的历史事件概括性地陈述出来。作者用独到的手法叙述了古代埃及、古代希腊罗马、欧洲文艺复兴、宗教改革、法国大革命等重大历史事件，并涉及儒家、道家等东方文化。而本书最大的亮点是摆脱了民族主义、欧洲中心论的偏颇，它关注整个人类文明的历史遗产，其中包含了文化、思想、宗教、艺术、哲学等人类历史进程中有价值的东西。《极简世界史》的每一处讲述，都渗透着作者对广阔宇宙、生命价值的赞叹。

本书是威尔斯《极简世界史》的重译本，相较于其他版本，也有其全新的特点：

第一，以最大努力还原作者对历史的客观描述，凸显书中独到的见解和新鲜的灵感，将威尔斯撰写世界史的立意和观点展示出来。尤其是威尔斯另辟蹊径的历史研究法，以及他将历史、宗教、哲学等问题融会贯通的自由的世界观，本书译者将这些特色原汁原味地呈现给读者。

第二，对原文出现的引文进行严格的核对，《极简世界史》中引用了很多《圣经》的内容，本书会跟《圣经》原文进行翻译核对，并尊重宗教名词的严谨性，避免错译和含混不清的情况出现。

第三，本书译文遵照威尔斯创作的一贯风格，用词准确，脉络清晰、笔触鲜明、通俗易懂，使人读来饶有趣味。不仅向读者展示一个较为清晰的历史发展脉络，也讲述了一个多元化、多层次的世界历史，在给读者带来丰富的知识的同时，还力图打造出一本人人都能看懂的《极简世界史》，让每一位读者都喜爱世界历史。

“以史为镜，可以知兴衰；以人为镜，可以知得失。”威尔斯的《极简世界史》无疑是我们了解人类过去的一条路径，它如同一座闪亮的灯塔，为人类的现在与未来提供借鉴的方向，《极简世界史》回顾历史，讲述历史，而这本著作中的精神财富，也必然随着历史一直流传下去。

译　者

目　录
contents

第一章　空间中的地球

人类虽然生活在地球上，但是对于这个世界的认识还远远不够。在大约200多年之前，我们才刚刚知道人类近3000年的历史。而对于之前的历史，我们却只能依靠想象力和历代传说加以叙述说明。现在有很多人认为，世界是在公元前4004年被突然创造出来的，这样的思想被人们一代一代地灌输下去。

然而，即使大家都认同“世界是突然被创造出来的”这一观点，但是对于这个世界突然被创造出来的时间是发生在春天还是秋天，依旧存在着很大的分歧，并为此争论不休。而用来佐证他们观点的论据也十分荒谬，或是猜臆，或是生硬阐释了希伯来人的《旧约》。显而易见，这种争论毫无意义。

如今，我们早已摒弃了这种不科学的观点。大部分人都认为，如果客观地用自然科学的眼光来看待地球上的各种现象，我们的世界在很久以前就存在了。当然，也并不是所有观察推测的现象都是真实的，就像房子的两端都放着镜子，我们就看不到房间的尽头一样。但如果认为人类所生存的宇宙只存在六七千年的历史，这种理念也是不科学的，也不值得相信，是应该被推翻的。

如今，众所周知，地球的直径为8000英里（1.28万千米），是一个两端稍扁的橘状球体。在大约2500年以前，少数科学权威就已经知道地球是球形的。然而在此之前，人类社会的普遍认知是：地球是一个平面。现在看来，那时的理论是相当荒诞的，尽管当时人们还用地球与恒星、行星、天空彼此的关系做出了各种解释。现在人们知道，地球以地轴（比赤道直径短24英里）为中心，每24小时自转一周，由此形成了昼夜更替；与此同时，顺着略微不规则且稍有变化的椭圆形轨道，地球每年都绕着太阳公转一周，当地球与太阳的距离为9150万英里时，便是两者之间的最近距离；当距离为9450万英里时则是最远的距离。月球的体积比地球要小一些，它距离地球239000英里，并且绕着地球运行。不要以为在太阳系中只有地球和月球围绕太阳转动。事实上，水星距离太阳3600万英里，金星距离太阳6700万英里，它们也都围绕太阳运行。在地球公转的轨道之外，有无数的小星体、小行星，它们呈带状分布，几乎可以被忽略，除此之外还有海王星、天王星、土星、木星和火星，它们与太阳的平均距离分别是279300万英里、178200万英里、88600万英里、48300万英里和14100万英里。对于这些动辄百万的数字，人们很难想象其究竟有多大。为了让读者更容易直观地理解，我们将太阳和其他行星的距离按照一定的比例缩小，人们更容易接受这样的尺寸对比。

我们假设地球是一个小球，它的直径为1英寸，而太阳是一个大球，直径为9英寸，距离地球大约是323码，相当于五分之一英里，步行约四五分钟就能到达。与之相比，月球就好像一颗小豌豆，距离地球二英尺半。水星和金星两颗内行星在地球和太阳之间，它们分别与地球相距125码和250码。在这些星体周围是茫茫无垠的宇宙空间，一直向外延伸，到达了距离地球175英尺的火星。而木星的直径为1英尺，它与地球相距约1英里。体积稍小的土星距离地球2英里；其次是距离地球4英里的天王星，距离地球6英里的海王星。海王星以外的数千里，是一片悬浮的稀薄气体和细微的尘埃。恒星离地球比较近，可是就算是按缩小后的比例，它们也远在40万英里之外。

面对以上的这些数字，我们可能会发出这样的感慨：上演生命剧目的舞台多么的浩渺空旷啊。

宇宙空间如此广阔无边，我们了解的仅仅是那些生活在地球表面的生物而已。地球的半径为4000英里，生活在地底下的生物最深不超过3英里，而生活在地面以上的生物，距离地面的高度不超过5英里。其余的宇宙空间虽广阔无垠，却是深邃空洞的，是没有生命的空间。

勘探最深的海洋，其深度不过5英里①，而目前飞机创下的最高飞行纪录也只有4英里②。曾经，有人借助气球上升高度达到了7英里，但是遭受到了巨大的自然力阻碍。目前我们所知道的没有任何一种鸟可以飞到5英里的高空，那些被带到飞机上的小鸟和昆虫，在还没达到5英里时就已经失去了知觉。

① 1957年，苏联科学院海洋研究所的海洋考察船对马里亚纳海沟进行了详细的探测，并用超声波探测仪探测出一条特别深的海渊，其中最大深度达到11022米，这是迄今为止已知世界海洋中最深的地方。

② 从目前的飞行技术来看，航天飞机的飞行高度可达100千米，侦察机的飞行高度达50000米。普通大型民航客机可飞行高度是9000—10000米，商务飞机可达到15000米的飞行高度。作者成书时间为1923年，“4英里”的数据是1923年的数据。

第二章　时间中的地球

在距今 50 年的时间里，对于地球的年龄和起源，一些科学家做出了一些富有价值并且有趣的推测。这些推测涉及高深的数学和物理问题，所以我们在这里不能做简单的概括性描述。就天文学和物理学现在的发展程度而言，使这些科学研究成果摆脱主观的猜想和臆断还不太可能。就目前来看，人们推断的地球年龄还在不断变长。20 亿年前，地球是一个独立旋转的星球，它很早就围绕太阳公转了，地球在这之前可能已经存在了。不过，这也只是目前的一个推测，或许有一天科学可以证明，地球存活的时间远比这悠久，甚至超出了我们的想象。

在很久之前，地球和一些行星就已经独立存在并且围绕太阳公转了，在地球独立出来之前，这些星体也许只是太空中团旋而成的一些弥散物。借助望远镜，我们能够看到一些发光的东西呈螺旋状悬浮在天空中，并且围绕一个中心旋转，这就是“涡状星云”。天文学家推测，太阳和其他行星也像这些涡旋物质一样，不断凝聚，才逐渐有了今天的模样。这个聚结所经历的时间，就是我们所谓的“亘古时期”，在这一时期，地球和月球有了最初形状。那时，它们离太阳很近，自转和公转的速度也比较快，太阳是宇宙中的一个巨大火球，所以那些行星很可能都处在表面燃烧熔解的状态。

如果回到那个久远的年代，我们可以目睹地球的原本状态，那景象和现在完全不同：那时，地球表层岩浆滚动，或者更像是熔炉的炉膛，炙热难耐。当时，水是混杂在硫黄蒸气和金属蒸气之中的，因此那时没有水存在的迹象。气雾弥漫之下是沸腾的熔岩海洋。太阳和月亮的光芒穿过天边的赤云，就像飞掠而过的赤热焰火。

经过数百万年的磨砺，太阳和月亮的火焰发出的热度逐渐消退。蒸汽在空中凝结成雨洒落下来，空中的气体也变得稀薄了；岩浆的海洋中，凝固的熔岩起伏不定，和其他漂浮物碰撞后就消失不见了。太阳和月亮与地球的距离逐渐变远，看上去也越来越小，在宇宙中运行的速度逐渐变慢。月球的体积比较小，所以它之前带有的炙热感已经消失了，并且逐渐冷却。日食和满月现象的出现则是因为月球交替遮挡反射了太阳的光线。

在之后几百万年的岁月里，地球缓慢经历了各种变化，最终演变成现在的模样。随着温度的降低，蒸汽冷却并且凝结成云，所以在最初的岩石上，都有一层薄薄的雨水。在后来的岁月中，地球上大部分的水依旧以蒸汽的形式存在着；直到有一天，在慢慢凝固的岩石上，滚烫奔腾的溪流出现，冲刷形成了池沼湖泊，岩屑和沉淀物随着洪流进入了湖底。

最后，人类生存的家园就形成了。如果我们能看到那时的地球，它应该是这样的：狂风暴雨在空中肆虐，脚下都是熔岩，没有土壤也没有草木。我们如今认为最可怕的飓风，远没有那时灼热的风暴来得凶猛和狂暴，如今我们生活在温和的地球上，根本想象不到当时的暴雨是怎样地倾盆而下。暴雨夹杂着撞碎的岩石粉末倾泻而下，汇集成洪流，在地面上冲刷出了巨大的沟壑和峡谷，那些冲刷出的沉积物被带进了原始的海洋。倾盆暴雨夹杂着岩石碎屑，逐渐汇聚成洪流，冲刷地球表面，形成了沟壑和峡谷。与此同时，地球开始进行新一轮的地壳运动，地震和火山不断爆发，而太阳和月亮对地球的作用，又加剧了这种运动的激烈程度。

经过数百万年，地球年龄越来越大。太阳与地球的距离逐渐拉远，它开始变得温和平静起来。月球的运动也随之变慢；慢慢地，暴雨不再那么凶猛，海水不断地增加，汇集成了一望无际的大海，大海自此形成。

但是，那时地球上依旧没有生命，大海中也没有生命，岩石更是一片荒芜，毫无生机。

第三章 生物的产生

如今，我们都知道，在人类有记载和传说之前，那些生物知识是根据层岩中遗留下来的生命体痕迹和化石得到的。在岩层中，我们发现了很多骨骼、纤维、贝壳、果实、根茎、爪印、足迹等远古遗留下来的痕迹，它们依附在页岩、砂岩、板岩、石灰岩中，原始雨水冲刷而成的洼坑和原始的潮汐波痕也被保存下来了。众所周知，正是因为我们坚持不懈地研究这些岩石记录，地球上的古生物史才得以完整的呈现出来，有了我们现在看到的成就。沉积岩就像受到了多次焚烧仍然保留在图书馆的书页一样，经过毁坏变得混乱不堪，失去了原来的样子，所以我们看到的沉积岩并不是分层排列的。很多学者将毕生精力都倾注在这些研究上，我们对这些记录进行了整理以供大家参考。科学家们推断，这些岩层记录了大约 16 亿年的历史。

地质学家把这些岩石中最古老的岩石叫作“原生岩”，因为这些岩石中没有任何生命痕迹。北美洲有大量裸露的原生岩，根据它们的厚度，地质学家推测它们至少有 8 亿年的历史了，这几乎占到整个记录的一半。我一再重申，这个事实有着重大的意义：从海洋陆地形成到现在的上半期，地球上没有任何生命的痕迹，在这些原生岩中虽然有潮汐和暴雨遗留下来的痕迹，但没有任何生命体的迹象。

当我们进一步探究岩石记录时，慢慢发现了生命的印记，并且不断增加。地质学家把最先出现生命印记的时期称为“古生代早期”。生命出现的第一个证据，是发现了一些像小贝壳、植形动物的躯干和花状头、海虫、甲壳虫以及海藻等相对简单的低等生物印记。三叶虫是人类发现的最早的生物，它很像蚜虫，并且和蚜虫一样会蜷成球状。之后的几百年，海蝎子在地球上出现，它较之以前的生物更加强壮灵活，而且适应性更强。

在生命刚诞生之时，动物的躯体都比较小。身长大约只有9英寸的海蝎子算是最大的。这个时期没有任何动植物的生命痕迹，脊椎动物和鱼类的生存迹象也没出现，只有浅水以及潮汐涨落留下的生物痕迹被保存下来。从岩屑、岩洼中取一滴水放在显微镜下观察，我们就能知道古代早期的生物模样，我们惊讶地看到，这滴水中的小贝壳、小海蝎、海藻以及植形动物除了体积之外，与地球上曾经出现的巨大笨拙的被称为生物之王的古生物竟是出奇地相似。

然而，我们要清楚，虽然古生代早期的岩石向人们展示了生命的存在，但是其却无法告诉我们生命的起源。一个化石的形成，必须具备以下基本条件：生物有骨骼，或者有像硬壳一样僵硬的部位，并且有巨大的身躯和体重能够在泥土上留下痕迹。否则，生物体就无法形成和留下化石，也就不能证明它们曾在地球上生存过。现在也是一样，虽然地球上生存着无数小型软体动物，但因为它们没有能力留下印记，就不能给未来的科学家留下它们存在过的证据。由此推断，过去也许有无数类似的动物存在，它们曾经在地球上生存繁衍，直至消亡也没留下任何迹象。也许有许多低等、无壳无骨、软体的生物曾经在我们所说的“无生代”的湖泊以及温暖的海洋浅水域里生存过，而绿色浮藻也曾在有阳光的岩石海滩上大量地繁殖过。岩石上的记录就像无法显示他人生活记录的银行存折，所以不能把它看作是过去生物的完整记录。生物只有进化到有了坚硬部位或者有了支撑的茎，可以留下痕迹了，才能被写进史册。石墨是一种分离状态的碳，它出现在比化石岩更古老的岩石中。一些专家推测，或许这种物质，是通过其自身旺盛的活动，在化合状态中分离出来的。

第四章　最初的鱼类

“世界历史只有几千年”——人们有过这样错误的认识。与此同时，他们还认为动植物创造出来就是没有变化的。然而，随着时间的推移，人类慢慢丢掉了这种错误看法，因为人们发现并研究了岩石记录。人们开始对漫长岁月中是否有着缓慢的进化和变化表示质疑，也正是因为这样才有了“生物进化”学说，简单地说，就是地球上的一切生物，无论是动物还是植物，都是从无生代海洋中一些非常简单的原始生物逐渐进化演变而来的。

生物的进化问题就像地球的年龄问题一样，从古至今一直是人们争论的主题。生物进化论思想曾经因为某些原因，被正统基督教、伊斯兰教和犹太教看作异端邪说。欣慰的是，那个时代已经一去不复返了。现在，天主教、基督教新教、伊斯兰教和犹太教教徒坦然接受了开阔新颖的“万物同源”说。地球上的一切生物都是慢慢发展演变而来的，突然出现的生物根本不存在。经过悠久的岁月沟渠，当我们的想象力还很混沌的时候，生命迹象开始出现在潮汐涨落的泥土之中，它们逐渐变得强壮自由，成为有意识的生物。

生命之中包含多个个体。它们不像没有边际静止的结晶体，也不像团状和块状的非生物体，它们是实实在在的。它们具有非生物体所没有的两种特征：一是它们可以摄入其他物质，并且使其变成自身的物质；二是它们能够生存繁殖。这些繁殖出来的新个体与它们既有相似之处又有不同之处。每种生命体和它的后代都有着一些特殊的种族相似性，同时，又有着个体之间的差异。由此看出，不同时段、不同种类的生物都有相似之处。

新生生物与母体生物之间的相似性和差异性出现的原因是什么呢？到目前为止，学者们也没做出合理的解释。把这些相似性和差异性看成是常识，似乎比把它看成是科学知识更容易让人接受。一个生物的生存环境一旦改变，此种生物的特征就会有相应的变化。不论哪一代的生物，总有大量的个体因为其自身的差异，使它们可以更好地适应所处的环境，当然，也会有一些生物个体，因为自身差异而不能在新环境中生存。总之，两者相比，适应环境的生物寿命更长，繁殖力相对较强，因此它们的种族更加旺盛。如果能像这样世代传承，那么这个物种的平均适应性会变得更好。这种过程被称作“自然选择”。和科学的推测相比，人们更愿意接受这个过程是根据生物繁衍和个体差异而做出的必然推论这种说法。有很多力量可能在物种的生存演变中起到了至关重要的作用，但是到现在为止，这其中的奥妙科学都很难去解释。但是从生物出现以来就存在的“自然选择”的作用是不可否认的，否则他不是缺乏最本能的思维能力，就是忽视生命的本质事实。

许多学者都对生物起源做过假设，他们的设想都十分有趣，但是到目前为止，也没令人完全信服的生命起源学说。不过有一个观点获得多数权威的认可：在有阳光和海水的泥沙中出现了生命，后来，这些初生的生命被涨落的潮汐带到了潮间区、海岸和大海深处。

在原始世界，潮水活动很剧烈。拼命地拍击那些脆弱的生命，它们有些因为被潮水卷进没有阳光和空气的深海而死去，有的则被海岸上的阳光烤焦。在这种险恶的生存环境下，生命体不得不生根固定身体，甚至长出外壳避免被阳光烤焦。一开始，生物依靠灵敏的味觉寻找食物，依靠灵敏的光感走出黑暗的洞穴和深海，甚至凭借刺目的光线，从环境恶劣的浅滩中逃走。

开始的时候，生物长出甲胄和硬壳只是为了防止光照脱水，并不是为了御敌。在地球历史的早期，生物就已经有了爪子和牙齿。

之前，我们提到过远古时期海蝎子的大小，它在相当长的一段时间被称为生物界的霸王。接着，地质学家认为大约5亿年以前，在古生代岩中出现了一种有眼睛、有牙齿、会游泳、生命力更强的物种。这种新物种就是我们所知道的最早的脊椎动物，也就是鱼类的雏形。

“志留纪时代”之后是“泥盆纪时代”，脊椎鱼类的数量显著增加。因为鱼类在这一时期极为繁盛，所以岩石记录将这一时期称作“鱼类时代”。而这些和现在的鲟鱼、鲨鱼形状相似的鱼类在地球上早已经消亡了。当时它们喜欢在广袤的海水中自由穿梭，或在海藻间觅食，或跳跃出水面，或追逐捕食，因此远古的海洋生机盎然。就现在来看，当时的那些鱼体积不大，二三英尺长的都很少见，当然偶尔也会有长达20英尺的特例。

就地质学而言，我们无法获得丝毫关于这种鱼起源的信息，就好像它们和其他物种毫无联系似的。尽管动物学家对于它们的祖先提出了许多有趣的观点，但这些结论都源自那些保留下来的与它们有着血缘关系的鱼卵的研究，还有些源自其他渠道的考察。根据学者们的猜测，脊椎动物的祖先也许就是那些软体动物，又或许是在嘴巴及其四周都长有牙齿般硬物的小型水生动物。鳐鱼和角鲨的牙齿很长，遮住了它们的上下腭，而且从它们的嘴边开始，它们全身都长满了齿状的鳞片。根据地质学的记录，最早的脊椎动物出现在地质记录开端，是鱼类的齿状鳞片成形，它们脱离了黑暗，向着光亮游去。

第五章　沼泽时期

在鱼类时期，陆地上还没有生命存在，裸露的岩石和高峰地带受到烈日和雨水的侵蚀。那时，由于那些可以把岩石分解成肥沃土壤的植物和那些帮助土壤生成的蚯蚓还未出现，所以还没有严格意义上的土壤，连苔藓和地衣在大地上也毫无痕迹。当时依然只有海洋之中才有生命。

当时的世界到处是裸岩，气候也发生了巨大的改变。那时导致气候变化的因素很多，如今对这些原因我们只能做些简单的推测。使地球多数地区进入冰期的因素有以下几个：地球自转的两极在慢慢移动，地球运行的轨迹也有了变化，陆地形状改变，还有太阳温度不断变化，地球经过数百万年的演变开始温暖宜人了。就世界的历史来看，地球内部也发生了几次剧烈的变动。地壳隆起、火山喷发，陆地的轮廓发生了巨大的改变，这些都是因为积聚了数百万年的上冲力，加剧了气候变化，海洋更深了，山势抬高了。随后地球进入了漫长的稳定期。在无限悠远的岁月里，因为风霜雨雪的剧烈侵蚀和河流的大量冲刷，山峰开始变得低矮平缓，大量的泥土被洪流带进海里，海底抬高了，海水变浅了，海平面不断地扩大、许多近海陆地慢慢地变成了浅海，这就是我们所了解的“高而深”时期和“低而平”时期了。大家一定不要以为地球外壳凝固了之后，地表温度将会逐渐下降。事实上，虽然经过了无数次极为漫长的降温期，但地壳内部温度没有影响到地表。就算在无生代时期，也随处可见在“冰河时代”冰雪肆虐的痕迹。

到了“鱼类时代”后期，浅海和潟湖水域才开始呈现在地球上，各种生物才能够从水域转移到陆地上生活。所以，那些曾经大量涌现的早期生物都经过了数千万年的演变。如今，这些生物终于盼来了自己的时代。

植物在陆地上出现的时间早于动物是毋庸置疑的，之后不久，动物也登上了陆地。但是，植物如何在落潮之后获得坚硬的支撑物支撑叶子得到阳光的照耀，便成了登上陆地的植物面临的首要问题；还有就是登陆之后水不再唾手可得了，怎样从湿地里摄取水分？然而木质纤维既可以输送水分又可以支撑叶子，它同时解决了两个难题。通过地质记录我们了解到，那时各种各样的木质沼泽植物数量迅速增加，大多数体积很大，例如，木质蕨类、木质苔藓、杉叶藻等。随着植物生长，更多种类的动物也开始慢慢登陆，其中包括百脚纲和倍足纲动物、原始的昆虫、海蝎和古代蜘蛛蟹的近亲，之后陆地上最早的蝎和蜘蛛就是它们演变的。久而久之，脊椎动物也出现了。

出现在地球早期的昆虫体积庞大，一种长达 29 英寸的蜻蜓就出现在这一时期。

这些新型生物必须用自己的方式呼吸陆地上的新鲜空气。在此之前，动物呼吸的是溶于水的空气，到达陆地之后呼吸就成了每种动物都必备的功能；同时，它们也要用尽一切办法去汲取水分。即使是在今天，如果一个人的肺完全没有水分的话，也会马上窒息死亡。人的肺的表面只有保持一定量的水分，空气才可以通过肺部进入血液。登陆后的动物想要适应陆地呼吸，要么通过一个器官的进化来防止水分的蒸发，要么进化出深藏在体内有分泌液滋润的管状器官，再要么就要长出新的可供呼吸的器官。在远古时候，脊椎鱼类的腮在陆地上无法呼吸，所以它们在不断进化中形成了深藏于身体内部的新型器官——肺，也就是鱼鳔。像青蛙和蝾螈这样的水陆两栖动物，它们在水中生活时用鳃呼吸，但是到陆地以后，它们的呼吸器官就会像鱼鳔一样演变成一个位于咽喉上方的肺，这个肺像袋子一样，用它来进行呼吸它们就可以在陆地上生活了。之后，它们的鳃退化了，腮裂也跟着消失了（其中一个鳃进化成耳朵与鼓膜的通道）。如今，这些动物变得只可以在陆地上生活了，只有在产卵繁殖后代时它们才会回到水里去。

沼泽时代，所有能够呼吸空气的脊椎动物和植物都属于两栖类物种，现在的蝾螈形态就很像那时的脊椎动物，只是那时它们的躯干大些而已。虽然那时它们已经是真正意义上的陆地动物了，但它们仍然生活在沼泽和潮湿地带。与它们同一时期的大树，也自然而然地具有两栖的习性。那个时候，大树的种子和果实还没进化到可以只靠雨水滋养就能生根发芽的地步，要将它们的孢子撒在水中才能繁殖。

比较解剖学被认为是一门完美的学科，而生物生存所具备的深奥奇妙的适应能力也是极具魅力和极其美妙的。所有的生物，不论动物还是植物，最初都生活在水中。比如，连人在内的所有比鱼类高级的脊椎动物，在胚胎出生之前都要经历一个发育的阶段，即鳃裂消失的阶段。再比如，鱼类在水中为了保持湿润而裸露着眼睛。而比鱼类高级的动物则长出了眼睑和分泌水分的腺体来保持眼睛的湿润。感知空气中声音微弱震动的耳膜也是不能缺少的器官。我们发现，为了更好地在陆地上生存，动物身上的所有器官都有着相似的演变进化过程。

石炭纪两栖类时期，生物都生活在沼泽、潟湖以及浅滩的水中。此时，各种生物的生活范围都扩大了，可是，高地和山峰依旧一片死寂，毫无生机。生物虽然学会了陆地呼吸，但它们依旧要扎根在水中，要在繁殖时回到水里去。

第六章　早期的爬行动物

石炭纪年代生物繁衍旺盛，在此之后，地球又经过了一段漫长并且干旱的时段，被称为严冬年代。岩石记录是这样记载这一时期的状况的：沙石类的沉积物很多，但其中的生物化石却极少。地球温度不仅变化无常，而且还出现过多次冰河的严寒时期。沼泽植物曾经大量地生长，如今也消亡了，它们被新的沉积层压在下面，开始了新的压缩和造矿的过程，我们现在的煤矿大多来源于这一过程。

在剧烈变化的时期，生物从恶劣的环境中获得了宝贵经验。一系列新的物种在地球再次回暖湿润时出现。从岩石记录中，我们发现了卵生脊椎动物的印记，在孵化未完成时，它们就快要发育成熟了，生下来就能在空气中存活，这点与那些必须生活在水中的蝌蚪是有差异的。此时，腮裂，即腮完全消失，成为胚胎发育的一个过程。

这些新型生物因为不再需要经过蝌蚪期，所以被人们叫作爬行类动物。同时，陆地上可以结种子的树木也有了很大进化，它们不再依赖沼泽和湖泊，而是自己可以独立地传播种子。这一时期花类和草类植物还没出现，但形似棕榈的苏铁类以及热带松柏类植物都已经出现了。蕨类植物有很多品种，昆虫的种类也很多样化。甲虫在那时就出现了，但还没有蜜蜂和蝴蝶。无论如何，在这漫长严寒并且艰苦的年代里，基本的陆地植物都已经开始萌芽。一旦有足够的条件，它们就会快速繁衍发展。

周而复始，地球在历经不断的进化之后，迈入了一个稳定的缓和期。在地球轨迹变化、地轴角度和轨道的变化以及地壳的频繁运动的共同作用下，地球上出现了一段久远而温和的时期。有关人士推测这一时期持续了约 2 亿年，它被称为“中生代”，它不同于之前讲到的更为古老的“古生代”和“原生代”（共 14 亿年），也不同于之后延续至今的“新生代”。因为这一时期早期的爬行动物种类和数量都远超出我们的想象，所以它又被称为“爬行动物时代”。距今约 8000 万年的时候“中生代”结束了。

与那时相比，现在地球上的爬行动物减少了很多，分布的区域也非常狭隘。就算这样，它们还是多于那些在石炭纪时代极其繁盛的两栖动物遗留的后代。如今像海龟、美洲鳄、蜥蜴、鳄鱼、蛇和鳖等遗留在地球上的原始生物都已经无法忍受严寒，它们需要常年温和的气候。生活在“中生代”的所有爬行动物都有这一局限性。它们只能生活在温暖的植物丛林，经受不住严寒霜冻，所以它们被认为是温室动物。但是，那时已经出现了真正干燥的陆地动植物群，它们与曾经生活在地球上的繁盛的沼泽动植物有很大的不同。

除了像大乌龟、大海龟、巨鳄、蜥蜴和蛇等我们熟知的爬行动物，还有大批已经灭绝的奇异种类，在当时都是盛极一时的，例如，种类繁盛的恐龙。那时，大量的植物种类已经在低平地带出现，如蕨类、芦苇等，与此同时还有很多食草的爬行动物，它们以繁茂的植被为食，在“中生代”达到顶峰期的时候它们都成为庞然大物，体形大的甚至能与鲸鱼相提并论，比它们之前的任何陆地动物都要大。其中有一种叫作梁龙的恐龙，从它的口鼻到尾部共长 84 英尺，比它还大的巨龙足足长达 100 英尺。还有一些和它们大小差不多的食肉恐龙专门捕食这些巨兽，像霸王龙，它们在书中被描述成历史上最为凶残可怕的爬行动物。

在“中生代”，爬行动物在森林里追逐或觅食时，出现了一种恐龙，它们的前肢伸展开来像是蝙蝠，它们不仅捕食昆虫，甚至吃掉自己的同类。开始时它们只能跳跃和降落，后来它们进化成了可以在林间飞翔的生物，被称为翼手龙。它们是地球上最早能够飞翔的脊椎动物，翻开了脊椎动物能力发展史上的新篇章，只是它们现在已经灭绝了。

在这期间也有些爬行动物重新返回到海洋中，例如沧龙、蛇颈龙以及鱼龙这三种会游泳的大型爬行动物，它们重新回到了它们祖先生活的海里，它们中有很多体形和如今的鲸鱼不相上下。鱼龙生活在海洋中，对水性极为熟悉，蛇颈龙体形巨大，非常健壮，有着像鳍一样的肢体，喜欢游走在浅水和沼泽中，只是如今这种生物已经消失了。它们一般都长着很小的头，以及比天鹅颈还要长的颈。蛇颈龙不但能像天鹅一样在水中捕捉食物，而且还能在潜水时伺机捕捉游动的鱼类以及其他动物。

上面提到的就是生活在“中生代”时期的最基本的陆地动物。就目前的标准来看，它们的进化比之前的物种先进得多。生活在这一时期的陆地生物，它们的躯干大于之前的生物，力量有所增加，适应能力更强，分布区域也扩大了，更有生机。那时海洋中没有大的演化，但是很多新型物种都出现了。浅海区域出现种类繁多的菊石类动物，它们的外形像介壳类乌贼，大部分的身体还蜷缩在壳里。它们的祖先在“古生代”时期出现，直到“中生代”才达到全盛时期。如今这种动物消失了。生活在热带水域的珍珠鹦鹉螺，与它们有着亲密的亲缘关系。还有一种具有强大繁殖能力的新生的鱼类，它们的鳞片与以往的片形和齿形相比更加轻薄，它们十分繁盛，并且经久不息，在江河湖海中有着优势地位。

第七章　原始鸟类和哺乳动物

前几章里，我们展现了一幅精彩的画卷给大家看，描述了有大量的爬行动物和茂盛的植物生存的“中生代”的鼎盛时期。当时，现已灭绝的恐龙主宰着潮湿地带和热带雨林，翼手龙尖叫着在森林中飞行，捕食那些无花灌木和到处乱叫飞行的昆虫。在它们周围同时生存着大量弱小无名的物种，它们凭借某种力量学会了生存，学会了忍辱负重。当太阳与大地不再像往日一样温和，在生死存亡的关键时刻，它们的这些本领就有了价值。

在恐龙一族中，有一群弱小的爬行动物，它们善于跳跃，因为受到敌人攻击和生存竞争的威胁，它们要么灭亡，要么转移到海滨或山峰，在恶劣的环境下努力生存。也正是因为这种不幸，它们开始进化，有了能伸展成翎羽状的鳞片，这些鳞片在之后演变成了羽毛的雏形。这种叠覆的像羽毛一样的鳞片保温性能很好，以前那些爬行动物的外壳不能与之相比，它们就凭借新进化的羽毛生存在寒冷的地区，这些动物十分关心它们的卵。很多爬行动物都不怎么关心它们的卵，任凭自然中的光和热去孵化它。这些新出现的动物种类，不但开始保护它们的卵，还具有用自己的体温孵卵的习性。

这些原始鸟类在适应寒冷的气候的同时身体也在变化，它们逐渐不再依赖阳光，进化成了恒温动物。也许原始的鸟类都是以捕鱼为生的海鸟，它们的前肢进化后，不再是翅膀，而是与企鹅相似的鳍状肢。原始鸟类中的新西兰鹬鸵很奇特，它们长着十分简单的羽毛却不会飞，并不像是从会飞的祖先那里进化而来的。在鸟类的进化史上，翅膀的出现晚于羽毛，当羽毛成形之后，为了让羽毛可以轻盈地舒展开来，翅膀便出现了。在鸟的化石中，我们可以看到它的嘴里长着爬行动物的牙齿，并且长着爬行动物的尾巴，身上的一对翅膀表明它们是可以飞翔的，它们一度混杂在“中生代”的翼手龙中。然而，在“中生代”时期，鸟类的数量和种类都是极其有限的，如果人类能返回“中生代”时期，在几天内也只能看见大量昆虫和翼手龙在芦苇和蕨类植物中，但是看不到鸟，也听不到鸟叫声。

那时还没有哺乳动物的痕迹。鸟类比原始的哺乳动物早出现几百万年，那时原始的哺乳动物很小，而且数量极其稀少，所以几乎不被人们所知道。早期的哺乳动物和早期的鸟类一样，为了防止受到敌人的袭击和生存竞争的威胁，它们不得不适应寒冷恶劣的环境。另外，像鸟类一样，它们的鳞片逐渐进化成羽毛状，这些羽状鳞片可以保持它们的体温，阻止热量散失，因此它们成了不用依赖阳光取暖的恒温动物。但是，和鸟类羽毛进化不同，这些哺乳动物进化的是毛发，鸟类是在体外保护卵，但它们是把卵放在温暖的体内，一直等到它们的卵发育成熟。大部分的哺乳动物都是胎生的，它们直接生育后代。所以它们要在后代生下来之后再呵护、喂养它们。现在的很多哺乳动物，为了喂养后代而逐渐进化长出了乳房。但也不全是这样。鸭嘴兽和针鼹鼠没有乳房，它们仍是哺乳动物。它们靠皮下分泌养料的方法来喂养后代。针鼹鼠把它们坚硬的蛋放到腹下的育儿袋里进行孵化直到幼崽出世，这个育儿袋安全舒适还很温暖。

但是，前往“中生代”的人就像一个观光游客，除非他知道要寻找的方向及地点，否则他们可能花很长时间都无法找到鸟的踪迹，也找不到哺乳动物的踪影。主要原因是“中生代”时期的鸟类和哺乳动物都是次要的、不占主导地位的异类。

现代学者猜测，爬行动物有 8000 多万年的历史。如果用我们有限的知识探究这世界的久远年代，我们会认为，在这有着旺盛生命力而且阳光普照的世界里，恐龙在沼泽地上盘踞着，飞龙翱翔天际，它们将永远存在。但是，这看似不变的稳定，却被长时间积聚的力量以及宇宙的神秘打破了。生物的幸运不是长久的。

时光飞逝，数百万年过去了，这段时间里地球停在原地，甚至倒退了，环境也变得恶劣起来。陆地、高山、海洋都变了模样。在岩石记录中我们发现，地球的“中生代”经过一长段时间的繁荣之后走向了衰落，而地球环境在这段衰落期中发生了深刻变化，生物的种类也与之改变，新奇的物种开始出现。为了防止逐渐严重的物种灭绝，那些原有的物种都尽力去适应环境。例如，许多古怪的变异的菊石类就曾经出现在“中生代”晚期。而物种也因为生活环境平稳而慢慢失去了原有的动力，它们不再进化，甚至经常停滞不变，所以它们的适应能力就慢慢被抑制。而早期存在的生物适应环境能力是最强的。进入新环境，原有的种族受尽了折磨，而那些进化的新物种却有更好的前景去发展生存……

岩石记录在此中断了数百万年。至今整个物种进化的轮廓仍被一层揭不开的面纱盖得十分严密。爬行动物时期结束之后人们才揭开了这层面纱。这时无数的菊石类动物，以及恐龙、鱼龙、翼手龙和蛇颈龙都已经消失殆尽了。它们曾经在这个世界上那么繁盛，如今却消失不见了，没有任何遗留。它们的进化还很不完善，地球进入的新环境超过了它们承受极端环境的能力，它们无法适应，因此在“中生代”发生的物种毁灭是长久并且彻底的。此后，崭新的景象呈现在我们眼前：一批生命力更加顽强的动植物占领了这个世界。

如今，地球生命历史有了新的开始，但我们看到的依旧是一片荒地。后来，乔木和开花的植物以及灌木逐渐取代了苏铁类和热带松柏类植物。曾经出现过爬行动物的地方，出现了越来越多的哺乳动物和鸟类。

第八章　哺乳动物的发展期

地球上又开始了新的时代，即“新生代”时期，这一时期地壳频繁地隆起，火山也有了急剧的变化。同时，阿尔卑斯山脉、喜马拉雅山脉、落基山脉，以及安第斯山脉也都突然崛起；而现在看到的大洋和大陆板块的雏形也出现在那个时候；此时的世界版图和现在的版图轮廓十分相似。据推测，从新生代到现在时间跨越了 4000 万—8000 万年。

新生代的初期，地球气候极其恶劣。慢慢地，气候开始变得温暖而舒适，一个崭新的生命繁荣期在地球上出现。之后，气候又一次变得恶劣，一次又一次的酷寒周期袭击着地球，这就是所谓的“冰河时代”。现在，我们生存的温和舒适的气候是从冰河时期演变而来的。

直到现在，因为我们没有充分掌握气候变化的原因，所以未来气候的发展趋势很难估量。或许地球上的阳光将会更加充足，或许温度将逐渐下降，我们将再次进入冰河时期，又或许火山喷发更加频繁，山脉更为陡峭地隆起，也许这些现象都会逐渐削减，这些我们都无法得知。因为缺少足够的科学依据，所以在这些问题上我们几乎一无所知。

拉开“新生代”的序幕，禾本科植物开始出现，地球上也开始有了草原；那些一开始极为普通的哺乳动物，现在有些进化成了食草动物，有些成为以捕食食草动物为生的食肉动物。

就这些最先出现的哺乳动物的特征而言，跟之前在地球上一度繁盛后又消失的食草、食肉的爬行动物十分相似。那些不细心观察的人会认为，这次新的开始，不过是大自然再次重复气候温和、物种丰富的漫长的周期；他们认为这仅仅是食草、食肉的哺乳动物取代了食草、食肉的恐龙罢了。这种认识比较片面。宇宙不停地变化，它总是在不断进化，这种变化看不到尽头；历史不会重复，也不会有相同的事物。“新生代”和“中生代”的差别所产生的意义比它们的相似性更为深刻。

这两个时期生物最根本的区别在于心理层次上的差距，哺乳动物与其后代的接触程度表现最为明显。哺乳动物总是和后代接触频繁，这和稍微低等的鸟类很相似，但跟爬行动物有很大差异。大部分的爬行动物会抛弃自己的卵，任其自生自灭，这导致它们的孩子根本不知道它们的父母是谁。它们仅有的心理活动也局限于它们的生活经历；爬行动物可能会容忍同类的存在，但它们没有交流；这些个体孤立存在，它们从不模仿和学习彼此，更别说一致行动。而新生的哺乳动物和鸟类，出于抚育后代的原因，交流模仿彼此，这就开始出现了互相学习；它们有了彼此间警戒的鸣叫和一些合作活动，所以交流成为可能，同时互相控制和教育对方也成为可能。如此一来，“可以教育”的生物在地球上出现。

出现在“新生代”时期的早期哺乳动物，它们的大脑并不比那些积极的食肉恐龙大多少。但我们翻看岩石记录就会发现，所有哺乳动物的脑容量都呈平稳的上升趋势。比如，出现在“新生代”的早期的“雷兽”，无论是习性还是需求，都和犀牛很相似，但脑容量却还不到犀牛的十分之一。

或许，早期的哺乳动物在哺乳期结束之后就离开了它们的孩子，但它们如果具备了理解沟通的能力继续保持联系的能力就会变得有益。于是，哺乳动物真正的生活特征显现了出来，它们接受了彼此，开始群居生活，互相照顾模仿，还通过各自的叫声和动作传达情意。在之前的脊椎动物中，这样的情况从未发生过。虽然鱼类和爬行动物也曾集体生活，可这是因为它们大量的繁殖和条件相似的原因才这样做的。但对社会性群居的哺乳动物而言，它们不仅仅是外在力量上的联系，内部的情感联系才是最主要的。

它们同时同地聚在一起不仅是因为相像，更是因为真心喜欢，彼此喜欢聚在一起。

人类的思维不同于爬行动物的思维，这种差异使我们喜欢它们。我们不能理解它们那些像恐惧、憎恶和食欲一样简单、急迫的本能动机。人类的动机复杂而不冲动，做事衡量利弊并且注重结果，所以我们无法理解那些出自本能的动机。但是鸟类和哺乳动物不同，它们都会顾及其他同类，能够控制自己，具有社会性的诉求，能够控制自己的冲动，这一方面和最初的人类很接近，正是如此，人类才会和它们的很多种类建立了联系。我们能够感应到它们的行为和叫声。因此，我们可以凭借这种共鸣使它们成为宠物，它们通过我们的驯养成为懂人性的动物。

在“新生代”时期有一个很重要的现象：动物大脑发育速度之快超出了我们的想象。它成了标志：一是标志着新的相互依存交流的关系在生物个体之间建立；二是标志着人类社会发展的即将形成，下面将提到这一点。

随着“新生代”的发展，地球上的动植物群也逐渐朝着当今动植物的方向发展，现在独角兽、雷兽等大型笨拙的动物以及其同类从地球上消失了。另外一些新生物种在地球上出现了，如骆驼、象、鹿、犬、狮、马、虎、长颈鹿等大量动物，它们就是从这些怪异而笨拙的祖先逐渐进化而来的。通过地质记录我们可以发现，马的进化变化很明显。我们对马的记录从“新生代”初期小貘状的原始马就开始了，这些记录非常完整。除此之外，我们也比较准确地记载了羊驼和骆驼的进化。

第九章　猿人、类人猿、亚人

自然学研究者排除心理智力因素，根据解剖学的内在联系原理，将哺乳动物又细分为更多不同的种类，包括位于哺乳动物纲之前的狐猿、猿、类人猿以及人类等灵长目。

如今，灵长类动物的发展史已经很难从地质记录上进行考察了。它们很大一部分生活在丛林中，如狐猿和长毛猴，还有一部分生活在裸岩上，像狒狒，它们很少被淹死后埋在淤泥之下，更何况它们的种类不是很多，所以，与能在化石中遗留大量痕迹的马、骆驼等的祖先不同，它们几乎没有化石遗留下来。但是，众所周知，在约4000万年前的“新生代”的初期，最初的猿和狐猿类动物就已经在地球上出现了，只是它们的大脑还没发育完全，不能像它们的后代一样做出各自不同分工。

紧接着，“新生代”中期开始了，这个时期极为繁盛，是生物发展史中——“石炭纪盛期”和久远的“爬行类盛期”两大盛世之后的又一个极盛时期。之后新一轮的冰河时代来临。那时，天气极其寒冷，尽管有过短暂的回暖期，但酷寒也再次袭来。在短暂的回暖期中，河马在茂密的亚热带丛林中奔跑打闹，可怕的长着剑状牙齿的剑齿虎在弗利街（位于伦敦附近），即如今记者们的常来之地游走捕食。之后，地球迎来接连不断的酷寒考验，大量生物在此时期被淘汰，走向了灭亡。也有一些对酷寒有着极强适应能力的动物生存了下来，像长毛犀以及体形巨大长着长毛的大象表亲——猛犸，还有生活在北极的麝牛和驯鹿。岁月流逝，世纪更替，北极的冰帽在酷寒且毫无生机的大冰冻时期逐渐向南部延伸。它蔓延到了美国的俄亥俄州和英国的泰晤士河。这期间尽管有无数次回暖，但回暖之后却是更为寒冷的严冬时代。

地质研究者将此严寒时代分成四个冰河期，即第一、第二、第三、第四冰河期。介于冰河期之间的回暖期叫作“间冰期”。如今，严寒依旧袭击着我们的世界，在恐怖的冰河时期因严寒袭击而留下的伤痕仍然可以看见。距今约 60 万年的是第一冰河期，在约 5 万年前第四冰河期达到极盛时期。和人类相像的动物诞生之时，地球正在经受着残酷的冰雪考验。

在“新生代”中期各种类人猿开始出现了，这些“类人”的动物的遗迹在快到冰河时期时才被发现，它们的腿骨和颚骨与人类很像。如果你认为这些遗迹是它们的骨骸那就错了，那是曾经被它们使用过的工具。在欧洲，削尖的燧石和石块被人类发现，这些遗迹被深埋在沉积岩中有 50 万—100 万年之久了，很明显，这些遗留下来的原始遗迹的锋利边缘是被动物刻意削磨出来的，用来打击、削割其他东西或者用来打仗，而这些制造工具的动物是有手的。“原始石器”在这一时期出现了。

然而在欧洲，削磨这些石器的动物遗骸没被找到，除了这些石器没有任何遗物。我们根据大量证据推断，这些石器或许根本不是人制造的，它们的真正制造者是那些大脑发达的猿猴。可是，在与特利尼同时期的爪哇的沉积层中，我们却发现了一片头盖骨和一些牙齿以及骨头，这些被确定是猿人留下的。与曾经发现的类人猿的头盖骨相比，猿人的要大一些，它们好像在那时就已经能直立行走了。因此它们被称为“直立猿人”，即可以直立行走的类人猿。不过，这有限的几片骨头是我们推测原始石器制作者唯一有用的资料，仅此而已。

约 25 万年前，在砂岩层中我们发现了亚人类遗留下来的其他痕迹。在岩石记录中，我们看到的大量石器的质量已经有了显著的改变，它们样式精美，而不是像曾经的旧石器那样粗糙，这需要经过长时间细心的打磨才能达到，此外，这些工具形状远大于我们后来发现的真正的人造工具。此后，一块又粗又大的颚骨在海德堡的沙坑里被发现，这很像人类的颚骨。这片粗大的颚骨，没有下颔，并且与真正的人类的颚骨相比，它更重更窄小。据此我们可以推测，这种动物的舌头是不会自由转动的，更不会清楚地发音。学者凭借这块颚骨的大小推测，这是一种与人类长相相似，并且体形巨大的怪物，它的躯干巨大，四肢粗壮，毛发十分稠密，人们称它们为“海德堡人”。

我猜想，这块颚骨就是世界上最能引起人们好奇心的东西了，它好像一面损坏的镜子，透过它我们可以窥探过去，一些动物的影子吸引着我们，它们虽然模糊不清却有着巨大的吸引力。它们或者漫步在荒野中，或者为了躲避剑齿虎的袭击到处攀登爬行，或者为了躲避森林中长毛犀的攻击而时刻警惕。然而，等我们想进一步探究时，它们却不见了，只留了它们制造出来的那些无法销毁的残破石器给我们。

更让我们惊讶的是，一种距今有 10 万年到 15 万年历史的动物遗骸在苏塞克斯的皮尔当沉积层中被发现了。一些学者推测，这些非同寻常的珍贵的遗骸比海德堡颚骨的历史更为久远。此外，他们还发现了一些比现存一切类人猿头盖骨都大的亚人类的头盖骨，另外还有一片猩猩颚骨状的东西，现在还没有查出它是遗骸上的哪一部分。同时，还有一片被明显精细制作而成的棍状象骨，上面被凿廾一个小洞；一块刻着痕迹的鹿的腿骨也被发现，这个腿骨很像是符木。以上就是在皮尔当被发掘出来的东西。

这种曾经能够坐在地上，并且能在骨头上钻出小洞的动物，究竟是什么生物呢？

生物科学家称它们为“曙人”。曙人和它的亲类们不同，和海德堡以及现存的类人猿差异更大。此后，与这种原始人有关的印记再也没被发现过。但是在 10 万年之后的沉积层和砂砾岩石中，大量的燧石和其他石器工具再次被发现，这些石器不同于“原始石器”，考古学家们已经可以辨别出小刀、刮刀、斧头、标枪、钻子和掷石等的种类来。

此时，我们所讲的逐渐接近人了，下一章，我们所讲的尼安德特人虽然还不是真正的人类，但它们却是人类最奇特的祖先，已经很像真正的人类了。

但在此声明，科学家们都认为，海德堡人或曙人的种族仅仅是接近人类，今天人类的直接祖先并不一定就是它们。

第十章　罗德西亚人、尼安德特人

不可思议的是，地球上生活过一种与人类极其相似的动物，以至于人们在几年前把它们的遗骸当作是真正人类的遗骨，这种动物存活在第四冰河期还未到达严寒巅峰的时候，即约五六万年前。现在，这种动物的头盖骨、骨骼被我们找到了，同时发现的还有大量的工具，都是它们制作出来和使用过的。那时它们已经会生火，知道钻进洞穴避寒，也懂得剥下动物的皮毛裹在自己的身上。它们用右手劳动的习惯和现代人一样。

然而，人类学家却说，这些动物仅仅是与人类不同族的同一属类，它们并不是真正的人类。它们有低平的前额，隆起的眉骨，粗重并且突出的下颚；它们的拇指和其他的手指不能相对，这一点和人类不同。它们因为脖颈僵硬而不能回头或仰头；走路时呈现脑袋前倾，屈身前附的姿态；它们的骸骨缺少颌，这明显不同于人类的骸骨，但和海德堡人很像；并且它们的牙齿异于人类的牙齿，臼齿的结构比人类的更为复杂；但它们的臼齿没有人类都有的长牙根；也没有人类普遍都有的犬齿；它们头盖骨的大小和人类几乎没有差异；它们的脑袋前面低后面大，并且它们的智能结构与人类也不同。从生理和心理两方面来看，它们都不属于人类的族系，因此，它们不是人类种族的祖先。

这些奇特的原始人被叫作尼安德特人的原因是：这种很早就消亡的原

始人的头盖骨和骨骼被发现的地方叫作尼安德特。估计它们在欧洲的土地上已经有几百年甚至几千年的历史了。

那个时候，地球上的地质和气候与现在完全不一样。例如，当时冰雪覆盖了欧洲大陆，并且一直覆盖到了南部的泰晤士河，还延伸到俄罗斯境内以及德国中部；那时英吉利海峡还没有隔开法国和英国，红海和地中海都还是大峡谷，在谷内有成群的湖泊；从现在的黑海开始，广阔的内海从俄罗斯南部穿过，一直到中亚。虽然西班牙和整个欧洲并没有被冰雪覆盖，但当时的气候相当恶劣，比拉布拉多半岛还要糟糕，仅仅是一片荒凉的高原，北非是仅存的一个气候比较温和的地方。欧洲南部酷寒的草原上不仅有稀疏的寒带植物生长，还有很多耐寒的动物，像大野牛、驯鹿、长毛犀和猛犸等，它们的迁徙觅食是与植物生长季节同步的，春天迁到北方，秋天的时候返回。

尼安德特人的生活也是如此，东奔西走，不断地迁徙。它们捕捉小鸟兽，采摘植物的果实和根茎，把这些作为食物。它们的牙齿平整而细密，据此看来，它们估计是素食者，只吃嫩枝和根茎。然而，在它们的洞穴中，我们发现了一些被敲碎而且骨髓被吸食的大型动物的长髓骨。可是它们使用的石器所具有的力量根本没有达到公开与猛兽搏斗的程度。因此，它们估计是用矛袭击或设置陷阱捕捉正在渡河的猛兽，这样才可能成功；另外，我们猜测，它们估计是在尾随动物群的时候捕捉了在动物混战中受伤的动物；也可能是利用那时还存在的剑齿虎，等待时机坐享其成；也或许是因为它们为了适应冰河期艰苦的生存条件改变了一直以来的素食习性，开始捕食猛兽。

这些尼安德特人的相貌是怎样的，我们一无所知，或许它们浑身长着长毛，丝毫不像人类，能否直立行走我们都不清楚；或许为了支撑身体它们还是手足并用的，它们可能群居可能独行。颚骨的结构表明它们很可能是不会说话的。

在大约几千年的漫长岁月里，这些尼安德特人是欧洲地区目前发现的最高级的动物。距今约 3 万年或 3.5 万年前，随着气候的变暖，一种来自南方的更聪明、更具智慧、会说话、会互相协作的同种类动物，大批地涌入尼安德特人的领土，占据了尼安德特人的洞穴和居住地，争夺尼安德特人的食物。有可能它们与原来居住在这里的原居民尼安德特人发生了战争，尼安德特人被消灭了。如今，我们还没有弄清这些新来者的发源地，它们或者来自东方或者来自南方。那些消灭了尼安德特人的新来者与我们有着血亲关系，它们是原始的人类。从解剖学的角度看，我们可以看到，它们的头盖骨、脖颈、拇指以及牙齿都与人类完全相同。在克罗马农和格里马第的岩穴中，我们曾发现过一些骷髅，到目前为止，这是人类发现的最早的真正的人类的遗骸。

人类的足迹终于出现在岩石记录上，人类将出现在历史舞台之上。当时，地球上的气候还是十分恶劣，但是已经逐渐接近如今的世界了。冰河时代的冰川在欧洲开始消退，西班牙和法兰西的大草原逐渐繁茂，马群逐渐取代了驯鹿，猛犸象数量减少，终于全部迁移到了北方。

到目前为止，哪里是人类的发源地仍是个谜。然而，1921 年夏天，人类在南部非洲的布罗肯希尔发现了一个头盖骨和几片骨骼碎片，从这些骨骼的特征来看，这似乎是处在尼安德特人和人类之间的第三种类群的遗骸。从它的头盖骨来看，它的脑部是前部大、后部小，这与尼安德特人不同；并且它跟人类一样，头盖骨很直地长在脊椎上；骨骼和牙齿也和人类一样。不过它们的脸型和类人猿相似，眉骨高耸，头盖骨在中部隆起。事实上，这可以算是真正的人类了，只是有着像尼安德特人的类人猿的相貌。这种叫作“罗德西亚人”的生物比尼安德特人更接近于真正的人类。

在一定程度上，罗德西亚人是继尼安德特人之后出现的第二种亚人类族群。这些亚人类的种族从冰河时代开始，到它们共同的后代，即它们共同的灭绝者——真正的人类的出现，有相当长的历史。就罗德西亚人的头盖骨来看，它们算不上是很古老的动物。但直到本书出版时，对于它存活的年代，科学界都没有比较准确的推测。直到近代，这种亚人类动物好像在非洲南部的某些地区生活过。

第十一章　真正人类的产生

迄今为止，科学家发现最早人类遗迹最多的地方在西欧国家，尤其是西班牙和法国。很多证据表明，这些遗留下来的骸骨和石器跟我们有着某种关系。另外，大量骨骼、武器、有划痕的骨头、岩石、雕刻过的骨片、岩壁刻画和洞穴壁画被发掘，这些宝贵的物品最先被发现是在西班牙和法国境内，已经有3万多年历史了。就现在而言，西班牙是保留人类祖先早期遗迹最为丰富的国家。

但是，目前人类所收集的历史资料，只是积累的一个开始。我们盼望将来，有学者可以对每一个与此有关的历史资料都做一番详细透彻的研究，也期望对那些当今的历史研究者所涉及不到的国度进行详尽的研究调查。到现在为止，还没有哪个喜欢考古并且经过专业训练的探险家去过非洲以及亚洲的一些地区，对那里做一番自由详尽的探索。因此，我们不能盲目地做定论，要万分谨慎，不要认为这些定居在西欧的人就是人类的祖先，也不要认为西欧就是他们的发源地。

也许，一些埋葬在非洲和亚洲以及现在已沉入海底的某些地区的真正的人类的遗迹，比如今已经发现的要久远、丰富得多。我们还没有提到美洲，只提起非洲和亚洲，因为高等灵长还没在美洲被发现过痕迹，那里没有亚人类、类人猿、尼安德特人，更别说真正的人类的遗迹了。在古老的大陆，生命的进化似乎停住了脚步。人类在旧石器时期的晚期才首次越过如今已被白令海峡阻隔的陆上通道，登上了美洲大陆。

这些最早的人类在欧洲被发现，他们好像至少分属两个不同的族群。显然，其中的一种已经是高级的了，他们有着巨大的脑袋和高挑的身材。在已经被发现的骨骼遗迹中，我们可以看出女性头盖骨的容积要大过现在的男性的头盖骨，其中还有一具身长超过了6英尺的男性骨架。他们与北美的印第安人的体型极其相似。第一批这样的骨骸在克罗马农洞穴中被发现，因此称他们为“克罗马农人”。尽管他们被人们看作是原始人，但是他们已经进化得很高级了。另外一个种族的遗迹出现在格里马迪的洞穴中，其特征显示他们是黑人种族。迄今为止，南非的布什曼人和霍屯督人是最接近这些种族族类的。最吸引我们的是，人类历史从已知开始就至少有两大种族了。也许，一开始出现的是褐色人种而非黑色人种，他们发源于北方或者东方，后出现的黑色人种发源于南部赤道附近一带。当然，这只是一些简单的不太科学的判断罢了。

这些在大约4万年前出现的原始人和现在的人类已经很相似了。他们懂得在身上涂颜料，知道用收集的贝壳做项链，还会把图案雕刻到石头和骨头上，而且知道在平滑的洞壁和岩壁的显眼位置记录简单生动的野兽图案。他们创造出多样的工具，那些工具比尼安德特人制作的工具精巧得多。如今，我们的一些博物馆收集了他们制作的大量工具、岩画和小雕塑等物品。

这些最初以狩猎为生的人类，把一种有胡须的小型野马当成主要猎取对象。野马跟着牧草的生长时期迁徙，他们就随着马群的迁徙而迁徙。除此之外，他们的主要食物是捕杀野牛。他们把猛犸画得生动有趣，由此看出，他们十分了解猛犸的习性。从一个模糊不清的图案我们可以断定，他们以前一定设陷阱捉过猛犸。

那时，他们可能还不会使用弓箭，因为他们捕杀猎物用的是长矛和掷石。他们没有猎狗，所以我们推测不出他们会不会驯养动物。遗留下来的刻画中，有一幅里刻着一个马头，还有一两幅画着套着辔头的马，辔头是由兽筋和兽皮制成的。但那时，这个地区的野马因为体形太小而无法驮人。

即使当时的小野马被人驯养了，也只是用缰绳牵着托运一些东西而已。还有一点我们持怀疑态度，就是他们会不会挤动物的奶汁来喝，这样的可能性似乎很小。

虽然他们已经会用动物的兽皮搭建帐篷，可是没有发现任何建造房屋的痕迹；他们只学会了用黏土捏泥人而不会制作陶器；他们没有任何做饭的工具，所以他们做饭的方法很原始，他们甚至不知道怎么做饭，对农耕、编织以及织布更是一无所知。除了知道披上兽皮，他们依旧是浑身没有遮掩、颜料涂满身体的原始人。

现在，我们所熟知的人类的祖先，在欧洲辽阔的草原上已经有约 100 个世纪的狩猎历史了。气候变化不断，因此他们不断迁徙漂泊。时光流逝，欧洲的气候开始向着温暖湿润的方向转变。这时，驯鹿也向着北部和东部转移，野牛、野马开始撤退。慢慢地，草原被森林所取代，赤鹿取代了野牛和野马。工具的作用和本质也发生了巨大改变。原始人学会了怎么从江河湖泊里捕鱼，所以骨制工具开始流行。德·莫蒂雷曾评价“这一时期的骨针”说，“比之后制作得更为精致巧妙，甚至可以说是比文艺复兴前所有时代的骨针都要精致完美。就罗马人而言，他们制作的骨针，都不可以与这一时期的骨针相比”。

在约 1. 5 万年或 1. 2 万年前，一个全新的种族迁徙到了西班牙的南部，他们在裸岩石壁上画了大量生动有趣的岩画，让人惊叹，这就是“阿济尔人”（因为生活在阿济尔岩洞里而得名）。阿济尔人把羽毛戴在头上，那时已有了弓箭；他们画的画栩栩如生，并且他们知道用简单的符号作画，比如要画人，他们就把一条竖线和两三条竖线放在一起来表示，这是文字观念萌芽的象征。除了做些简单的画表示狩猎外，还刻画些简单的线条，这些线条很像符号，例如，有一幅画画的是一个蜂巢被两个人用火熏。

这些人仅仅知道制造工具，所以我们称他们是最后一批“旧石器期”的人。大约 1 万年或 1.2 万年前，一种新的人类出现在欧洲大陆上，他们不仅会削制工具，而且还会磨制工具，农耕和劳作也难不倒他们，“新石器时代”由此开始。

使人惊奇的是，在还不满100年的孤僻的塔斯马尼亚岛上，还存活着一个人类的种族，无论体力还是智力，他们都比不上欧洲遗留下来的早期人类。因为地理的变迁，这些人与外界种族毫无联系，他们接受不了来自外界的影响和刺激，他们没有进化反而退化了。他们吃的是抓来的贝壳和小野兽，过着极其原始的生活，他们只有暂时的容身之地而没有固定住所。他们同样是真正的人类，只是他们还没有像初期人类一样的灵巧双手和审美能力。

第十二章　早期人类的思想

让我们做个大胆有趣的猜测：人类在踏上历史征程的时候是在想什么呢？在4万多年以前，人们生活在以狩猎为生的漂泊年代，到处迁徙，不懂得种植作物，他们是否知道思考？如果是知道的，那么他们又在思考什么呢？这些问题我们只能通过自己的猜测去得出答案，因为在文字出现之前的漫长年代里，人类的思想无法被记录。因此科学家尝试了各种方法，去探究早期人类的思想活动。

最近，心理学家凭借一些方式方法取得了不小的成果，比如，心理分析学有这样一种研究成果——在儿童的成长过程中，需要通过约束、压制、掩盖或纠正等一系列措施，以缓解其强烈的本能冲动和以自我为中心的意识，这样才能让儿童更快地适应社会生活，这对研究原始社会历史提供了有利条件。另外，研究现存的未开化的人的思维和习俗，也是一种富有成果的探索。同时，依存于现今文明社会中的那些根深蒂固的迷信观念、偏见，以及流行民间的各种古老传说，也都在一定程度上体现了最初人类的精神世界。此外，对遗留至今的一些遗迹进行推测也是我们的探究途径，例如，塑像、绘画、符号、雕刻以及同类物品。距今越近，这些物品种类就越多，我们也就更容易知道他们感兴趣的东西是什么，了解到他们觉得什么东西最值得记录再现。

原始人的思维很像孩子，即他们的思维是由一些图画串联而成的。他们在自己的心中勾勒图画，换句话说就是图像在脑中的显现，他们的情感被这些图像激发，推动他们去行动。而儿童和没有接受过教育的人的行动也是这样开始的。显然，人类系统思维的发展能力表现得比较晚，在最近的3000年，系统思维才在生活中发挥重要的作用。如今，大量人的生活还要依靠想象和激情，很少有人能够真正掌控自己的思想。

在真正人类的历史开始之前，即最早的人类社会的初期，原始人是以家族为中心的小群体生活，和结伴生活的早期哺乳动物一样，早期的人类部落由共同繁衍生息的家族组成。但是，必须要通过约束生物自己的基本意识这一过程，并且成年人必须要有尊重父母的意识，这样部落才算真正形成；还要考虑到，使中年的长者淡化收敛对年轻人的妒忌同样很重要；母亲是孩子天生的保护者和指导者，所以母亲们要做好榜样。人类社会进步的原因有两方面，一是年轻人有一种本能，即是在他们成年后离开父母和渴求伴侣。二是他们在独立生活时可能会有危险和不利。人类就是在这既矛盾又统一的世界中逐渐发展。人类学作家J.J.阿特金森被认为是天才，在他的著作《原始法》中揭示出禁忌是原始人的生存法则。在原始部落中这种法则是不可或缺的，因为当原始人类开始过群居生活时，就要约束和调控自己的心理。阿特金森对这一可能性的阐述被心理学家在之后的研究中证实。

那些勤于思考的作家试图让我们相信，在原始社会长老是得到人们的尊崇的，因为有充满幻想的思维和梦境的作用，人们怀有的对保护年长女性者的情感，被很大地夸张和丰富，这极大地推动了男神和女神概念的产生以及原始宗教的形成。原始人对那些乐于助人和能力强的人的尊重在这些人死后化成一种狂热敬畏的心理，这是基于他们的形象频繁出现在原始人的梦境里，原始人因此而相信他们其实没有死，只是无缘无故到了凡人不可企及的地方。

儿童的梦境、想象和恐惧比成年人更加形象生动。在这一点上，原始人、儿童以及动物都很相像。他们认为，动物也有情感反应和动机，他们运用自己的思维把动物想象成敌人、帮手，甚至是神灵等形象。除非我们做回幻想丰富的孩童，否则我们无法了解旧石器时代，无法看懂那些怪石、树瘤以及奇形怪状的树林和其他同类的东西——这些对原始人来说是极其重要且影响重大的，如此的亲切以及梦境和幻想产生的原因，这些传奇故事口耳相传直至成真的原因是什么？其中有些故事容易被复述和记住，并被女人们讲给坐在她们身边的孩子们，世代相传，形成了不朽的传说。而现在的孩子有着丰富的想象力，他们凭借想象力把他们的玩具、喜欢的动物以及介于人兽之间的奇怪的动物当作主人翁，编出很长的故事讲给大家听。这很可能就是原始人的初始想法，而且他们相信故事里的主人公是真实存在的。

现在，我们所了解最早的真正的人类，很可能擅长沟通。在这一点上，他们就比尼安德特人高级并且有优势。尼安德特人也许根本不会发声。但是也可能是因为原始人的语言是由有限的名词堆砌成而已，还需要身体姿势和手势配合表达意思。

世界上未开化的原始人虽然愚昧却也懂得因果关系，但是，在把握因果关系问题上，原始人却缺少比较精确的分析能力，他们还常把某种事物的结果和错误原因结合起来，他们认为："既然有因就必然有果""你让小孩吃了有毒的草莓，他就会死；你吃掉强大敌人的心脏，你就会因此而变得更强大"。前面这两种因果关系中，前者成立，后者不成立。所以，我们把原始人类的这样类推的因果关系称为"物神崇拜"。"物神崇拜"是指原始人的科学。这种科学毫无系统性，只一味地追求自己的想象，没有经过仔细的分析，因此漏洞百出，这就是物神崇拜与现代科学最大的不同。

大多数情况下，把事物的原因和结果通过某种关系正确地联系在一起不是难事；而在另外一些情况下，人类的实践经验也会开始渐渐地纠正原先的一些错误的思想；但是对于原始人类的一些十分重要的问题，虽然他们在不断地探索寻找正确的结论，但是获得的结果常常是不符合实际的、错误的，而且这种错误在一定程度上显得有点微不足道甚至不被察觉。对于原始人类而言，他们最重要的事情是能够捕捉到大量的猎物，这种对食物的欲望促使他们崇拜神灵，并且成百上千次地祈祷和占卜，以求神灵赐予他们想要得到的东西。他们对于生老病死很关心。古时候时常有瘟疫暴发，有时人们会因病凄惨而死，有时会被重病折磨致死，却不知道因为什么而死。在这种境况下，往往会激发原始人烦躁和冲动的情绪，进而引发一些疯狂的举动。他们极易受到惊吓，像个小孩子，对于死亡的恐惧和幻想会使他们咒诅其他人，或者乞求于人、动物或者某种东西。

在远古时期，有些有威信的老人即使生活在小部落也可能幻想，可能会因为恐惧而畏惧，但因为他们比普通人的威严大，所以，面对如此情形，他们常常会保持镇定，又会告诫和教导别的部落成员。他们会告诉他人不可避免的是什么，不祥的是什么，凶兆和吉兆分别是什么等。最初精通“物神崇拜”的巫医就是祭司。他们主要的责任是训诫、预言、解梦，也会通过一整套的巫术招福祛灾。原始的宗教和我们今日所敬奉和遵守的宗教是不同的，事实上，这些早期宗教的祭司，传授的是一种由主观意愿判定的原始的实用科学。

第十三章　农耕时代

最近 50 年，科学家花费了大量的精力，进行了大范围的探索，就是为了研究人类从何时开始耕作和定居，但是迄今为止，我们所了解的仍然不多。但从目前来看，阿济尔人在公元前 1.5 万年或 1.2 万年间生活在西班牙，那时残存的狩猎部落正在向东和北迁徙，还有一些部落在北非，或西亚，或如今已被淹没的地中海大峡谷进行着两种极其重要的试验，即驯养牲畜和耕种庄稼，这一点我们已经可以确定是真实的。除此之外，他们还传承了祖先打猎用的打制器械，开始学着打磨石器，他们不仅创造了用植物纤维编织粗糙的织物的方法，还开始制作简单的陶制品。

人类社会进展到了“新石器时代”，这与克罗马农人和格里马第人以及阿济尔人代表的“旧石器时代”有着根本差异。因此，生活在“新石器时代”的居民开始向地球温暖的地带迁徙。他们学会了制作技术，知道了怎么种植植物和驯养家畜，还把技术用学习模仿的方法传播到了全世界。大多数人类在公元前 1 万年进化到了“新石器时代”的水平。

对现代人而言，像播种、耕地、收割、晾晒以及磨粉这样的流程就像说地球是圆的，是再正常不过的。也许有人会问：除了这样还能怎样呢？除了这些还有什么其他的吗？这些在现代人眼里是理所当然的行为和推理，对 2 万年前的原始人来说是复杂深奥的。他们要经过无数次的尝试才能找到有用的方法，他们还经常作出错误的解释，由此而产生多次的错觉，他们必须通过无数次的挫折和考验才能获得他们认为正确的成果。在地中海的一些地区有野生麦子生长。也许他们掌握碾磨野麦做粮食的方法比懂得播种要早，也就是说他们先懂收获庄稼才开始知道怎么种植粮食。

这个现象要特别注意：世界各地，只要有收获和播种的地方，就会发现播种和血祭观念有着极强的原始联系。而这种一般用活人献祭的血祭则是十分残忍的。但是对于极富好奇心的人来说，研究形成这两种最初联系的原因，是十分有趣的。如果你们对此感兴趣，可以从 J.G. 弗雷泽爵士所作的《金枝》中探索出答案。我们要铭记，我们无法运用理智的推测对这种联系加以阐释，这只是一种不成熟的、充满幻想的、活在神话世界中的原始人心中无法厘清的情绪。然而，在 1.2 万—2 万年前的新石器时代，每当到了播种季节，就会举行活人来献祭的仪式，也就是血祭。这些用来做献祭的人是不幸的，他们基本都是细心挑选的童男童女，而不是被遗弃或者地位卑微的人。童男通常会被视为神灵，因此在献祭之前他的待遇极好，甚至被人们膜拜。血祭活人的细节模式已经固定，而主持血祭仪式的往往是一些年迈的富有经验的长老。

在原始人看来，确定播种和献祭的时间是十分困难的。开始的时候，季节在原始人头脑里几乎没有概念。从很大程度上讲，“年”的概念在人类历史的早期并未出现。人类最早是按照阴历月份的纪年方法来统计。据《圣经》记载，人类祖先把月亮的圆缺作为单位来计算年龄。巴比伦人的历法中有明显的痕迹表明，原始人根据阴历的 13 个月来估算播种的时间，这种计时方法的影响一直延续至今。假如我们的思维没有因为习俗而变得愚钝，那我们应该注意到，还有一件奇怪的事情：在基督教会中，纪念耶稣受难和复活的日子并不固定，它是随着月亮的盈亏而改变的。

我们现在还不确定最早的农耕者是否观察过星象。而游牧民族更有可能是最早观测星象的民族，因为在他们看来，星座观测法是辨别方向最简单的标识。星象对农业的重要性在他们知道可以利用星座的观测法确定季节的时候显现出来。当他们发现种植时间、献祭和某个重要星星的南行或北行有联系时，原始人就对这些特定的星座产生了崇拜之情，也就自然而然地编出了神话。

由此看出，在“新石器时代”，那些知道血祭和星象知识的人，有着极其重要的地位。

原始人害怕污秽和不洁，并且极其重视怎样消除这种恐惧，这使那些懂得这些知识的人拥有了无上的权威。因此男巫和女巫、男祭司和女祭司在那个时期出现了。把最初的祭司称为宗教专家，倒不如说他们是实用知识专家，他们的知识都是来自经验，并且这种经验式的知识通常都是不对的。他们为保住这些知识，防止众人知道，言行举止十分谨慎，但他们改变不了他们要把这些知识运用到实际中这一职责。

在1.2万—1.5万年前，凡是世界上气候温暖、水源充沛的地方，就会有“新石器时代”的群落社会发展起来。在这里，有着男女祭司的等级和传统，耕地、新型小村庄、小城墙围成的城池等一应俱全。日子久了，各个群落间的交流逐渐增多了。艾略特·史密斯和利弗尔称这些最早的农业居民的文化为“日石文化”，或许用“日石”（太阳和石头）这个名词不太妥当，但在学者没有找到更恰当的名词代替它之前，我们先用这个词语来表示。这种文化发源于地中海和西亚的某个地方，并且这种发源地不断向东延伸。光阴似箭，日石文化飞过数座岛屿，穿过太平洋，最终传播到了美洲。与那些来自北方、生活方式更为原始的蒙古种族融合在一起。

受到“日石文化”的熏陶，棕色人种不管走到什么地方，都会带去他们几乎全部的奇怪观念和行为习惯，有些奇妙的思想，如果没有心理学家的帮助，人们根本不能明白其中的意义。他们建筑金字塔和巨大的墓室，以及用巨石设置巨石阵，也许只是为了让祭司更好地观察天象；他们把死者身体的一部分甚至全部制成木乃伊；文身和割礼是他们盛行的文化；他们有一种古老的传统，婴儿在出生之后，父亲代替母亲在床上坐月子，即“父代母育”；我们都知道，他们还把万字饰用来象征幸运吉祥。

他们拥有的这些习俗，传播到许多地方。如果我们把表示习俗传播范围的黑点画在当时的地图上，它将是开始于英国的史前巨石阵，沿着温带和亚热带海岸边缘的一条线，它横穿世界，途经西班牙到了墨西哥、秘鲁。但是这种黑点在赤道以南的非洲、亚洲北部以及欧洲的中北部没有分布，换句话说，就是这些习俗没有影响到这些地区，这些地区生活的是完全独立发展的人类种族。

第十四章　新石器文化

在大约公元前 1 万年，地球的基本轮廓和如今的地形已经很接近了。经过岁月的侵蚀，穿过直布罗陀海峡的大堤（它曾经用来阻挡海水进入地中海的凹地）慢慢崩溃，因此地中海的海岸线才变得和现在相似；当时的里海要比现在的宽阔，也许当时它和黑海是连在一起的，并且一直伸展到高加索山脉的北部。如今中亚沿海一带已经变成草原或荒漠，但是这一带在以前却是物产丰富、环境适宜的好地方。那时位于欧洲的俄罗斯部分，却是一片沼泽，有大量的湖泊。现在，亚洲和美洲大陆被白令海峡隔开，然而那时的白令海峡并没全部断开。

那时就能辨别出我们如今了解到的主要人种。具有日石文化的棕色民族分布在温和并且有着茂密丛林的温带沿海地区，他们就是现在生活在地中海的居民的祖先，也同时是大部分埃及人、柏柏尔人和东亚、南亚大部分的共同祖先。这人数众多的人种必然有许多的分支。生活在地中海沿岸和大西洋沿岸的伊比利亚人，又叫浅色人种或者地中海人，以及达罗毗茶人（包括大量东印度的居民和黑色印度人），米特族人（包括埃及人和柏柏尔人），大量的波利尼西亚人和毛利人种，都是它们有着不同价值观的分支。在这一数量众多的分支人种中，位于西方的分支人种要比东方分支人种的皮肤白。在欧洲中部和北部的森林里，北欧民族中有一类人种的相貌极其出众，他们都是黄头发蓝眼睛，而他们就是从棕色人种中分离出来被称为北欧人的分支的一个分支，还有另外一种棕色人种的分支生活在亚洲东北部的开阔地带，他们被叫作蒙古人，他们长着高耸的颧骨，黄色的皮肤，上扬的眼角以及黑亮顺直的头发；早期黑色人种的后裔居住在亚洲南部、澳洲和南非等热带岛屿上，非洲中部则居住着不同的种族。如今，几乎所有的非洲有色人种都是北方棕色人种和黑色人种的混血后代。

人类的种族能够自由地杂交，就如天上飘浮不定的浮云，而不像一旦分开就再难交合的树杈，这一点我们必须牢记。我们深知，一旦有机会，人种就会再次交合在一起。只有明白这一道理，我们才能避免那么多的主观猜测和偏见。有人会胡乱运用人种这个词，并且据此来发表甚为荒诞的言论，例如说不列颠人种或欧洲人种，实际上，欧洲人种大部分都是白色人种、棕色人种和蒙古人种等互相杂交的后代。

蒙古人种第一次踏上美洲大陆是在社会进化到新石器时代之后，显而易见，他们是通过白令海峡逐渐向南延伸的。他们在美洲北部发现了驯鹿，而在南方出现了大量的野牛。他们刚到南美洲时，庞大犰狳类的雕齿兽还存活在美洲大陆上，还有大懒兽，它们的躯体可以和大象相提并论，并且这种动物行动迟钝，毫无还手之力，因此，它们可能在那时就被赶尽杀绝了。

很多美洲部落，自始至终都没有超越新石器时代的狩猎和游牧生活。他们不懂得铁的用途，因此他们使用的主要金属还局限在自然存在的金和铜范围之内。不过，在公元前1000年前左右，因为墨西哥、尤卡坦和秘鲁生活环境舒适，适合农耕民族定居，所以令人注目的文明形态在这些地方出现，它与旧世界的文化共同发展，但是它们的形式却有着本质的差别。此外，这种文明形态和旧世界原始文明有个相似点，即这些群落社会也会在播种时节用活人献祭进行祭祀活动。我们能够看到，旧世界中的原始观念在与其他观念的碰撞冲突中，要么被削弱，要么被复杂化，甚至被掩埋，然而，在美洲地区，这些观念却有机会向更高层次发展。事实上，这些掌控美洲文明国度的人并不是战争统领和统治者，他们也被宗教戒律和预言征兆所约束，而祭司才是真正统治美洲文明的人。

这些祭司计算年份的能力甚至超过我们后面将要讲到的巴比伦人，祭司还把当时的天文学研究推广到更加精准的层面。他们在尤卡坦创造了“玛雅文字”，这是些特别而且深奥的文字。我们现在仅仅知道，复杂而精确的历书是用这些奇特的文字记录的，祭司倾注了他们毕生的智慧去研究历书。约在公元前700年或公元前800年，玛雅文明的智慧成果到达最高水平。这个民族的雕刻技术让现在的人们极其惊讶，因为那些雕刻作品，无处不显现出具有立体感的创作力和灿烂的美；然而我们不解的是，他们的艺术作品不仅具有奇特的风格和不拘的表现手法，就连细节也没有忽略，显得挥洒自如。在旧世界里，这个民族的艺术作品是无与伦比的，仅有印度的雕刻和它们有些相似，但这些相似性简直是微不足道。玛雅文明时期的雕刻都有编织的羽毛和蛇缠绕的图案。玛雅人的雕刻艺术不像是旧世界的作品，它们更像是欧洲疯人院中精神病人所作的夸张抽象的图画。玛雅人的精神文化，好像是向着与旧世界不同的方向发展，它们的观念与旧世界正好相反，用旧世界人的眼光来看，玛雅人的思维是毫无理性的。

这种最早出现的美洲文明，没有遵循常规的发展路线，所以与一般的精神失常者有很多相似之处，他们极其嗜血的特点足够证明以上说法。古代的墨西哥文明流行血祭仪式，它们每年都要用几千人去祭祀。这些奇怪的祭司们一生都从事着十分残忍的工作，即剖开活人的胸膛，挖出还在跳动的心脏，用来祭奉神灵。在包括种族祭典在内的所有公共活动中，这些荒唐恐怖的行为都是必不可少的。

在古老的社会中，普通的百姓生活与那些未开化的农耕居民的生活很相似。他们懂得制作精美的陶器、织物以及高超的染色技术。玛雅文字不仅可以刻在石头上，还可以绘制和涂写在兽皮等物品上。丰富的玛雅文书被保存在美洲和欧洲的博物馆中，但我们只能破译其中的日期，其余的那些奇怪复杂的文字还处在未知状态。相同的文字还出现在秘鲁，但之后被打结绳的记事方法取代了，而几千年以前中国也曾使用过类似的方法来计数。

早于玛雅文明三四千年的旧世界，即公元前5000—前4000年里，一种与美洲文明很像的原始文明开始出现。这种以神庙为基础的原始文明，也流行着血祭的传统，存在精通星象的祭司。在旧世界里，各种原始文明相互冲击影响，它们推动文明的前进，这为现代文明朝着更好的方向发展提供了有利条件。但是，美洲的原始文明仍然处在原始的阶段，并没有进步，他们所有的文明都被困在各自有限的世界中。在欧洲人还没登上美洲的陆地时，墨西哥对秘鲁几乎一无所知，对秘鲁人的主要食物“马铃薯”也一无所知。

岁月流逝，那些在美洲大陆上生活的居民，为生活和献血祭祀忙碌，之后悄然消逝。在这期间，玛雅人的艺术作品在装饰方面有了更高的造诣。灾荒、丰年，瘟疫、健康交替出现。祭司们倾注大量时间来修缮历法和祭祀仪式，除此之外他们没有任何进步。

第十五章　古埃及文明与文字的出现

与新世界相比，旧世界应该是一个更加辽阔并且丰富多彩的大舞台。物产丰富的亚洲和尼罗河流域约在公元前6000年或公元前7000年，就开始有文明部落社会出现，它能够与秘鲁的文明相提并论。在当时，大部分地区都比今天富庶，例如，土耳其斯坦西部、阿拉伯南部以及波斯北部等地区，在这些地区都曾有早期人类群落社会出现过。美索不达米亚平原和埃及比较低洼，我们首先在那里发现了寺院、城市、灌溉系统，而且还找到了证据，证明有超出单纯的原始人部落的社会组织存在过。那个时候，底格里斯河与幼发拉底河通过它们自己的河口流入波斯湾，在这两条河流的中间区域，苏美尔人建立了第一个城市。大约同一时期，埃及也踏上了伟大的历史历程，虽然确切时间我们并不知道。

苏美尔人有着棕色的皮肤，以及高耸的鼻子。我们现在能够破译他们使用过的文字，也能够听懂他们所说的语言。他们不仅掌握了制作青铜器的技术，还知道太阳晒干的砖块能够建立耸立的塔状庙宇。这里的黏土质量很好，他们在黏土上写字很方便，所以他们所写的文字能够得以很好的保存到现在。那时马还没有出现，但他们已经开始饲养绵羊、山羊、牛和驴。他们手持长矛和皮制的盾牌，排成紧密的队形，步行作战。他们知道用羊毛做衣服，并且学会了剃头。

苏美尔的城市大部分都是独立的，他们有自己信奉的神灵和祭司。但是也有特例，例如，某个城市凭借某种优势掌控着另一座城市，被控制的居民要向他们进贡。在尼泊尔曾经发现过极其古老的碑文，它记录了一个这样的“帝国”，这是历史上第一个记载过的帝国，它就是苏美尔的伊勒克城市“帝国”。它的神灵和祭司国王统治的区域从波斯湾到红海，十分辽阔。

一开始，文字只是通过画图来记事的简单符号。在新石器时代之前，人类就已经试着去写文字了。之前提到的阿济尔人的岩画，算是人类文字的发端了。绝大部分的岩画，记载的是征战和打猎的盛况，而且他们还用简单的线条表示人物。一些图画里，画家只是用一两条横线和一条竖线简单地勾勒出人的大体轮廓，而没有细致地画出头和四肢的完整形象。从这种原始图画演变到简单的象形文字，应该是一个不太复杂的过程。苏美尔人在黏土上用小木棍写下那些想要表达的文字，但是没多久，这些文字就认不出来了，所以不能弄清他们所要表达的真正意思，而埃及人则不同，他们在墙壁和莎草（最早的纸）上写字，这些文字被很好地保存下来，因此我们要临摹他们的文字就很容易。因为苏美尔人所写的文字都呈楔形，所以他们的文字被称为“楔形文字”。

当图画开始表示类似的物体，而不再表示某个实物的意思时，人类的文字文明就又有了新的极其重要的里程碑式发展。如今特定年龄段儿童很喜欢的画谜，采用的就是这种表现方法。这就像是我们画了一个营地，这里支着帐篷（camp)，带有铃铛 (bell)，孩子们就高兴地猜想，这组成了一个苏格兰人的名字，即“Campbell”。苏美尔人的语言和今天美洲印第安人的语言有很多相似之处，例如，它们都是一种由音节堆砌而成的语言，它的好处是能够说明图像表达不了的意思，能够产生音节文字。同时，埃及文字也有相似的发展。那些其他民族的语言本来没有准确的音节，慢慢地，他们也开始学习和使用这些象形文字，并且调整修改和简化了它们，使其最终发展成字母文字。事实上，不同国家所用的全部字母文字，都源于埃及的象形文字（祭司文字）和苏美尔人的楔形文字，由它们演变而来。而曾经在中国出现过的通用的象形文字没能进一步发展，也没能进化成字母文字。

文字的发明对人类发展至关重要。法律、法令以及契约都是用文字记载的；文字的发明可能会让城市扩张，也可能会使历史意识源远流长；它还让祭司和皇帝的命令、印章等，达到了声音和眼力无法到达的地方，这些作用甚至会延续到他们死了之后。印章在远古的苏美尔很流行，这是件很有趣的事情。国王、贵族或商贾找人为自己雕刻印章，这些印章雕刻得十分精致，他们把它加盖在自己确认过的黏土的文书上。这表明，6000年前，人类的文明和印刷术就有着紧密的联系。文字被人们写在黏土上，黏土经过一番晒晾后变得十分坚硬，因此可以被长久地保存。读者们肯定还记得，在美索不达米亚平原漫长的岁月中，所有的信件、账目以及记录都被记载在不易损坏的砖瓦上，这样，大量关于昔日的历史知识才得以保存。

很久以前，苏美尔人和埃及人就知道了黄金、青铜、铜、白银，也知道了极其少见的珍宝贝——陨铁。

在旧世界大量的古城里，早期城市的日常生活与苏美尔、埃及很相似。除了街上可以见到驴子和牛外，这样的生活方式与三四千年后的美洲的玛雅城市的生活区别并不大。在和平年代，除了宗教的节日，多数百姓都忙碌着农耕和浇灌。货币对于他们毫无用处，所以他们没有货币，偶尔进行小型的交易活动都是用动物做交换的，即使是贵族和统治者也不例外，只是他们偶尔用金条和银条以及价值不菲的宝石做交易。那时，神庙是人们的生活支撑。苏美尔有一座壮观宏伟的塔殿，站在高塔的顶部人们能够观测星象；而在埃及，有一座气势异常恢宏的单层庙宇。在苏美尔，祭司的地位是最高、最伟大、最显赫的；在埃及，地位高于祭司的还有一个人，他是该地区主神的代表，是诸神之王，他就是法老。

那个时代的世界几乎没有变化。人们顶着炽热的烈日勤快地耕作，他们的生活平静规律，几乎没有波澜。那里很少有陌生人出现，即便有也很难融入他们的生活。祭司指导人们的生活以太古的律法为依据；他们根据星象来确定播种的时间；他们还要帮别人解梦，选出适合祭祀的日子等。人们生活得极其安逸，从不关心自己民族的未来，也逐渐遗忘了民族过去野蛮的历史，他们劳作、恋爱，最后安然死去。人们偶尔也会遇上一个像佩比二世一样勤政爱民的好国君，他统治了埃及约 90 年。

但是像基奥普斯、迈锡尼斯、基弗林等，却是野心极大的人，他们让本国的子民去服兵役，只是为了攻打邻国，扩大领土，抢夺财宝，还让有力气的年轻人去做苦役，像吉萨的墓室和金字塔，就是他们逼迫奴隶修建的，最大的金字塔有 450 英尺那么高，光石料就用了 488.3 万吨。这些巨石大都来自尼罗河，用船运来，然后靠人力搬运到目的地。对埃及而言，发动一场规模宏大的战争，其劳民伤财的程度，还远达不到建造金字塔所带来的伤害。

第十六章　游牧民族登上历史舞台

人类在公元前6000—前3000年开始了定居的生活，他们在尼罗河和米索不达米亚平原种植作物，还建造了城镇，不再到处迁徙，不再过辛苦的狩猎生活，有稳定的生活来源，有可以灌溉的地区，人们生活安定。在底格里斯河的上游，亚述人也建起了自己的城邦；还有一些比较小的部落社会在小亚细亚河谷以及地中海沿岸和岛屿上开始走向文明。此外，像中国和印度这样的国家也开始朝着相似的文明程度发展。为了弥补农耕的不足，欧洲的大量小型群落在辽阔的湖泊上，在有着丰富渔业资源的区域上，搭建水上建筑。但是在旧世界，适宜人类居住的地方很少，这对那时缺乏知识，仅会使用原始工具的人类来说，生活是十分困难的。在气候极其干燥，陆地条件恶劣，森林茂密以及气候无常的地区生活，他们根本无法生活。

在有着充足阳光、水源以及气候温和的地方，人类才可以在原始文明中过上安定的定居生活。如果没有这些条件，就只能到处迁徙，去追赶猎物，去过游牧的生活，随着季节的变化而移动。他们可能要经过一段极为久远的时间才会完成从狩猎生活到游牧生活的转型。人们在追赶野牛或野马群时（在亚洲），一个念头就产生了，即占有它们，他们还学会了让马和牛进入山谷，圈养起来，这样就能把野狼和野狗以及别的食肉动物驱逐出去。

原始的农耕生活在大河流域开始了，与此同时，还出现了新的生活方式，即他们能在夏季和冬季的牧场之间不断移动，这就是人们所说的游牧生活。总而言之，游牧生活远比农耕生活要辛苦。尽管他们没有尽善尽美的祭司阶层，没有固定的神庙，也没有足够的工具，人口很少。我们一定不要认为他们的生活方式就是落后的。事实上，他们当时的这种生活方式在很多方面都能体现出比农耕生活的优越性，他们当时的生活更加自由，也更加充实，每个个体都具有独立性，并不单纯是集体中的一员，在他们看来，首领比巫师更加重要。

游牧民族的人拥有开阔的眼界，他们游遍地球的各个角落，因此很了解异国的风土人情和风俗习惯。他们为了保住牧场，常常要与前来争夺的部落群体进行协商和谈判。相比农耕民而言，他们还了解更多的矿石知识，因此他们经常要翻山越岭进入怪石嶙峋的危险地带。对于他们来说冶炼或许只是微不足道的小事，但是在很大程度上，青铜却是游牧民族最先发现的，尤其是铁的冶炼。在中欧时期，一些铁器被人们挖掘出来，经研究考证这些铁器在人类早期文明之前就已经出现了，所使用的铁石就是从矿石中提炼出来的。

另外，在定居生活中，农耕民学会了制作陶器、纺织以及制作其他的生活必需品。在游牧民和农耕民之间由于物品而发生的争夺和交易的摩擦是无法回避的，出现的原因是两者生活方式不同。特别是在苏美尔地区，被季节性耕地和沙漠覆盖，矛盾就不可避免地发生了。游牧民族通常在耕地边缘上安营扎寨，他们在这里不仅进行商品交换，甚至还偷盗和诈骗，和如今吉卜赛人的所作所为如出一辙（但在那时，他们偷不到鸡，因为在印度丛林中鸡是一种飞禽，到了公元前1000年，才被人类驯服成为家禽）。游牧民经常把金属、皮货和宝石带来。而狩猎者带来的则多数是野兽的皮。他们把这些物品用来交换，比如它们可以换来衣服、珍珠、玻璃、陶器和其他同类的东西。

在远古时代的原始社会中，古埃及和苏美尔分布着三个地区和三个种族过着半定居半漂泊的生活。白色皮肤的北欧人在遥远的欧洲丛林生活，但他们的这种狩猎生活是比较低级的。公元前1500年前还是原始文明时期，在遥远的东亚一望无际的草原上，那时还有一个我们所不了解的民族，即匈奴的蒙古部落。他们在驯养野马时形成了一种习惯，即在冬季和夏季，他们会进行季节性的迁徙。当时俄罗斯的沼泽和水域比今天的里海还要广阔，北欧人和匈奴人之间有无法越过的阻隔，所以那时他们可能是彼此不相往来的。那时，俄罗斯疆土上分布着许多沼泽和湖泊。在逐渐干燥的叙利亚和阿拉伯的沙漠上生活着闪米特人，他们的皮肤是棕色的，他们忙着驱赶羊群、绵羊群和驴子在各个草场之间奔走。而最早接触早期文明的游牧民族，正是这些闪米特牧民和来自波斯南部有着黑色皮肤的伊拉姆人。他们不仅为贸易而来，还为掠夺而来。因此，有远见、有胆识的统领逐渐在他们的部落中出现，他们就成了征服者。

约公元前2750年，一位征服苏美尔全境的伟大的闪米特的首领出现了，他就是萨尔贡，他还征服了从波斯湾到地中海的大片疆域。萨尔贡是个粗人，他不识字，但阿卡德人作为他的臣民，却学会了苏美尔文，并把苏美尔语作为官方和学界的专用语。两个世纪后，萨尔贡帝国开始衰亡。在伊拉姆人的侵略之后，新兴的闪米特人成为亚摩利人，他们再次取得了苏美尔的统治权，在那时，他们还只是一个傍河小镇，在巴比伦创建了自己的首都，并自称自己的帝国为“第一巴比伦帝国”。经过汉谟拉比国王时代（大约在公元前2100年）的伟大统治，巴比伦帝国进一步发展。汉谟拉比国王制定了历史上最早的一部法典，即《汉谟拉比法典》。

由于美索不达米亚平原地形开阔，所以侵略他们的游牧民族可以毫无阻碍地长驱直入，而狭长的尼罗河流域不同，它很难被征服，然而，到了汉谟拉比统治的时代，埃及却最终被闪米特人征服，并且组建了法老统治的“希克索斯王朝”，又被叫作“牧人王朝”，统治历史长达好几个世纪。但埃及人们并不接纳这些叫作闪米特的征服者，并认为他们是野蛮的人，在公元前1600年，埃及民众终于把这些侵略者赶了出去。

但闪米特对苏美尔的影响是持久的。这两个民族互相同化，不管是在语言还是在性格上，巴比伦帝国都有闪米特人的痕迹。

第十七章　人类历史上最早的船舶和海员

在2.5万年或3万年前，人类开始使用船只。最晚是在新石器时代的早期，人类已经可以坐在一截木头上，或者坐在充气的兽皮上，在水上自由航行了。从我们所了解的最早年代起，苏美尔人和埃及就已经知道把野兽的皮包裹缝合起来，制成小船。到目前为止，在这些地方，这种小船还在使用。在其他别的很多地区也有使用，例如，爱尔兰、威尔士和阿拉斯加，人们曾经使用海豹皮做成的小船渡过了白令海峡。渐渐地，人类的造船技术进一步发展，空心的独木舟出现了，接着是小船，之后是大船，一一被造了出来。

正如大量在民间广泛流传的洪水故事是源于地中海的水患一样，诺亚方舟的传说，也只是为了纪念人类最早造船的事实罢了。

红海上出现船只的时间比金字塔建立的时间还要早很多。在公元前7000年，船只开始出现在波斯湾和地中海水域。当时在海上航行的除了很少的商船和海盗船外，几乎都是渔船。凭借我们对人类的了解，我们有充分的理由推测，最初的航海者只有在迫于无奈时才会进行交易，因为他们大多数都是以掠夺为生，能抢就抢。

一开始，航海发展得并不充分，仅仅是辅助作用而已，这是因为船只航行的环境大都是在风浪较小，或者是几天不见风浪的内陆海面上。那些装备完善、在海洋中能更好发展的大帆船在最近的400年间才逐渐发展起来。在古代，船只只有靠木制的船桨划动才能航行，而大多数都是跟随海岸线航行，只要天气一恶劣，就必须快速地躲进港口。当小船发展演变成划桨的大帆船时，航行者就抓来奴隶为他们划桨。

在前面，我们讲到了在叙利亚和阿拉伯地区闪米特人的游牧生活，曾讲过他们征服苏美尔人的过程，他们不仅建立了阿卡德王国，还建立了"第一巴比伦帝国"。在西方，这些闪米特人也曾在海上出没，并在地中海东海岸建立了很多港口，蒂尔和西顿是最主要的两大港口。在巴比伦，汉谟拉比统治时期，闪米特人在整个地中海地区活动的身份是漂泊者、商人和殖民者。这些被称为腓尼基人的闪米特人常常在海上出现。他们多数定居在西班牙，赶走了古伊比利亚半岛上的巴斯克人，还组织了远征军，并让他们沿着海岸通过直布罗陀海峡，在非洲北海岸建立了许多像迦太基一样的殖民地。在后面的章节中，我们会详细介绍迦太基城。

然而，在地中海水域，腓尼基人并不是最先拥有大帆船的民族。在地中海中的岛屿和沿岸，大量属于爱琴人的城镇和城市早已出现。显而易见，不管是在语言上还是在血缘上，爱琴人都跟南边的柏柏尔人、西面的巴斯克人以及埃及人有着亲密的亲缘关系。希腊民族进入人类的历史比较晚，希腊人由爱琴人进化而来，所以不能把爱琴人和希腊人混淆。爱琴人在希腊和小亚细亚建立了属于他们的城邦，就像迈锡尼和特洛伊。此外，他们还在克里特岛的克诺索斯建造了特别高大宏伟的宫殿。

最近的半个世纪，由于考古学家的辛苦发掘，人类才逐渐知道爱琴民族的统治范围和社会发展的程度，而克诺索斯是被发掘研究最详尽的。幸运的是，之后在这个遥远的城市的废墟上面，并没有建造大型城市，因此，它的多数古迹都得以完整的保存，为当代人类探究这个一度被忘记的文明找到了主要的道路。

克诺索斯也和埃及一样有着悠久的历史。约公元前4000年，这两个国家进行着频繁的海上贸易活动。从萨尔贡一世统治结束到汉谟拉比时代开始的时间里，即公元前2500年，克里特文明异常繁荣，发展到了巅峰。

克诺索斯不像是个城邦，它更像是一个大宫殿，一开始，它并不设防。但之后，腓尼基人的队伍变得壮大，而且有新发起的凶猛的从北方渡海而来的希腊海盗的侵扰，这是克诺索斯加强防设的主要原因。

埃及人的统治者被称为法老，而克里特人的君主叫作米诺斯。他所住的宫殿十分豪华，里面有自来水、浴室以及其他各种舒服的设备，这样的气派在别的古迹中是极少见的。米诺斯常常在这个宫殿里举办大型的祭祀典礼和表演。如今的西班牙流行的斗牛比赛就发起于那个年代，斗牛的服饰都很相似，绝技表演也一样。那时妇女已经开始穿百褶裙和紧身胸衣，她们的服饰可以说已经相当时尚了。克里特人无论在珠宝、象牙、金属领域，还是陶瓷、纺织品、绘画以及镶嵌饰品领域，技艺都十分高超，每一个制作都精美绝伦。另外，他们也有着自己的文字体系，可令人遗憾的是，我们到现在都没有办法破解。这样美好、幸福的文明生活有近两千年的历史。约公元前 2000 年前，克诺索斯和巴比伦的子民生活得快乐并且富裕。他们常常举办盛会和宗教仪式。在家中，既有奴仆服侍他们，又有奴隶替他们劳作。克诺索斯人在碧海阳光下生活得非常安宁祥和。与此同时，埃及却面临着衰退的危机，那时他们正处在没有完全开化的“牧人王朝”统治时期。稍微热衷于政治的人，就会知道此时的闪米特人正在到处扩张，埃及被他们控制了，巴比伦被他们征服了，他们还在底格里斯河的上游创建了尼尼微城。为了扩大领域，他们一直向西航行，直到赫拉克勒斯顿，大量殖民地在遥远的海岸被开辟。

有大量思维敏捷、富于想象力的人在克诺索斯出现，此后，在希腊人中间有能工巧匠代达罗斯的传说。传说他曾试着制造飞行器，估计是一架滑翔机，可是它却不幸地坠毁海中了。

现在我们做一件有趣的事，把克诺索斯人和现代人在生活上做一下比较。公元前 2500 年，克里特绅士只知道铁是一种来自外星球的少见的金属，并不了解它的实用价值，那时他们不懂得从矿石中提炼铁的方法，所以他们只知道陨铁。不像我们如今的世界，随处可见钢铁的存在。马成为这个时代众所周知的动物，但对那些克里特人来说马颇具传奇性，因为当时的马还没有从遥远的黑海以北的荒凉之地的品种纯良的驴子进化出来。就他们而言，文明主要存在于在希腊居住的爱琴人中，在小亚细亚地区居住的迦利亚人、吕底亚人以及特洛伊人中间，他们所说的语言是一样的。虽然西班牙和北非有腓尼基人和爱琴人生活，但在他们眼里，那里是极其偏远荒凉的地方。棕色皮肤的伊特鲁里亚人生活在小亚细亚地区，他们还没有到过意大利境内，因为意大利在当时还是一片林木丛生的荒野之地。如果有一天，当一个克里特绅士在码头上看到皮肤白皙、眼睛蓝绿的俘虏时，一定会惊讶万分。这个绅士也许会尝试跟他聊天，但对方的语言完全听不懂，因此，他会认为这个奇怪的人一定住在比黑海更遥远的地方，他肯定是个没有开化的野蛮人。实际上，这个俘虏是雅利安人，我们会在后面详细讲到这个民族以及它的文化。这个俘虏所说的奇怪语言，后来被分化成波斯语、希腊语、梵语、德语、拉丁语、英语以及世界上大多数语种的母语。

这时克诺索斯人处在极盛时期，他们聪明并且快乐。然而不幸的是，约公元前1400年，一场始料未及的灾难降临到这片土地上，昔日的繁荣景象消失不见了，米诺斯的宫殿也遭到毁灭，它的遗址上没有任何建筑，更没有显示有人曾在这里生活。灾难的原因我们无从得知，到现在它都是一个谜。人们在废墟上发现了些许遗迹，这里散落着的痕迹可能是被火烧过的或掠夺过的，还发现了曾发生过的毁灭性地震的痕迹。克诺索斯的灭亡是大自然一方面的灾难，还是希腊人在克诺索斯遭遇地震后进行摧毁的？我们至今无从知晓。

第十八章　走进埃及、巴比伦和亚述

闪米特人在埃及实行“牧人王朝”的统治，但埃及人一直不情愿接受。在约公元前1600年，埃及爆发了一场空前的爱国运动，把外来的侵略者赶出了自己的国家。之后，埃及的复兴新时期开始，埃及学者把这个时期叫作“新帝国”。埃及，这个被希克索斯王朝侵略过的国家，直到这个时候才完全统一。埃及长期被征服，但他们并不屈服，侵略反而激起了他们强烈的斗志，埃及的法老成了一个极富野心的征服者。如今，他们武装军队用的战车和战马是从希克索斯王朝抢夺来的。埃及的势力在阿米诺菲斯三世和托多美斯三世执政时期得到了很大的扩展，一直发展到了亚洲的幼发拉底河流域。

下面我们要讲述的是两个曾经相互隔绝的文明，即美索不达米亚文明和尼罗河文明，这两者经历了一场长达千年的斗争。开战之初，占有明显优势的是埃及。埃及曾被那些辉煌的王朝引领着走向繁荣，如托美多三世、阿米诺菲斯三世和四世，以及哈达苏女王在内的第十七王朝，还有长达67年被称为摩西法老统治的拉美西斯二世的第十九王朝。当然，在此期间，埃及也有几次衰落期，即它曾被叙利亚和南部的埃塞俄比亚人打败过。美索不达米亚开始由巴比伦统治，后来还被赫梯人和大马士革的叙利亚人统治过一段时间。叙利亚人也曾征服过埃及。而此时，在尼尼微城生活的亚述人的局面也变化不断，尼尼微城有时被征服，有时叙利亚人一边统治着巴比伦一边攻打埃及。因为篇幅有限，在此我们不能给大家细讲埃及军队与来自叙利亚、小亚细亚以及美索不达米亚的不同闪米特人交战时的状况。不过，此时这些军队已经装备了大量的战车，尽管马匹在战争中和庆功宴会上才会使用，但马匹从中亚传入古代文明社会已然是一种进步。

在那段久远的时代中，几位伟大的转瞬即逝的征服者也出现过，比如米坦尼的国王塔楚拉达曾经打败过尼尼微城，亚述王提革拉特·帕拉沙尔一世曾经统治过巴比伦，使其最后终于成为那时军事力量最强的国家。

公元前 745 年，提革拉·帕拉萨三世征服了拉革拉特·帕拉沙尔巴比伦，并且建立了被研究历史的学者称为“新亚述帝国”的国家。在此期间，铁已经从北方传入文明国家，亚美尼亚人的先驱赫梯人是最先学会用铁的，而且他们还把这种方法教给了亚述人。之后，萨尔贡二世篡夺了亚述的王位，并且开始给自己的军队配备铁器，因此，亚述成了第一个实行铁血主义的强权国家。萨尔贡的儿子塞纳克里布曾经领兵攻打埃及，但失败了，其原因并不在于军事而是在于瘟疫的传播。后来，在公元前 670 年，那个在历史上以希腊名字萨达那帕尔斯而著称的国王——塞纳克里布的孙子阿舒巴尼泊，征服了埃及，而埃及这个时候已经被埃塞俄比亚王朝统治，萨达那帕尔斯只不过是取代了之前的征服者。

在长达千年的岁月中，如果我们能够描绘各国的政治版图，就会发现埃及就像是一条在显微镜下大小不定的变形虫。另外，我们也可以看出亚述人、叙利亚人、赫梯人和巴比伦人闪米特人国家的不断变化，他们一会儿吞并彼此，一会儿又彼此分离。在小亚细亚的西面我们还能看到一些爱琴人的小国，比如吕底亚（都城为萨底斯）和迦利亚等。在公元前 1200 年，也许更早，有大量新兴起的民族的名字从东北和西北陆续走进了旧世界的版图，它们可能是一些没有开化的群落，那时这些人已使用了铁兵器和马拉战车，还攻打位于北部的爱琴人和闪米特人。他们的语言在很大程度上来源于雅利安语。

在黑海和里海东北部，波斯人和米提亚人过上了定居的生活。通过历史记录，我们可以看到：他们和萨尔马提亚人以及塞西亚人曾被人们混为一谈。此外，亚美尼亚人是从东北或西北面来到这里。还有弗里吉亚人、西米里人和被称为当今希腊祖先的古希腊部落，他们也是穿过水路屏障，通过巴尔干半岛来到这里的。不论是来自东部还是西部的雅利安人，他们所到之处都被掠夺，他们是有着亲缘关系的、以掠夺为生有共同宗族的强悍的游牧民族。在东部，雅利安人还只是打劫边民，而在西部他们却是攻打城邦、抢夺领地，还赶走了文明的爱琴人。爱琴人备受压迫，不得不在雅利安人的势力之外建造新的家园。爱琴人试图能在尼罗河三角洲再次过上稳定安逸的生活，却没想到会遭到埃及人的袭击。爱琴族的伊特鲁亚人似乎是从小亚细亚渡海，在荒凉无人的意大利森林丛野中创建了新的国家；还有在东南海建立起自己的城邦，他们就是所谓的腓力斯丁人。

在后边的章节我们将会详细地讲述这些凭借暴力进入古代文明领域的雅利安人的情况。在此，我们只能对这一古代文明地区的迁徙和动荡的原因做简单介绍，这些未开化的雅利安人在公元前1600—前600年间从北部和荒原中走出来，逐步前进，并且不断入侵，并在该区域崛起和发展。

我们将会在下面的章节中关注在腓尼基和腓力斯海岸的山区中生活的闪米特族的一小分支，即希伯来人。他们在接近时代尾声的时候，开始在世界历史中展现出至关重要的地位。他们创作了一部经典之作，即《圣经》，它融合了历史、诗歌、文学、预言和箴言等多种题材，这是一部在日后的世界历史中产生长远影响的文学巨献。

公元前600年之前，雅利安人入侵美索不达米亚和埃及，这并未给他们带来根本性的改变。对于埃及和巴比伦的民众来说，爱琴人在希腊民族之前的大逃亡以及克诺索斯的毁灭，都还是一些极其遥远的灾难。在这些文明的发源地，王朝更替频繁，但人类历史的主流则依然朝着更加高级复杂的道路发展。经过三千多年的沉淀之后，埃及的金字塔成为现在游客参观的胜地，同时还涌现出大量宏伟的、新兴的建筑，特别是在第十七王朝和第十九王朝，卡尔纳克和卢克索大神庙就是这时期的杰作。尼尼微城所有大寺院、有翅膀的人首牛身像，以及帝王、战车、猎狮浮雕等主要的古迹，都是完成于公元前1600—前600年之间的杰作。可以说，这个时期是巴比伦历史上一个辉煌灿烂的时期。

如今，大量官方记录、故事、诗歌私人信件以及商业账目在埃及和美索不达米亚被发现。从这些遗迹中我们可以看出，那时生活在巴比伦和埃及底比斯的贵族、有钱人和现代富豪同样地奢华。这些人全身上下穿着的华贵衣服透出一股奢华的气息，他们住着豪华的宫殿，过的生活极其有排场。他们经常举行盛大的欢宴，人们在一起用歌舞消遣、助兴。他们的仆人都经过专业训练，他们的健康有专门的医生和牙科医生来照顾。夏天，他们喜欢在尼罗河和幼发拉底河上划舟游玩，但他们不太喜欢旅行，所以出远门的次数极少。骡子在当时是极为罕见的动物，而马匹则只用来拉战车和举行国家庆典，因此驴车仍旧是重要的载重工具。虽然美索不达米亚的人们已经知道了骆驼，但那时骆驼还没有传入埃及。铜是主要的金属，铁器还很少。质量良好的棉麻织物和毛织物已经出现，但丝绸还未出现。人们已经开始使用色泽很漂亮的玻璃，但那时的玻璃只是小物品，透明的玻璃还没被制造出来，因此眼镜也还没出现。人们还没学会在鼻梁上架副眼镜，但已经知道镶金牙。

铸币还没有在古代底比斯和巴比伦的生活中出现，这与现代生活明显不同，他们的交易大部分仍是物物交换。巴比伦在财政金融上远比埃及进步。那时已经开始流行把金和银铸成金锭、银锭；巴比伦的银行家比铸币出现得早。人们在金属块上刻下自己的名字和金属的分量，它们被商人、旅行者随身带着，以便在途中交换生活必需品。用人和做工的人多数为奴隶，不必支付给他们工钱，这些奴隶仅能得到一点实物。但是，奴隶制度随着货币的出现逐渐衰落。

如果一个当代人可以重返这些正值鼎盛时期的古老城市，肯定见不到鸡和鸡蛋这两种食品。所以，法国厨师在古巴比伦是无法施展厨艺的。鸡和鸡蛋是在亚述帝国的末代王朝时期才从东方某地传到这里的。

当然，宗教发展也很显著。例如，人们开始用动物或面人代替活人做祭祀（但是活人祭祀的习俗仍在腓尼基人，特别是在非洲有很多殖民地的迦太基市民中存在，因此，备受后世的谴责）。在远古时代，大首领死后，为了在阴曹地府有人服侍他，为了不让他赤手空拳，依照惯例，他的妻子和奴隶要来陪葬，还要把折断的长矛、弓箭等物品放进坟墓里。在埃及，有一种把商铺、奴隶、牛羊以及房屋的模型与死者同葬的风俗。如今，依据这些模型，我们可以看到三千年前甚至是更早的古人们所过的那种稳定文明的生活场景。

在雅利安人从北部和平原地带南侵之前，古代世界的格局已经是这个情形了。同时发展起来的还有中国、印度。在这两个地方，棕色人种的农耕城市在江河流域快速并且有序地发展壮大起来，但在印度，这种城市并没有像在美索不达米亚和埃及那样快速地发挥和融洽，其发展水平更接近于苏美尔和美洲的玛雅文明的发展水平。中国的历史还需要有这方面兴趣爱好的中国学者去充实和完善，而且要用科学的方法铲除和证明其中的传奇成分。也许那时的中国比印度发展得更好。埃及的第十七王朝和中国的商朝处于同一时期，组织松散、割据各地的诸侯国被神权似的帝王统治着。这些古代帝王的第一要务就是举行季节性祭祀典礼。如今，商代的精美青铜器还在我们的博物馆中保存着，我们不得不承认，就其精致程度而言，在青铜器出现前的无数世纪里，文明早已出现在中国的大地上。

第十九章 雅利安人的原始生活

4000年以前，即公元前2000年左右，欧洲南部、中部和中亚地区有着比现在更加舒适温和、适宜居住的环境，树木也更为繁茂。很多黄头发蓝眼睛的北欧人从莱茵河移到里海，他们的种族交往密切，所以他们的母语相同。那时，他们没有太多人口，所以他们没有受到汉谟拉比统治的巴比伦以及刚遭到外族入侵的埃及的重视。

这些北欧民族，必定是世界历史舞台上的重要角色。他们生活在草原和丛林的开阔地带。一开始，他们只有牛而没有马匹，每次迁徙，他们都用简易的牛车拉着帐篷和别的生活物品。他们会在决定定居的地方用泥巴和树枝搭建小房屋。他们与浅黑人种不同，他们不举行土葬仪式，他们实行火葬，火化那些死去的重要人物，并把他们的骨灰收集起来，放入瓮中，然后把瓮埋在圆形的大土丘中，这就是在北欧随处可见的“圆冢”。而浅黑人种作为他们的先人，不用火葬而是让死者端坐，埋在长方形的土丘中，这就是“长冢”。

雅利安人知道怎样用牛耕地，如何种植小麦，但他们却没有因此而定居。粮食收获完毕，他们就会再次迁徙。那时，他们已经学会了怎样制作青铜，在约公元前1500年，铁出现在他们的生活中，也许铁就是他们发明的。马匹好像也出现在那个时候，但是马匹只能载运货物；他们与地中海沿岸的定居民族有区别，他们不把神庙当作中心，他们的领导者是他们的首领而不是祭司；在他们眼里，天下不是宗教和帝王的私有物品，在很早之前他们就实行贵族制，社会上分化出了统治阶层和贵族阶层。

唱歌是雅利安人的强项，在迁徙的过程中，他们举行欢宴，饮酒行乐。在他们的宴会上，逐渐有了专门的吟唱者，他们被叫作吟游诗人。雅利安人的文字在接触文明社会之前还没出现，歌者的记忆就成了他们活的文学。这种被用来娱乐的吟唱形式对语言的发展起到了重要作用，最终，它演变成一种更加悦耳动听的表现工具。毋庸置疑，在某种程度上，之后由雅利安语言演变出的各种语言之所以占据主导地位，都和这个脱不了干系。每个雅利安人部落都有一种习惯，就是用吟游诗人的叙事诗、宗教传说和长篇传奇记录他们的传奇历史。

在社会生活中，雅利安民族以首领的家族为中心。他们如果居住在某地，首领的房屋都是用木头制成的，极其宽敞，还有圈养家畜的小屋，有位于远处的畜牧场。对于多数雅利安人来说，头领宽大的住所就是全族的公共活动中心，大家在这里聚集，举行宴会，聆听吟游诗人的悦耳歌声，举行娱乐游戏，商讨部落的发展。他们常会把牛棚和马圈搭建在周边。睡觉休息时，大房间的首席和高台上躺着的是首领及其家属，普通人则随地而卧，这和现在的印度家庭很像。在部落中，除了装饰品、工具、武器和其他个人物品是个人所有，剩下的全部是公共财产，这可以看作是族长制的共产社会。首领凭借公正的身份帮众人管理着家畜和牧场，但是他们还没有权利开发利用河流和森林，这些还处在无人占有的最初状态。

在美索不达米亚和尼罗河流域两大文明繁盛的时候，分布在中欧和亚洲各地，不断繁衍兴盛的雅利安人的生活大致就是如此。雅利安人在耶稣诞生的前两千年开始侵略那些拥有“日石文化”的民族。他们进攻不列颠、法兰西、西班牙，然后兵分两路向西方进攻。第一支队伍拿着青铜武器，进攻不列颠和爱尔兰，雅利安人消灭了那些曾经为布列塔尼的卡纳克神庙中雕刻石碑的民族，和那些曾在英格兰创造了史前巨石阵的民族。最后攻打到爱尔兰的这一支军队，叫作“盖尔·凯尔特人”。第二支雅利安队伍与第一支队伍有着亲缘关系，很可能还有其他的种族，他们把铁传进了大不列颠。这一支军队就是“布里托尼·凯尔特人”。他们的语言还生发出了别的语言，比如威尔士人的语言。

血统相似的凯尔特各部族开始向南前进，侵略到了西班牙，他们不仅接触当时在西班牙执政的“日石文化”的巴斯克人，与此同时还和闪米特族的腓尼基殖民地军民交往。此外，各个意大利部落的关系和谐，而亚平宁半岛却是一片荒凉，他们迁徙到这里，这里是意大利人还没有执意去征服的地方。公元前8世纪，罗马掀开历史的序幕。当时的罗马只是台伯河上的一个商业小镇，那里还居住着雅利安族系的拉丁人，却被伊特鲁里亚的贵族和王室统治着。

雅利安人的另一股势力也曾入侵过南方。这些会说梵语的雅利安人早在公元前1000年就已经越过西方进入印度北部了。在那里，他们受到了浅黑色人种的原始文明的熏陶，这种文明是达罗毗荼文明，他们从中学到了不少东西。其他的雅利安民族的活动范围已经扩展到中亚广大的山区，并向东不断蔓延到这些民族今天聚居的最东端。如今，金发碧眼的北欧人种还生活在东土耳其斯坦的土地上，只是他们现在使用的是蒙古语。

生活在里海和黑海之间的古赫梯族人大约在公元前1000年就已经被亚美尼亚人所征服，并被“雅利安化”。而巴比伦人和亚述人已经察觉到来自东北边境的巨大威胁，那里正在崛起的部落不仅好战而且强大，其中声名颇为显赫有塞西亚人、波斯人和米提亚人。

雅利安人在他们穿越巴尔干半岛之后，第一次对旧世界文明做出猛烈的打击。他们在公元前1000年之前的若干世纪南下进入了小亚细亚。弗利吉亚人是最早来到这里的种族中最受瞩目的民族，之后一些像伊奥利斯人、爱奥尼亚人以及多利安希腊人的种族陆续南下。约公元前1000年，在希腊本土和希腊周围大部分岛屿上生活的古爱琴人，已被消灭殆尽。他们毁灭的不仅是科林斯城，还摧毁了古老的迈锡尼城，就连克诺索斯也好像被世人遗忘。在公元前1000年以前，希腊人开始向海洋发展，这是他们的梦想，他们在西西里岛和意大利南部的大多数殖民地，是依照腓尼基人在地中海海岸建立商业城市的样式建造的。

那时，提革拉·帕拉萨尔三世、萨尔贡二世和萨丹那帕路斯统治着亚述，这些统治者还多次攻打叙利亚、埃及和巴比伦，雅利安民族也就是在这一动荡的时期接受了文明的熏陶。之后，他们又在这种文明的基础上做了很多的改造，还在意大利、希腊和波斯的北部发明出适合他们自己的文明。从公元前 900 年后的六个世纪开始，世界历史所讲述就是雅利安民族从产生、发展到崛起并继而走向顶峰的过程，和整个旧世界的闪米特人、爱琴人和埃及人被雅利安人征服的过程。表面看来，雅利安人是完全胜利的一方，无论在思想上还是在制度上雅利安人与埃及人、闪米特人的斗争就没有停止过，并且这种无形的斗争在雅利安人掌权后的很长一段时间还在继续，也就是说，这种斗争伴随着此后的整个历史，到目前为止，它还在借助某种形式继续着。

第二十章　巴比伦帝国进入衰退期

以上章节，我们提到了亚述是怎样在提革拉·帕拉萨三世和篡位者萨尔贡二世的统治下逐渐变成一个军事强国的。这个篡位者的原名并不是萨尔贡，是为了迎合被征服的巴比伦人的心理而采用了这个名字，他以为这样可以勾起巴比伦人对萨尔贡，即两千年阿卡德帝国缔造者的一生的回忆。虽然当时的巴比伦已经被征服了，但是它比起尼尼微城更具优越性，比如人口众多，地理位置重要等。征服者们不得不为这些绝佳的条件而善待该城市伟大的神灵贝尔·马杜克、商人和祭司。在公元前 8 世纪的美索不达米亚平原，那种劫掠残杀被俘者的野蛮时代已经过去，征服者开始采用相对仁慈的怀柔政策，想要以此来赢得被征服者的民心。这一政策使新亚述帝国在萨尔贡二世去世之后还维持了一个半世纪。前面我们提到，阿舒巴尼拨（也就是萨丹那帕路斯）在后来至少占领了埃及。

后来亚述帝国不再有过去的繁荣昌盛，逐渐走向衰落。终于，在法老埃·萨麦提克斯一世的统治时期，埃及人通过艰苦的斗争把侵略者驱逐出境。在尼科二世时期，埃及人开始攻打叙利亚，当时正在与邻国交战的叙利亚只能做一些无力的抵抗。而从美索不达米亚东南部来的闪米特族，即迦勒底人，与雅利安族的米堤亚、波斯人结盟，从东北方攻打尼尼微城，终于在公元前 606 年征服了尼尼微城。而正是从这一年开始，人类有了比较精确的可供考证的纪年。

亚述的领地被侵略者瓜分，他们的财产被掠夺。米提亚在赛阿克里斯的统治下，在亚述的北部建立帝国，设埃克巴塔那为首都，还把尼尼微城纳入自己的领土，向东一直到达印度边境。新的迦勒底帝国则在该国南面出现，这就是版图呈半月形的第二巴比伦帝国。在尼布甲尼撒大帝的统治时期，该国在财力和国力上都极为昌盛。这是巴比伦最为辉煌的历史岁月，同时也是它最后的辉煌。曾有过一段时间，两个帝国之间融洽相处，赛阿克萨里还娶了尼布甲尼撒大帝的女儿。

尼科二世在这期间向叙利亚发动了战争，毫不费力地就征服了该国。在公元前 608 年，他们曾发动了米吉多战争，并取得了胜利，还把犹太国王约西亚杀死了。在下一章节我们将会详细地讲述犹太国的历史。之后，他率领大军进攻幼发拉底河流域，目标不是比较落后的亚述，而是逐渐兴盛的巴比伦。但是迦勒底人凭借顽强的抵抗精神最终打败了尼科二世，入侵者被赶回了埃及。于是巴比伦乘机将领土扩展到埃及边界。

在公元前 606—前 539 年，第二巴比伦帝国在动荡的环境中变得逐渐强大，这一部分原因是他们和北面强盛的米提亚帝国保持和谐关系。在这 67 年间，这座古城不仅改善了生活，还发展了文化。

亚述历代帝王的统治时期，文化知识的重要传播场所一直是古巴比伦，在萨丹那帕路斯统治时期更是如此。萨丹那帕路斯虽然是亚述人，却为巴比伦文化所影响。他建造了图书馆，里面保存的并不是纸质图书，而是大量美索不达米亚的黏土书籍，这些书籍是从古苏美尔流传下来的。后来，人们挖掘出大量由该图书馆收藏的书籍，这些书籍可以说是世界上最珍贵的史料。巴比伦的末代君主是纳波尼得斯，他是一名对文学有着浓厚兴趣的迦勒底人，他也曾对一批古文物研究者进行鼓励和资助。当科学家研究出萨尔贡一世即位的具体时间时，他立即令人刻碑字以作纪念。但帝国在他的执政期间出现了很多分裂的前兆，因此，纳波尼得斯把各地的神灵都请到巴比伦，为他们建立庙宇，以此来加强集权统治，维护统一。后来这种做法被罗马人效仿，并且灵活运用，效果显著。但那些对巴比伦主神马杜克信奉的、有权势的祭司却很不满他的政治统治，于是他们开始秘密筹划一场阴谋来推翻纳波尼得斯统治，并求助于邻国米提亚的统治者波斯人居鲁士。他们想要让他代替纳波尼得斯，以此逼近纳波尼得斯退位。那时，因征服东小亚细亚而富有的吕底亚国王克里索斯·居鲁士早已声名鹊起。居鲁士在公元前538年率领大军攻打巴比伦，只是在城外打了一仗，就有人里应外合开城门迎接他，他的军队毫不费力就占领了巴比伦城，取得了胜利。《圣经》上这样记载：当时纳波尼得斯的儿子——伯沙撒太子正在举行宴会，突然看见一只手，并用火在墙上写下了一串神秘的文字："弥尼，弥尼，提客勒，乌法珥新。"他请来预言家解释这句话。预言家解释为"上帝已经知道，你担任国王的时间不长了，天平估量出你的分量不充分，无法担任国王，因此，你应该把国家让给波斯人和米提亚人"。而那些信奉柏尔·马杜克神的祭司，早已经知道那些写在墙上的字都是把戏。《圣经》记载，那天夜里，伯沙撒太子被杀害，纳波尼得斯被抓进监狱。由于这是一次未动干戈的征战，所以对柏尔·马杜克神的祭祀仪式从未中断过。

就这样，巴比伦和米堤亚两大帝国终于统一。居鲁士的儿子叫冈比西斯，他也曾攻打过埃及，但最后却因发疯而死。米堤亚人大流士，即居鲁士的宠臣希斯塔斯皮斯之子继承王位，这就是大流士一世。

波斯帝国在大流士一世的统治下，成为古代历史舞台上出现文明最早的新雅利安帝国，也是历史上最昌盛富强的帝国之一。小亚细亚全境、古亚述、叙利亚与巴比伦帝国，还包括埃及、高加索到里海一带，以及波斯、米堤亚等地，都是它的领土。它的领土范围延伸到了印度河。当时马匹、骑兵、战车和修建道路已经出现，这样庞大的帝国因此得以维系。在这之前，最方便、最快捷的运输工具是驴、牛和沙漠中的骆驼，现在，为了更加有效地掌管新帝国，波斯的君主建造了很多道路。他还在各地安排了马匹，以供帝国的信使或获得帝国特许的旅行者使用。另外，铸币流行，这推动了商业贸易发展。然而，巴比伦不再是波斯帝国的首都。就长远意义而言，那些谋反的、信奉柏尔·马杜克神的祭司，并没有得到任何好处。巴比伦城虽然仍旧重要，但逐渐衰落了。与此同时，珀塞波利斯、苏萨和埃克巴塔那成为帝国的大都市，苏萨是帝国的都城。而尼尼微城却被人遗忘，慢慢变成了废墟。

第二十一章　早期的犹太人

在本章中，我们将会讲到闪米特民族，即希伯来人。这个民族对现在的贡献远远大于当时它对世界历史的影响。希伯来人在公元前1000年以前开始定居于朱迪亚，并且自始至终以耶路撒冷为首都。他们的发展过程和位于南面的埃及，北面的叙利亚、亚述和巴比伦等帝国的历史互相影响，所以犹太就成了北方等国家到达埃及的唯一道路。

希伯来人在世界发展史上具有极其重要的地位，这主要是因为他们创作了一部被基督教称为《旧约全书》，也就是希伯来《圣经》的著作，它包含了箴言、诗歌、政治言论和小说等内容，不但是一部法典，更是一部世界编年体史书和赞美诗，这个作品出现在公元前4世纪或公元前5世纪，影响极大。

《旧约全书》首次编纂完成可以说是在巴比伦。在前面我们说过，埃及法老尼科二世是如何在亚述人顽强抵抗米提亚人、迦勒底人和波斯人时，趁机攻打亚述帝国的。犹太国王约西亚率军抵抗，但失败了，他也牺牲在公元前608年的米吉多战役中。之后，犹太国附属于埃及。巴比伦的新迦勒底国王尼布甲尼撒大帝把尼科二世赶回了埃及，尼布甲尼撒大帝还曾试着在耶路撒冷创建傀儡政权，以此来掌控犹太国，但是他的想法却落空了，犹太人杀死了巴比伦派出的官吏，所以一种念头在尼布甲尼撒大帝心中萌发了，那就是要使在埃及与北方帝国发生争端的犹太小国完全消失。因此，他们掠夺和焚烧耶路撒冷，还捕获了幸存下来的犹太人，把他们送到了巴比伦。

从此之后，犹太人就定居在巴比伦，直到巴比伦在公元前538年被居鲁士攻占之后，犹太人才被遣散回到了故土，而且他们还被允许重建耶路撒冷城和庙宇。

犹太民族好像一直没有出现过高度文明，他们缺少凝聚力，他们中很少有人识字。他们自己的历史上都很少有人读过《圣经》，这本书首次被提到了是在约西时代。巴比伦屡次被征服和掠夺，这些犹太人也因此接受了文明的熏染，他们的民族凝聚力因此变得强大。回到自己的国家，他们才发现本国文学有多么重要，此后，他们慢慢成为一个有灵敏自我意识和政治能力的民族。

《圣经》也许仅有《摩西五经》，也就是今天我们所了解的《旧约》的前五卷。另外，还有大量独自成篇章的书，例如，赞美诗、编年体与箴言，它们和《摩西五经》共同组成了希伯来《圣经》。

《圣经》一开始记录的大都是创造世界、亚当、夏娃和洪水等一系列的故事，这些故事同巴比伦的传说很相像。它们好像是所有闪米特人的共同信仰。而摩西和参孙的故事，则很像苏美尔人和巴比伦人的传说。然而，亚伯拉罕以及之后的故事，就带有了犹太民族的色彩。

亚伯拉罕似乎是在巴比伦的汉穆拉比时期生活的。他是个生活在族长制时期的闪米特的游牧民。如果感兴趣，你们可以在《创世纪》中看到关于他漂泊不定流浪在外的故事以及他的子孙的故事，还可以看到他们被埃及俘虏的过程。《圣经》讲，当他流浪到迦南地时，这块繁荣的城市就被上帝赐予了他和他的子孙们。

亚伯拉罕的家族在埃及境内流浪了很久，又在摩西率领下，在无边的野地里漂泊了近50年。在这一时期，这一民族人口迅速增长壮大，变成十二支部落。在公元前1600—前1300年间，他们从阿拉伯沙漠开始向东行进，进入了迦南地。关于摩西和当时迦南的情况，埃及史书上没有任何记载。但我们能确定的是，这次攻占领土几乎没成果，仅仅是占领了这片富饶地带的几处偏僻丘陵。那个时候，沿海地区的统治者并不是迦南人，而是那些刚迁来的爱琴人和腓力斯丁人。他们建造了许多城市，以此击退希伯来人的进攻，这些城市有加沙、迦特、阿斯卡伦、阿什多德和桥帕。此后，亚伯拉罕的子孙只能生活在那片丘陵地带，他们常和腓力斯丁人及他们的同族摩押人、米蒂亚人发生冲突。在《旧约》的《士师记》中，我们可以看到这个事件，那里记载了他们的反抗以及他们所受的磨难。《士师记》可能就是犹太民族失败和不幸的真实写照。

当时的很长时间，由部落中的长老们通过精心选拔、类似于祭司的士师统治着这些希伯来人。直到约公元前 1000 年，他们才选出了心目中满意的王，并让他统领军队去打仗，这个王就是扫罗。但是，扫罗的领导能力并不比士师英明，他在吉尔布亚的战役中被腓力斯丁人用乱箭射死，他的铠甲被腓力斯丁人带到了维纳斯神殿，他的尸体还被钉在了贝塞香的城墙上。

后来，扫罗的王位由大卫继承，大卫比扫罗精明，也更懂得政治谋略，所以他成功了。希伯来民族在大卫的统治下呈现出空前绝后的繁荣。这种繁荣的功德也是因为它与腓尼基的蒂尔人结成了盟友。海勒姆是蒂尔的国王，他不仅有谋略，还勤于事业，他想建立一条由希伯来山通往红海的商贸通道。那个时候，腓尼基商人如果要到达红海，就一定要过埃及，但由于埃及的局势动荡，这条商业通道也许还有另外的障碍，所以海勒姆与大卫、他的儿子和王位的继承者所罗门都有极为密切的交往。耶路撒冷在海勒姆的援助下修建了城墙、宫殿和神庙。因此他们允许海勒姆在红海上建立船队来报答海勒姆。所以，凭借耶路撒冷的关系，大范围的商业贸易活动就发展了起来。希伯来人在所罗门的带领下，取得空前的繁荣富强，就连埃及法老也想把女儿嫁给所罗门，以此来攀亲。

但是我们要知道，希伯来人的繁盛仅仅是跟自身做比较，虽然所罗门的荣耀到达了顶峰，但他仅是个小城的君主。所罗门的权势就如昙花一现。所罗门死后没几年，埃及第二十二王朝的第一任法老谢克就占领了耶路撒冷，大量的财产被抢走，往日的繁荣昌盛完全消失了。许多评论家都研究过《旧约》中的《列王记》和《历代记》，他们质疑过对所罗门的辉煌描述，他们认为这是他的后代们出于爱国之心，夸大了所罗门的成就。但是，如果再仔细阅读《圣经》，我们发现，所罗门王国的繁华程度没有第一次阅读时那么让人惊讶。如果去测量所罗门神庙的大小，我们可以知道，最大也只是和郊区的小教堂规模差不多。假如我们从亚述人的纪念碑中得知，亚哈继承了所罗门的王位后，曾派一支2000人的军队与亚述军队抗争，那么，所罗门的1400辆战车根本就没有炫耀的资本，也没有让人惊叹之处。此外，《圣经》上明确记载，所罗门喜欢炫耀，不仅向人民收取重税，还使他们服沉重的劳役。所罗门一死，王国的北部就从耶路撒冷独立出去了，独立的地方就是以色列王国，但耶路撒冷还是犹太国的都城。

繁荣对希伯来人说是十分短暂的。海勒姆死后，蒂尔人就不再援助耶路撒冷了。那时，埃及又成了昌盛繁荣的国家。以色列和犹太历代国王的历史，就是在南北夹缝中寻求生存的两个小国的历史，它们开始是叙利亚、后来是亚述，接着就是巴比伦，南方则为埃及。这两个小国在灾难深重的历史中艰难前行，是未开化的民族被野蛮的君主统治的历史。在公元前721年，亚述人攻占了以色列，以色列人成了亡国奴，之后，以色列民族便消失在历史中。在前面，我们提到过犹太人仍然在抗争，但在公元前604年，他们的命运和以色列民族相同，都没有逃出亡国的命运。在《圣经》故事中，希伯来历史从士师时代以来，就只有些小细节还没有得到证明，但大部分都是真实的。在20世纪，人们从亚述、巴比伦、埃及的遗址中得出了结论，并且这些书符合《圣经》中的记载。

在巴比伦，希伯来人开始收集并且整理他们的历史，而且把他们的传统发扬光大。当他们被居鲁士允许回到自己的家乡耶路撒冷时，不管是精神层面还是知识水平，他们都和被俘时差别很大了，文明在很大程度上影响了他们，他们也从中得到了启迪。

在希伯来人独特的民族发展上，有一种人扮演着极为重要的角色，也可以说是某类人起着不可或缺的作用，这些人是先知，在人类历史的进程中，这些先知的出现，是新的突出力量出现的标志，因此，我们要充分地关注他们。

第二十二章　犹太的教士与先知

巴比伦的衰落和亚述的衰亡仅仅是灾难的开端，闪米特人开始遭受接连而来的灾难。公元前7世纪，闪米特民族不但统治着偌大的亚述帝国，而且征服了埃及。就连巴比伦、亚述、叙利亚也被闪米特人所征服，他们的语言彼此相通。闪米特人似乎掌控着整个世界文明，世界贸易被他们视为囊中之物。他们侵略西班牙、西西里和非洲等地，并且把殖民地建在这些地方，同时，这些殖民地也在扩大。公元前800年前，迦太基城建立，它算得上是当时最大的城市，这座城市的人口超过了百万。迦太基的船舰到过不列颠，甚至去过大西洋，他们还可以到达马德拉岛。我们在前面看过，海勒姆与所罗门创建红海船队、开拓阿拉伯和印度进行贸易的事情。一支腓尼基远征队在尼科国王的执政期出现，而且还绕着非洲航行了一圈。

雅利安人在当时还是没有开化的野蛮民族，只有希腊人在被他们毁坏不久的废墟上，重新建造新的文明。就像亚述碑文上所记载的，米提亚人逐渐成为中亚地区“令人畏惧”的种族。恐怕谁也没想到，在公元前800年，占有雅利安语系的征服者在公元前3世纪，代替了闪米特民族，取得了一切统治，更让人想不到的是，各处的闪米特人情愿屈服，还被迫过着流离失所的生活。只有在阿拉伯北部沙漠地带的贝都因人还在继续过着古老的游牧生活。这种历史久远的生活方式，还是萨尔贡在执政时期，率领阿卡德人向南征服苏美尔人之前闪米特族的生存方式，其余的闪米特人都被他们征服了。然而，贝都因人是阿拉伯唯一一个一直未被雅利安人征服的闪米特族系的部落。

在这战乱不息动荡的500年里，闪米特人被践踏和蹂躏着。而被居鲁士遣送回故乡的耶路撒冷的小犹太民族，从开始到现在一直团结一致，不忘民族的传统文化，并且重新建立了他们的家园。他们建造这些伟业的原因在于他们在巴比伦编写的那部《圣经》。或许，并不是犹太人创作了《圣经》，而是《圣经》塑造了犹太民族。自始至终贯穿在《圣经》中的思想，是不同于其他民族思想的，这种思想能使人奋进、令人永生不败，这种思想在经过2500年苦难的锤炼之后，仍旧使犹太人信服和坚守。

在犹太人的眼里，他们的神是高高在上、不可触及的，被凡人供奉在神庙中的神并不是真正的神，真正的神是存在于天地之间的正义之神，犹太思想的精髓正在于此。其他民族都有各自信奉的神，他们把神灵塑造成雕像，供奉在神庙里，如果毁坏了雕像，拆掉了神庙，那么他们的神灵也就消失了。然而犹太人心中的神灵却是不同的理念，在他们眼里神住在天堂，祭司是不可以相比的。犹太人相信，他们是被亚伯拉罕选中的子民，身负着重要的使命，那就是要重建耶路撒冷，并让这座城市成为世上的真理之城。犹太人一直被这种信念激励着。他们从巴比伦返回故土耶路撒冷之时，这种信念就被烙在犹太人的心灵深处。

小犹太国连续被摧毁征服，然后又不断坚强地站起来，在这艰苦的时间里，犹太人这种激励人心的精神崇拜，吸引着大批说着同一种语言，沿袭共同的习俗、爱好和传统的民族，例如叙利亚人、巴比伦人以及之后的腓尼基人，他们都想参加犹太人的宗教信仰，履行宗教誓言，这确实是一个奇迹！腓尼基人在蒂尔、西顿、迦太基以及西班牙的腓尼基城市衰败后就突然从历史中消亡了。但我们也发现，只要是在腓尼基人到过的地方就一定会有犹太人的聚居区，比如耶路撒冷、西班牙、埃及、阿拉伯、非洲以及东方。他们正是通过《圣经》以及阅读《圣经》而聚在一起。开始时，耶路撒冷只是他们名义上的都城，《圣经》中所要传达的精神才是他们真正的首都，这在历史上是一种全新的现象，这种新现象是从苏美尔人和埃及人把象形符号变成文字时开始的。犹太民族不同与其他民族，这个民族没有国王和神庙，只是借助文字的力量就能将不同的部落聚集在一起。到后面我们将讲述公元前70年耶路撒冷的毁灭。

犹太人在精神上的团结，肯定不是政治家和祭司经过事先设计、推测的结果，也不是他们奋斗造成的。一种新兴的团体和一种新兴的个体随着犹太民族的发展而出现在人类历史的大舞台上。在所罗门执政期间，希伯来人似乎与那些在王宫和神庙聚集，被国王的野心和祭司的智慧控制的其他小国人民在本质上是一样的。如果你感兴趣可以在《圣经》中看到，“先知”就是这种新兴的个体，他们已经在犹太民族中初露锋芒了。

由于许多希伯来人都过着颠沛流离的生活，并且苦难逐渐加重，所以先知的重要性也慢慢显露出来。这些先知到底来自哪里呢？他们的出身背景各异，先知以西结属于祭司阶层，先知阿摩司身上穿着牧羊人的羊皮袄，可是这些先知都有一个特征，即他们都忠于正义之神，他们把神灵的旨意直接送达给民众。他们不需要有人许可，更不需要任何仪式。“现在，神把他的旨意告诉了我”，这是先知们常说的话。他们的政治热情极为强烈，并且还激励民众去抵抗不能信赖的埃及。他们非常鄙视祭司阶级的好逸恶劳以及国王的残暴不仁，而且还揭露这种不义的行为。一些先知开始关注如今被我们倡导的“社会改造”。他们揭露社会中的一些现象，像富人压榨穷人；奢侈的人浪费孩子的面包；富有的人与异族成为朋友，并模仿他们的不良作风，沾染了骄奢淫逸的恶习等社会不良现象。这一切都是他们的神耶和华所不喜欢的，神一定会将灾难降临到这个国家。

这些讨伐声被记载保留了下来，用来研究。犹太人每到一处，先知都会跟随，他们会在所到之处传播新的宗教精神。他们引导民众，帮助民众摆脱祭司、神庙，远离宫廷和国王，直接把民众带到正义的轨迹，这在历史上意义重大。在以赛亚的伟大演说中，先知的声音成为美好的预言：全世界将在唯一真神的保护下，实现和平统一。犹太的预言也正是在这里达到了极致。

但是，并非一切先知都同意这样的理念。聪明的读者会在这些先知的书中发现许多仇恨、偏见的影子，甚至有许多很像今天宣传册子的内容。无论如何，我们要承认，先知出现在巴比伦捕获希伯来人这一时期，预示着世界上一种新兴力量的出现，这种力量倡导加强个人道德，倡导人类应该从物神崇拜和奴隶式的愚昧中走出来，它确实是一种自由意志的力量。

第二十三章　希腊文明

所罗门在约公元前 960 年结束了自己的统治生涯，破裂的以色列和犹太王国遭受重创，百姓颠沛流离，失去了自己的家园。当犹太人被抓到巴比伦，正准备专心发展自己的传统文化的时候，出现了另一种能够影响人类精神的巨大力量，即希腊文明。当希伯来的先知们正在为人类持久的、蔓延各处的正义之神之间建立一种新的明显的道德关系时，希腊的神学家们也在使用一种全新的方法启发人们的心智，培养人们渴求知识的精神。

在前几章中，我们曾讲到，希腊部族一开始是雅利安语系民族的分支，在公元前的一千多年前，他们向南迁徙，来到爱琴海中的某些城市和岛屿。在埃及法老特多麦斯占领幼发拉底河，首次在对岸捕猎大象之前，他们已经开始向南迁徙，那时，希腊生活着狮子，而大象则生活在美索不达米亚。

克诺索斯城有可能是希腊人入侵时被焚毁的。但令人震惊的是，在希腊神话中虽然有关于弥诺斯及其王宫（迷宫），以及克里特能工巧匠们的传说，但很少有提及希腊人攻打克诺索斯城的胜利。

这些希腊人和大部分的雅利安民族相同，也有自己的歌手和吟游诗人。他们的吟唱不仅是简单的表演，而且是一种生活联系方式。这一民族早期发展的时候还只是野蛮部落，那时流传了两部影响极大的史诗。《伊利亚特》就是其中一部，这部书讲述的是希腊部落和他们的同盟国怎样联合起来，攻打位于小亚细亚的特洛伊城，而且获得胜利的故事；《奥德赛》是另一部史书，讲的是希腊贤明的国王奥德修斯历尽艰辛终于回到自己的国家的冒险故事。这两部史诗著作完成于公元前8世纪到公元前7世纪间，也正是在那个时候，希腊人从文明程度高于他们的邻国学会了运用字母。可是，有些科学家认为，这两部史诗的存在时间比这更早。以前，人们认为这两部史诗的作者是双目失明的吟游诗人荷马，并且认为就像弥尔顿创作《失乐园》一样，他是坐着写成这两本巨著的。一直到现在，研究者仍然在争论着一个话题，即荷马是否真的在历史上存在，这两本史诗是否都是他的作品，也许他只是把传说记载下来，稍加整理并润色，不过，我们的重点不必放在这里。对我们而言，最重要的是，希腊人在公元前8世纪就有了属于他们自己的史诗。希腊各部落共同拥有这些史诗，这些史诗是一条纽带，联系着希腊各个部族，也正是因为有它，希腊各个部族才会在抵御外族的侵略时有一股无形的凝聚力。他们说着互通的语言，又凭借共同的史诗让他们彼此联系，他们对本性和英勇有着一致的见解。

从史诗中我们可以了解到，古希腊民族没有出现铁器，也没有文字，仍然是一个无法在城市落脚、没有开化的民族。一开始，他们居住在被他们摧毁的爱琴人城市的废墟旁，他们在首领大屋的旁边建造了很多小屋。之后他们开始修建城墙，还在向被他们占领的国家不停学习，并学会了修建神庙。据说，在建造城墙时，原始文明的城市都是以部落之神的祭坛为基础，之后才开始建造城墙的；但是希腊不同，他们是先有了城墙，然后才修建了神庙，希腊人也逐渐开始进行贸易往来，而且有了自己的殖民地。约公元前7世纪，在希腊的大河流域和岛屿上出现了一些新城市，而一开始的爱琴文明也受到了新城市的冲击，逐渐被人们忘记。像斯巴达、科林斯、雅典、米利、底比斯和萨摩斯，它们都是比较重要的城市。希腊人已经在里海沿岸、西西里和意大利定居了。意大利半岛的版图是靴子状的，脚跟和脚趾部分是“大希腊”，马赛则是一个在古腓尼基人殖民地古址上新修建的希腊城市。

这个时期，处在辽阔的平原区域，或是处于像幼发拉底河、尼罗河一样的大河流域地带的，并把这些河流作为首要交通工具的国家，通常会因为某种相似的统治方式联系在一起，比如苏美尔和埃及的城市，它们之间之所以能达成共识，结成联盟，是因为拥有相同的统治方式。但是，不管是希腊本土还是“大希腊”，这些地方大多是丘陵山地，所以希腊的各个部落呈分散状分布在诸多的岛屿和山谷中，它们有不同的发展趋势，各自为政。所以，在希腊人登上历史舞台的初期，有大量小型的城市出现，并且没有任何要结成联盟的迹象，他们的人种更是不同。有些城市的重要居民，如爱奥尼亚人、伊奥利亚人或多里安人，他们包括希腊各个部落的成员；有些部落的居民，是希腊人和前希腊的“地中海人”的混血后代；而其他一些城邦则是一些有着纯正血统的希腊自由民，他们俘虏一些失败者，把他们像奴隶一样踩在脚下，斯巴达的奴隶“希洛人”就是例子。在有些部落，本来的雅利安统治者的家族成了特权的贵族；有些城邦则施行雅利安市民的民主统治。还有一些城邦则通过选举选出国王；除此之外的城邦，要么被入侵者夺走了王位，要么被暴君统治。

由于希腊的地理条件比较特殊，所以它被分为很多个城邦，自己执掌政权。与英国很多的郡相比，即使是希腊最大的城邦也要小很多，每个城邦的人口都超不过30万，即使是超过5万人的城邦都很少。虽然每个小城邦之间也有着一些利益和感情上的牵连，但这并不是真正意义上的联盟。但是随着商业上越来越多的交往，联盟在城邦间的地位越来越重要，较小的城邦寻找较大的城邦来保护自己，后来，这些小城邦汇聚成一股力量，整个希腊能够形成一个情感的共同体，原因有两个：第一个是史诗；第二个是在奥林匹斯举行的每四年一次的体育竞赛。这虽然没有减少各城邦之间的冲突和战争，但有效地减少了他们之间的野蛮行为。有时，比赛双方也会制定暂时性的休战协定，以此来保护参加盛会的来往人员，确保他们不遭受战争的困扰。随着时间的推移，希腊各民族有着共同的传统，所以他们之间产生了情感，有更多的城邦前来参加奥林匹克体育赛事，最后，就连地处北方和希腊有着亲缘关系的国家都来参加竞赛，比如埃比鲁斯、马其顿。

由于希腊城邦的商业交往变得更加亲密，它的重要性也在不断增强。在公元前7世纪到公元前6世纪间，希腊的文明得到了稳定发展，他们的社会生活，在很大程度上和爱琴文明和大河流域文明的社会生活差别很大。虽然希腊人也有神庙，而且规模比较大，但他们并不认为祭司是伟大传统的标志，而祭司在旧世界是知识和思想的源泉。在希腊，他们有自己的领袖和贵族，但是，他们没有如等级森严的宫廷所敬奉的神圣君主。事实上，他们是贵族统治，这些贵族阶层被用来维持社会秩序。“民主政治”这样的话偶尔会从他们口中说出来，但这民主只是贵族式的民主。那个时候，所有公民都能够参与公共事务，参加民主政治的集会，但问题是并不是所有的人都是公民。希腊的民主政体在本质上不同于我们当今的民主制，并不是每个人都有选举权，都可以投票选举，只有几百最多不过几千个人可以算得上是公民，而占人口绝大多数的是奴隶和自由民，而这些人是没有公民权利的。也就是说，掌控着希腊政事的是有权势的人。不同于埃及的法老克里特王、弥诺斯、美索不达米亚王皆由神圣的超人担任，希腊的国王、君主要么是由投票选举产生，要么是篡位得来的。所以，不管是思想发展方面还是政体层次上，希腊文明比以前更具自由性。希腊人将个人主义，即北部草原上的游牧生活所滋养的个人主动性，带到了南方城市。他们是历史上出现最早的，也是具有重要意义的共和主义者。

我们发现，当希腊人脱离了野蛮的战乱状态以后，普通希腊人的思维生活逐渐发生了新的变化，那就是他们开始寻找和记录知识，并且开始探求生命以及存在的奥秘。在此之前，享有这种特权的只有祭司阶层和君王们，现在却成了非祭司阶层的民众的向往。而且我们发现，在公元前6世纪，可能就是以赛亚在巴比伦发表预言的时候，像米利都的泰勒斯和阿那克西曼德、以弗所的赫拉克利特这样的人物在希腊就已经出现了，用现如今的标准来衡量，他们都是些能够独立思考的人。那时，对我们所生存的世界，他们已经开始提出许多深刻的问题，比如世界的起源是什么、世界来自哪里、它要去哪里。他们不接受那些已有的、不清不楚的答案。

在后面，我们将详细讲述希腊人提出的一系列关于宇宙的问题。这些探求世界本源的希腊人在公元前 6 世纪就是社会历史上最早的哲学家和最早的智者。

我们必须注意，公元前 6 世纪是人类历史上如此重要的一个世纪！它的重要，不仅是因为希腊哲学家们在这期间开始探索宇宙和人类在宇宙中的地位，也不仅是以赛亚把犹太人的预言提升到一个巅峰，还因为印度的释迦牟尼正在传教，中国的孔子和老子在传经讲道，在后边我们会给大家介绍这些。这个时候，从雅典到太平洋，人类的精神思想已经开始复苏。

第二十四章　希波战争

在希腊、意大利南部以及小亚细亚的各个城邦，当希腊人走上探索人类自由精神世界的道路时，当巴比伦和耶路撒冷的最后一批先知给人类创造自由意识时，最富冒险精神的米提亚人和波斯人已经占领了旧世界文明的领地，并建立了人类历史上最为庞大的帝国——波斯帝国。在居鲁士统治时代，波斯人不但攻占了巴比伦和文明古国吕底亚，就连地中海沿岸黎凡特地区的腓尼基等城邦，以及位于小亚细亚的所有希腊城邦，都服从于波斯帝国。后来，冈比西斯征服了埃及。公元前 521 年，米提亚人大流士一世，即波斯的第三位统治者统治着波斯，他已然成为吸引世界眼球的风云人物。他的信使带着他的圣旨来往于各地，从达达尼海峡到印度河，又从埃及到中亚。

事实上，那些在意大利、西西里、迦太基，以及西班牙腓尼基聚居的希腊人，都不属于波斯帝国的统治范畴，但他们对波斯帝国却是充满敬畏的。而能对波斯帝国产生严重威胁的民族只有锡西厄人，他们在俄罗斯南部和中亚地区生活，是一群历史悠久的游牧民族，北欧民族就是来自他们。锡西厄人常常攻略波斯的北部和东北边境。

波斯帝国的疆域那么广阔，居住在这里的臣民不可能都是波斯人。波斯人只是很少的一部分征服者，除此之外都是在波斯人入侵以前就生活在这里的，不过那时的官方语言是波斯语。但闪米特人仍掌握着波斯大多数的贸易和财政，西顿和蒂尔依旧是地中海的大港口。闪米特人的船只还是定期在海上来往航行。但是，很多闪米特商人在东奔西走的过程中接触到了希伯来传统文化和希伯来经文，并在经文中找到了可以让他们产生共鸣并且可以欣然接受的共同历史。所以在庞大的波斯帝国境内，希腊人是一支正在迅速崛起的新生力量。希腊人是闪米特人在海域范围内最强势的对手。希腊被人们誉为公正能干的官员，原因是他们具有正直的气魄和朝气蓬勃的精神面貌。

大流士一世决定入侵欧洲是因为锡西厄人多次骚扰其边境，他决定攻打俄罗斯北部，也就是锡西厄牧人的老家。他英勇善战，率领大军穿过博斯普鲁斯海峡，越过保加利亚，进军多瑙河，之后又搭桥穿过多瑙河，继续向北行进。但马术精湛的锡西厄人从来不与他的军队交锋，他们通常是绕到后方，直接切断敌人的供给，锡西厄人一举消灭了那些散兵游勇，在这次远征中，大流士一世的军队尝尽了苦头。最后，大流士被打败，无功而返。

大流士独自返回苏萨。他挑出一支军队，让这些士兵在色雷斯和马其顿暂时驻扎，而马其顿人又愿意服从大流士的命令。因为这次战役的失败，亚洲的希腊城邦发生动乱，欧洲的希腊人也乘机响应。因此，大流士决定镇压欧洲的希腊人。他能够占领希腊各个岛屿的城邦是因为当时他掌控着腓尼基的舰队。在公元前 490 年，大流士对雅典发起了最后的总攻。他带领一支数量极大的舰队，从小亚细亚和地中海东部的各个港口出发，当这支舰队从雅典北边的马拉松城登陆时，他们遭受了重创，因为雅典人顽强抵抗他们的进攻。

正在此时，意外发生了。在希腊，雅典最强劲的对手一直是斯巴达。但是，在波斯大军进攻的紧要关头，雅典派遣一个飞毛腿使者求助于斯巴达，请求斯巴达人不要让自己的希腊同胞沦落为野蛮人的奴隶。这位信使，之后被所有马拉松运动员推崇为楷模的人，飞奔在崎岖的山路上，终于完成了使命，把信送到了目的地，但他竟然在将近两天的时间里跑了一百多英里。斯巴达人答应帮助希腊人。三天后，斯巴达军队到达雅典，但他们看到的却是战败的波斯军队横尸遍野，其余的波斯军也已经逃离战场，回到亚洲。波斯帝国首次攻打希腊以失败告终（马拉松战役）。

第二次的战役更加惨烈。马拉松战役失败，严重打击了大流士的身心，之后不久他就去世了，他的儿子薛西斯继承了王位。为了征服希腊，他招兵买马，精心准备了四年。在这期间，因为希腊各部族要面对共同的敌人，所以他们紧密地团结起来。可以说，薛西斯军队是当时世界上空前的、声势极其浩大的军队，但仍是一盘散沙。在公元前480年，这支大军通过了浮桥，抵达尼尔海峡。此外，一支也是由不同颜色的船只组成的船队装载着粮食，沿着海岸随大军同行。斯巴达国王莱奥尼达斯带领一支1400人的小队伍，在狭隘的德摩比利山口抵抗波斯大军。这场胆战心惊的战争结束后，莱奥尼达斯全军覆没，但波斯大军也遭到了重创（温泉关之战）。所以，薛西斯军队带着强烈的报复心理进攻底比斯和雅典。底比斯协议投降，雅典人弃城逃跑，随后波斯人焚毁了雅典城。

希腊人差点就被打败，这个时候，局势发生了转变，希腊人再次取得了胜利。尽管波斯海军的数量是希腊的三倍还多，但在萨拉米斯海湾的战役中，希腊人竟然胜利了。当消息传到薛西斯那里，他得知敌人切断了他军队后方的给养，就没有心思打仗了，带领剩下的一半军队逃回了亚洲。而留下的队伍在公元前479年的普拉太亚的战役中被打败。此时，波斯的残余舰队也被希腊舰队消灭了，在小亚细亚的麦卡利敌军被彻底消灭了。

来自波斯的威胁到此结束了。亚洲大部分的希腊城邦回归了安宁，不再受波斯人的统治。人类的第一部史书是希罗多德的著作《历史》，读者通过阅读此书可以了解到整个希波战争更为仔细有趣的事情。公元前484年，希罗多德在小亚细亚的爱奥尼亚人的哈利卡纳索斯出生。他曾经在埃及和巴比伦游历，只是为了收集一些更加准确的历史资料。麦卡利战役失败之后，波斯出现了混乱局面，宫廷内部混乱，政局动荡不安。薛西斯在公元前465年被刺杀身亡。后来，埃及、叙利亚和米提亚叛乱，最后，强大的波斯帝国分崩离析。希罗多德撰写的《历史》，揭示了波斯帝国的软弱本质，只是想要希腊人紧紧凝聚，以此打败波斯。用如今的眼光来看，这部历史更像是一部宣传册。希罗多德在这本书中创造出了阿里斯塔格拉斯，书中是这样描述的，阿里斯塔格拉斯拿着一张地图向斯巴达人说："这些野蛮人并不是骁勇的战士，但你们却精通战术……恐怕还没有哪个国家拥有像他们如此多的东西：青铜、绣袍、牲畜、奴隶、黄金和白银。如果你们想要占有这些财宝，那你们就大胆地去抢夺吧！"

第二十五章　繁荣昌盛的希腊帝国

波斯帝国在希波战争中战败的一个半世纪里，也正是古希腊文明极其繁盛的时期之一。在这段时间里，为了争夺权力，一些城邦发动了惨烈的战争，其中包括雅典、斯巴达和其他城邦。公元前431年到公元前404年，伯罗奔尼撒战争持续了近三十年，在这之后希腊也因此付出了代价，马其顿人在公元前338年占领了希腊，成为他们的统治者，即使这样，在这一时期，不管是思想、创新能力，还是艺术创作，希腊人都发展到了一个更高的水平，因此，他们的这一时期被后世认为是人类智慧的源泉。

当时各国视雅典为精神活动的核心。在公元前431年到公元前404年，伟大的政治家伯里克利统治着雅典。这位有着高深思想和充沛精力的统治者，立志要把雅典，这个被波斯人践踏的城市从废墟上重新建立起来。如今，那些让雅典人深感骄傲自豪的废墟，就是那时伟大工程遗留的痕迹。伯里克利不但在物质方面重新塑造了雅典，而且在精神层面使雅典在世界上也享有极其显耀的地位。他开始招贤纳士，这些人包括雕刻家、建筑师、哲学家、教育家、戏剧家和诗人。希罗多德在公元前438年到达雅典，描述他的历史著作。带着他对太阳和恒星的科学见解，阿那克萨戈拉也来到了这里。埃斯库罗斯、索福克勒斯和欧里庇得斯接连把希腊戏剧推到完美与崇高的水平。

伯里克利的出现把雅典的精神生活推进了一步，这一直延续到他死之后。虽然这场长达几十年、耗资巨大的伯罗奔尼撒战争打破了希腊本有的和平，但是政治上的黑暗没能阻止人类思想的进一步发展，反而使人类的思想发展得更加活跃了，并加快了它前进的速度。

在伯里克利统治之前，希腊政体独有的自由意识，对推动辩论术的发展意义重大。当时，希腊的最终决定权，不在祭司也不在国王，而是在公开的辩论中，由民众或领导人通过投票选举而确定的。所以，辩论才能成为当时极其重要的技能。于是，一种新兴职业出现了，那就是传授年轻人辩论技巧的教师，他们被称为“诡辩家”。井井有条，不能空洞无物、瞎说一气都是辩论应该具备的条件。所以广大百姓越来越青睐辩论的同时，也开始追寻更为广阔的知识。当然，这些诡辩家不断提高辩论技艺、辩论风格、辩论效果，思维方式也逐渐完善。苏格拉底是位才华横溢、具备机智批判才能的学者，伯里克利死后，他迅速被广大青年所信服，他的名声也逐渐兴起。他毫不留情地揭示错误的辩论术，他认为之前那些诡辩家的辩论有很多方法都是错误的。但这也给他招来了杀身之祸，公元前 399 年，他被冠以腐蚀青年人思想的罪名而被处死。他被判处以那时雅典盛行的“体面”死法处死，也就是在他的家里，在朋友的注视下，饮毒而死（一种从毒芹中提取出来的毒）。虽然苏格拉底被残忍处死，但是他在人们的思想上所产生的影响并未磨灭，因为他的衣钵被那些年轻的弟子继承了。

柏拉图（公元前 427—前 347 年）是苏格拉底的弟子中影响最大的一个人，柏拉图学院就是他建立的，他讲授的是哲学。他的学说可以大致分为两个部分，第一部分是研究人类思维的本质和方法；第二部分是研究社会制度。在人类历史上，柏拉图第一个提出了“乌托邦”，而且还设计了“乌托邦”的蓝图。“乌托邦”是一个理想的群体和社会的构想，但它与以往的社会制度有差别，而且比其他的社会制度更有优越性。“乌托邦”思想的提出，显示了人类思想上空前的胆识。在这之前，人类总是遵守社会传统和习俗。柏拉图明确地呼吁人类：“你们只要有勇气和决心，就能改变那些让你们深受其害的社会制度和政治弊端。你们仅仅是没有认识到自己潜在的力量，如果你们愿意设想和付出行动，你们一定可以生活在一个更加公平合理的社会制度下。”这一学说不仅在当时是影响深远，就是在现在也仍有重要的作用，在我们民族知识大众的心中留下烙印。《理想国》是他前期的著作，讲述的是一个拥有贵族式的共产主义的理想的王国，而他的另一著作《法律篇》，讲述的则是关于另一种“乌托邦”国家的社会组织模式。

柏拉图去世后，他的学生亚里士多德继续揭示思维方式和社会制度。亚里士多德曾经在吕克昂学院传授知识。他从马其顿的斯塔尼亚城来，他的父亲是马其顿的御医。亚里士多德还担任过马其顿王子亚历山大的家庭教师。亚历山大在登基后，创造了许多伟业，在后面的文章中我们会讲到这些。亚里士多德潜心钻研思维方式，他促进了逻辑学的发展，使其达到了更高的水平。可是，在之后的 1500 多年，甚至是更长的时间里，这一学科几乎没有进展，一直到中世纪，经院派学者才重新探究这一学科。只是，他并没有宣传“乌托邦”思想，在他看来，柏拉图教导人们去掌控自己的命运的确十分重要，但是人们应该掌握更多、更精准的知识，所以亚里士多德开始对知识进行系统化的整理，而这种系统化就是如今我们所说的“科学”。在此之前，他还派出探险队去找寻史料。亚里士多德是政治学界的奠基人，人们称他为“自然历史之父”。在吕克昂学院，他的学生曾经认真钻研并比较过 158 种不同国家的政治制度。

在公元前 4 世纪的古希腊，确实出现了一些伟大人物，他们可以算得上是真正的“现代思想家”。在那时，原始的、幼稚的、敢于幻想的思维方式被训练有素、针对现实问题、具有揭露精神的思维模式所取代。人们抛弃了那些谬误的象征主义，丢弃了神灵鬼怪的幻象和所有禁锢人类思想的禁忌和敬畏。人类的思维方式开始变得自由化、准确化和系统化。这些来自北方丛林地带的富有朝气的、无拘无束的心灵，掀开了神秘圣殿的面纱，让思想的光芒照亮希腊的文明。

第二十六章　亚历山大统治下的帝国

在公元前 431 年到公元前 404 年，伯罗奔尼撒爆发战争，但这场战役极大地损耗了希腊的国力，而与希腊同宗的马其顿却逐渐强大，文明程度达到了一定的水平。马其顿的语言和希腊语极其相似。马其顿也曾多次派选手去参加希腊奥林匹克运动会。菲利普在公元前 359 年继位，成为马其顿新的统治者，菲利普是一个具有卓越才能和极大野心的人。他曾经在希腊做人质，因此，他接受了纯粹希腊式的教育的影响，他极其信仰希罗多德的思想：整个亚洲一定会被希腊人征服，但前提是一切希腊人都要团结起来。后来，哲学家伊索克拉底延续了这种思想，并把它推到了更高的水平。菲利普开始整治扩张的领土，并开始训练军队。千百年来，冲锋陷阵的马拉战车和徒步作战的步兵是决定战争胜负的主要因素。尽管骑兵也被允许参战，但这都是一些没有受过训练的散兵。而菲利普则不一样，他把步兵排成密集的队形，也就是马其顿方队。除此之外，他还训练那些骑兵，让骑兵在作战时也还保持一种固定的队形，这样，就出现了真正意义上的骑兵。菲利普国王和他的儿子亚历山大在亲征时，大多数战斗都使用这种让骑兵冲锋陷阵的战术。在双方交战时，马其顿步兵方阵在正面与敌人交锋，骑兵则从两侧和后面攻击敌人，并让弓箭手射杀敌人的马匹，使敌人失去战斗能力。

菲利普依靠这种新兴的军队，不断扩大疆域，其统治范围从塞萨利一直延伸到了希腊。克罗尼亚战争在公元前 338 年就开始，菲利普率领马其顿大军成功地打败了雅典和他的同盟军，占领了全希腊。终于，希罗多德实现了当年的梦想 。后来，在希腊各城的议会上，人们选菲利普为希腊—马其顿联军的最高统帅，让他带领军队进攻波斯。在公元前 336 年，菲利普带领着一支先遣队登上了亚洲的领土，开始了他谋划许久的征途冒险，但是，他自己却不会再次亲征，因为他被暗杀身亡了。传说是因为菲利普娶了第二个妻子，亚历山大的母亲，即王后奥斯匹亚斯因嫉生恨，派杀手杀了他。

菲利普花费了很多心思教育儿子。他聘请伟大的哲学家亚里士多德教导亚历山大，还传授给他自己的思想以及多年以来带兵打仗的经验。在凯罗尼亚战役中，仅仅 18 岁的亚历山大已经是骑兵的指挥官了。正是这不一般的磨炼，才使他在 20 岁继位时，能够成功完成征服波斯的伟业。

登基后，亚历山大用了两年时间来确立和巩固自己在希腊和马其顿的地位。公元前 334 年，他率军攻入了亚洲，而且在格拉尼卡斯战役中，打败了一支战斗力不强的波斯军队，占领了几个小亚细亚的城市，他们还继续顺着海岸前进。因为波斯帝国掌控着蒂尔和西顿舰队，制海权仍被他们控制，所以亚历山大只能在攻陷每座沿海城市后，还要派军队驻守此地。如果在身后一日留有敌方的港口，波斯军队可能就会切断他的后路，并切断他的供给。在伊苏斯战役（公元前 333 年）中，亚历山大率军成功打败了由大流士三世统领的一支庞大的军队。和一个半世纪前的薛西斯军队相同，大流士的军队只是一群无能之士，这支军队中还包括大量的官员、大流士的后宫佳丽，以及仆人等非战斗人员，这使军队遭到了牵制。西顿人受降于亚历山大，蒂尔人却还在不屈地抵抗。亚历山大军队猛烈地攻击它，蒂尔城受到了严重的掠夺和毁灭。加沙也没有脱离被攻陷的命运。在公元前 332 年，亚历山大占领了埃及，终于从波斯人手中抢回了这个城市的统治权。

在埃及，亚历山大建造了规模巨大的灯塔和城市，并用自己的名字命名；为了防止叛乱，还建造了通往这些港口城市的陆路。后来，腓尼基的城邦把商业贸易活动转移到了这两大港口。西地中海的腓尼基人突然消失在历史中。在这段时间里，在亚历山大建立的最新兴起的商贸城市中，犹太人快速地出现在历史的舞台上。

公元前 331 年，跟前面的托斯美斯、拉美西斯和尼科人一样，亚历山大率军从埃及向巴比伦征讨。但不同的是，这次从蒂尔通过，在早已废弃的尼尼微城的废墟附近（埃尔比勒）与大流士的军队发生冲突，他们展开了生死的较量。交战中，波斯的战车先锋队被重创，马其顿骑兵先锋队打败了波斯庞大的杂牌军，最后马其顿方阵取得了胜利。大流士带领残余兵力慌乱逃离，无心再战，向北方逃去，一直到了米提亚的领土。当时巴比伦仍旧繁荣，但亚历山大直接攻打那里，然后又率军去征服苏萨和波斯波利斯。在那里，他举办了盛大的庆功宴会，并用火焚毁了曾经是王中之王的大流士的宫殿。

从此之后，亚历山大在中亚炫耀自己的武力，他的军事势力一直扩展到波斯最远的边境。一开始，他领兵北上，不断追逐大流士。那时，大流士的部下暗算他，他已经躺在战车上命悬一线了。当在黎明前希腊先头部队追到大流士的时候，他还活着，但当亚历山大来到时，他已经死了。亚历山大继续率军沿着里海前进，穿越土耳其的西部山脉，越过赫拉特（亚历山大所建立的城市之一）、喀布尔和开伯尔山口，到达了印度。他和印度国王在印度河发生了冲突。马其顿第一次知道了象阵的厉害。经过一场激战，终于打败了敌军。因此他们自己建造船只，顺流而下到达了印度河河口，然后沿着俾路艾斯坦海岸回到了自己的国家，在亚历山大亲征六年之后，也就是公元前 324 年，他回到苏萨。之后，亚历山大开始专心巩固自己打下的江山。他继承了波斯君王的服装，戴上了波斯王的头饰，以此来赢得新臣民的民心。但是，马其顿将军们却质疑这些举动，这给他惹来了许多麻烦。亚历山大还促成了许多马其顿官员与波斯、巴比伦妇女的婚姻，这就是历史上所谓的“东西联姻”。他终于还是未能按照自己的想法巩固自己的江山，在巴比伦的一次酒宴上，他患上了热病，在公元前 323

年去世了。

这个幅员辽阔的帝国在亚历山大死后很快就崩溃了。塞琉古斯，即他的一个将领，抢夺了从印度河一直到以弗所的大量原波斯帝国的疆土；埃及的统治权被另一个将领托勒密夺取；安提古勒斯则占领了马其顿。帝国的其他疆土被各种势力争抢，地方政权更换不断。没多久，北方野蛮民族骚扰不断，更加猖獗。这种动荡的局面一直延续到下面我们将要讲到的罗马共和国在西方的崛起，各个小国被罗马征服，并建立了一个统一的、统治时间更长的新的帝国。

第二十七章　亚历山大城的科学

希腊的艺术家、商人、官员和雇佣兵在亚历山大统治之前，已经开始在波斯帝国的多数领地活跃了。薛西斯死后，在历代王朝的争夺战争中，有一支队伍扮演了极其重要的角色，这就是色诺芬所率领的一万名希腊雇佣军组成的军队。

色诺芬写了《万名将士的撤退》这一著作，此书详尽地讲述了他们从巴比伦返回希腊城的整体过程，这是历史上第一部由亲临战场的将军所写的战争小说。不管是亚历山大的远途亲征，还是他的短命王国被属下瓜分解散，都促进了希腊语言、习俗和文化对古老文明社会的传播。希腊文明传播的范围十分广泛，牵涉中亚、印度北部，对印度艺术发展有极其深远的影响。

几个世纪以来，雅典都是凭借文化和艺术中心在世界上占有十分重要的地位。它的学院经历了近千年的更替，直到公元 529 年都没有中断。不过，到这个时期，世界精神活动的核心却变化了，它穿越地中海到达由亚历山大创建的商业交易新城亚历山大港。这个时候，马其顿的托勒密将军是亚历山大的法老王，他的宫廷中主要使用希腊语。在继位前，他是亚历山大的好朋友，并且十分崇拜亚里士多德的思想。他以自己的才华和旺盛的精力编纂了一部关于亚历山大带兵远征的书，可是遗憾的是，这本书如今失传了，除此之外，他还对整理探究知识有着浓厚的兴趣。

虽然亚历山大也曾巨资资助过亚里士多德的研究，但远远比不上托勒密一世所作出的贡献，他被认为是对科学发展作出贡献最多的人。托勒密打着献给女神缪斯的名义，在亚历山大城建立了亚历山大博物院。亚历山大的科学研究在两三代人的时间中，得到了很大的发展。这里出现了许多对科学发展有着重要作用的人物，像欧几里得、埃拉托色尼（测量出地球大小第一人，他当时测出的地球直径和实际地球的直径相差不到80千米）、阿波罗纽斯（著有《圆锥曲线》）、希珀卡斯（他绘制出首张星象图和形象表）、希洛（第一台蒸汽机的设计者）。当时，阿基米德为了求学从锡拉丘兹来到亚历山大城，完成学业以后，他回到了祖国，一直与博物院保持着密切联系。当时，还有一位据说做过活体解剖实验的伟大解剖学家，他就是希罗菲勒斯。

亚历山大城在托勒密一世和二世的统治下，在科学和知识的领域上都取得了巨大的发展，在公元前6世纪的社会历史上，从来没有出现过这样的繁荣景象，但这种昌盛极其短暂。致使其衰落的原因有很多。但是，根据已经去世的马哈菲教授推测，最主要的原因是博物院实施“皇家”学院的制度，在那里埃及法老钦定教授和学生，并按时给他们发放薪金。亚里士多德的学生以及朋友，在托密勒一世的统治时期，进展得还比较顺利，但随着托密勒王朝的世代更迭，埃及化逐渐严重，后来被埃及的祭司和宗教势力掌控，宗教的控制逐渐严厉，终于完全扼杀了对自由精神的探索，原有的科学研究无法继续。亚历山大博物院有了第一个世纪的繁盛之后，再未创造过有价值的东西。

托密勒一世对世界有巨大的贡献。他认为，对新知识加以探索的基础应该是最先进的思想。他还在亚历山大城建造了亚历山大图书馆，这是一座容纳百科全书的知识宝库。它不只是一座书库，更是销售和复制图书的场所，很多的复制者花费大量时间复制出不可计数的图书。

我们当代所拥有的人类知识到这里才开始在历史进程中迈出第一步。自此之后，我们的知识有了比较系统的整理和分类。亚历山大博物院和图书馆的创立是“近代史”真正的开端，它标志着社会的历史进入了一个伟大的新纪元。

当时，知识的研究和传播都受到极大的阻碍。当然，这其中有许多原因，比如说绅士阶层的哲学家与工人、工匠之间有社会等级的鸿沟。当时有大量金属工匠和玻璃工匠，但他们和思想家在思想方面没有任何联系。金属匠们能够制造大量的武器和各种美丽精致的饰品，可他们从没想过去造出一台化学天平；玻璃工匠虽然能制作绚烂的彩珠和美丽多彩的瓶瓶罐罐，但他们对透明玻璃好像没有兴趣，也从未试着去制作透镜或试管。尽管哲学家会深入探究事物的本质和原理，可他们对陶瓷、颜料等实际操作却没有任何经验。所以在亚历山大城极其短暂的繁盛期中，显微镜始终没有造出来，化学也未被催生出来；虽然希洛已经设计出蒸汽机，但这种发明并没被用来当作水泵抽水，也没有当作船舶的动力，更没有用于其他实际用途。只有医学方面被用在了实际中，其余的科学很少有被运用到实际中的，而实际运用产生的热爱并没有支持和刺激科学的发展。所以，当托密勒一世和二世对科学的好奇心逐渐消退之后，就没任何力量去推动科学的发展了。此后，博物院只是把一些对知识的探索记录在一些不怎么看的手稿上。到了文艺复兴时期，人们才燃起对知识的欲望，科学终于再次重见天日，被世人所关注。

在制作图书方面，亚历山大图书馆也没任何进步。那时，人们根本不知道用纸浆怎样制出大小相同的纸张。中国人创造了纸，并在公元前 9 世纪传入了西方。羊皮与一张张黏接而成的莎草纸是当时唯一的制书材料。这些材料制出的书，是成卷存放的，所以阅读的时候，翻阅十分麻烦，而且查找也不是很方便。也正是因为如此，书籍的装订和印刷的发展受到了制约。在旧石器时代，人类已经了解了印刷术，苏美尔人的印章对这一点做出了很好的证明。但印刷书籍要有足够的纸张，如果没有就会遭到复制书籍行业行会的联合抵制。亚历山大城也制作出大量的书籍，但价格十分昂贵，所以书籍的知识仅仅可以传到有权势人的手中，根本无法让普通大众都知晓。

所以，亚历山大城在其知识繁荣的时候，其灿烂光芒只是在极少数人中传承，并未被大多数的人们获悉，这好似是黑色灯笼里的灯，灯笼笼罩了它的光芒，无论里面有多么璀璨，外界也感受不到任何耀眼的光彩。外面的人像平常一样生活，却不知已经播下了能够改变这个世界的科学种子。在这期间，亚历山大城被一股黑暗的偏执势力吞没了。在之后的几千年里，光明被黑暗所阻挡，亚里士多德播下的科学种子也被黑暗湮没。但是，科学的种子终于开始萌芽，并在之后的几个世纪中快速发展，成为影响和改变全部人类生活的知识和清晰的思想。

在公元前 3 世纪，亚历山大城并不是希腊独一无二的精神活动核心。很多城市在亚历山大帝国分崩离析之后，展现出极其灿烂的精神文化生活，例如，锡拉丘兹（西西里岛的希腊城邦），在那里，科学和思想一度昌盛了两个世纪；一个规模很大的图书馆在小亚细亚的帕加马建立起来 。但进犯的北方部族却屡次破坏希腊的文明。新兴起的北欧蛮族——高卢人顺着弗吉利亚人、马其顿人和希腊人祖先的足迹，带兵侵犯希腊。他们所到之处，到处都是烧杀抢夺的痕迹。野心勃勃的罗马人在高卢人之后崛起，他们都从意大利赶来。罗马人占领了大流士和亚历山大帝国整个西半部的江山。罗马人很有才能，但他们好像缺乏想象力。他们大力推崇法律和利益，却极其漠视科学和艺术。在这个时期，还有一支新的入侵者出现了，他们是擅长骑马、善于射箭的马背民族帕提亚人，他们占领了塞琉西帝国，再次割断了西方世界和印度的联系。与公元前六七世纪米提亚、波斯人对待他们的方式相同，他们在公元前 3 世纪以相同的方式对待希腊系波斯的波塞利斯帝国和苏萨。侵略者中还包括来自东北的游牧民族，他们是长着黄色皮肤、说着蒙古语的蒙古人，而不是有着白色皮肤、说雅利安语的北欧人，在以后的章节我们会详尽地介绍关于这些民族的故事。

第二十八章　佛祖乔达摩

现在，我们要讲述一位伟大传教者的故事，是他让我们将社会的历史向前推了近 3 个世纪。他的出现使整个亚洲的宗教思想和宗教感情有了本质性的转变。他就是在佛教界享有盛誉的佛祖乔达摩。当以赛亚对巴比伦做出预言，哲学家赫拉克利特是以弗所人，他在探究世界本源的时候，乔达摩也在印度的贝拿勒斯开始向信徒传授知识。他们都生活在公元前 6 世纪，却不知道彼此的存在。

在人类历史上，公元前 6 世纪是一个辉煌的时代。那时，人类在精神领域，无论哪个民族的人们都展现出前所未有的勇气和胆量（包括中国），当时人类最为尖锐的问题成了他们开始探索的目标，他们摆脱传统帝王、祭司等封建制度的羁绊。也许就是从那时起，长达两万年的童稚时代被人类远远地甩开了，从此迈向了青年时代。

到目前为止，对于印度早期的历史，我们仍然不是很了解。大概公元前 2000 年，一支会说雅利安语的部族，从西北部多次入侵印度，侵略活动必然带来文化的传播，他们向印度的大部分领域传播自己的语言和风俗习惯，其中包括梵语。他们占领印度河和恒河流域后，发现了这片土地上稍显沉闷的浅黑肤色的民族，发现这是一个拥有更加复杂的文明的民族。相比希腊和波斯的入侵者，这个民族不与其他民族交往，远离集体，过着独居的生活。在历史学家大致能推算出印度历史的时候，印度社会已经开始实行分化阶级，他们又把各个阶层分为各种等级，并做出规定：不同阶层、不同等级间不能共同进餐，不能缔结婚姻，也不能自由交往。发展至后来，这种社会等级演变成了“种姓制度”，这种等级制度贯穿整个印度的历史，这种制度也使印度民族从欧洲的自由通婚制度和蒙古民族中区分开来。事实上，印度社会就是一个由不同社会阶层形成的大团体。

乔达摩·悉达多曾是喜马拉雅山麓一个小国的王子，19岁时，他娶了漂亮的表妹，生活无忧无虑，有时在阳光充裕的花园、茂密的林间嬉闹，有时在农田中打猎。但是，他并不满足这种悠闲的生活方式，那颗永不满足的心灵让他想有一番作为。在他眼里，他的生活方式确实十分安逸，但那并不是真正的生活，那是一个无边漫长的假期，他不喜欢过这样的生活。他喜欢探究人的生老病死，人生无常以及幸福真理。当他为这种心境烦恼的时候，他碰到了一位云游四海的僧侣。当时，在印度有许多像这样的苦行僧，他们必须遵循十分严厉的戒规，他们花费了大量时间在冥想和探究宗教上，他们似乎是在探寻生命更深层的含义。乔达摩被这些僧人影响，渐渐有了强烈的欲望，他开始向往他们的生活方式。传说乔达摩正在考虑是否要剃度为僧的时候，他的妻子为他生下了一个孩子。他得知后感慨道：“这又是一个不可解的结啊。”

回家后，他发现族人为庆祝儿子的诞生举行了盛大的宴会，载歌载舞，所有一切都是如此欢快。但是，半夜时一阵极大的精神痛苦惊醒了他，这痛苦就好像有人得知“自己的房子着火了”时的感觉。因此他下定决心，一定要脱离这幸福但没有目标的生活，一刻也不能耽误。他悄悄来到妻子的床边，看见灯光下，妻子在鲜花环绕下睡得十分香甜，儿子躺在她怀里，他有极强的冲动，想要在离开之前第一次也是最后一次抱一下他的儿子，但因为怕吵醒妻子，他并没有抱儿子。后来，他骑马离开了家，消失在洁白的月色里。

当晚，他骑马走了很远。在早晨时他已经离开了自己的国家。他到了一条沙河旁边，抽出剑斩断了自己的一缕头发，卸下了身上的所有饰品，把这些和自己的坐骑以及佩剑一起托人送回家里。他继续前行，遇到了一位衣衫破烂的人，于是和他交换了衣服。这样，他就消除了世俗的所有羁绊，终于能够无牵无挂地去寻找他自己的人生。他一路向南，终于到达了隐士和传道者的集聚地，也就是文迪亚山的一座小山上。许多智者都在那里隐居，他们居住在岩洞里，只有在需要生活必需品时，他们才会去镇上，他们只把知识口头传授给那些愿意登门拜访的求知者。乔达摩当时已十分熟悉他们那时的一套形而上学的学说，所以，那些隐居的智者做出的解答并没有满足他那敏锐的心智。

印度的人们一直认为知识和能力是通过苦行获得的，例如，不睡觉、不吃东西、自我折磨等方法。因此，乔达摩为了验证这种理论是否正确，就带了五个在一起修行的弟子，来到偏远的山林，开始禁食和苦修。他的名声也快速地传开了。一天，他身体十分虚弱，正在冥思苦想的他突然晕倒在地，昏迷不醒了。醒来后，他就明白了这种苦行是多么荒谬。

从那之后，他开始正常吃饭，不再相信苦行，与他一起修行的弟子都很害怕他的所作所为。至此，乔达摩认识到健康的身体和健全的心智是人们探求真理的根本。在印度，他的这种观念被认为是邪说，因此信仰他的门徒全部离开了他，返回了贝拿勒斯，但乔达摩从未放弃，他一个人继续探求真理。

他以一个人的力量去探究深奥复杂问题的答案，进程十分缓慢。只有在问题快要找到解决的方法之前，或是在灵光闪现之前，才可以看到它是在慢慢地向前进的。乔达摩当初的状况就是这样。某天，他坐在河边的一棵大树下吃东西，恍惚间，一种顿悟从他的脑海中一闪而过，他好像完全明白了生命的意义，突然顿悟了。据说，他在河边冥思苦想了一天一夜，终于站起来走向了世人，并传授给世人他所领悟到的生命具有的真正意义。

他来到贝拿勒斯，把那些曾经离他而去的弟子召集起来，并口授他刚领悟到的新学说。在贝拿勒斯皇家鹿园里，他建造了一座可以栖息的小房子，他还创办了学校，让更多的人可以追寻真知。

乔达摩的传道开始于他亲身感受到的一个问题："作为一个极其幸运的青年人，我为什么感受不到百分之百的快乐呢？"这是一个让人自省的问题。

这个问题，与泰勒斯及赫拉克利特在探求宇宙问题时，表现出来的尽情忘我的外露的求知欲，以及同样无我的希伯来先知教化希伯来人心智有着本质的区别。而这位印度传道者不只没有忘我，而且还专注于自我，并探寻毁灭自我。他认为，导致人类一切苦难的根源是人类自身的贪欲。如果一个人想逃离多舛的命运，就一定要控制自身的贪欲，否则他得到的就是悲惨的结局。乔达摩传道的教义中将人的贪欲大致分为三类，只是这三类都是邪恶的。第一类是食欲、贪婪和所有形式上的感官欲望；第二类是对自己的、个人的、关于长生有利的欲望；第三类是追逐功名利禄的欲念和那些相似的欲念。只有完全摆脱这些欲望，才能真正脱离人生的折磨和苦难。当这些欲望都被克服之后，自我也就不存在了，心灵也就安宁了，也就达到了至善的涅槃境界。

以上所讲的就是乔达摩祖师传道的主要宗旨。希腊的教旨教育人们要勇敢大胆地去追寻真知，而希伯来宗旨则教导和劝戒人们要敬畏上帝并施行正义，这两个国教的宗旨都是如此明白通晓，但乔达摩教义的要旨却不同于这两种，它是一种十分玄妙深奥的抽象思想。即使是乔达摩的弟子也不能参透他教义里的真正含义，这就难怪当个人的影响力退却后，他的教义屡次被误传和视为异端邪说。当时，大多数的印度人都有一种自己的信仰，他们始终认为有一位智者在一段时间之后就会来到人世间，而这位智者就是神灵的化身，人们称之为佛陀。利用这种信仰，乔达摩的弟子便宣称乔达摩就是佛陀，也是世界上存在的最后的真正的佛陀。不过，乔达摩自己最后是否接受这个尊号都无据可考。在他逝世之前，就有大量关于他的神奇传说在世间流传。比起道德说教，人们在心里更相信是有传奇的。因此，佛陀乔达摩就被人神化了。

乔达摩祖师确实给这个世界带来许多实质性的东西。就芸芸众生而言，如果涅槃的想象力太过深奥，印度人把乔达摩平凡的生活改编成神话的冲动如果太过强烈的话，我们至少从他的教义中领悟到了乔达摩所宣扬的“八正道”，也就是人生八大正道的真正的内涵：正见（正确的见解）、正思维（在没有贪嗔等烦恼的情况下，依正见观察、思考，理性地作出决定）、正语（即说话要符合佛陀的教导）、正业（正确的行为）、正命（从事正当的职业）、正精神（精神上要向善）、正念（正确的欲念）以及正定。

第二十九章　佛教与阿育王

佛陀乔达摩的教义，首次比较明确地提出了自我克制是人类至善的真正境界，这比较深刻地影响到了人们。在他仙逝后几代人的岁月里，尽管他教义里的宗旨没有广泛地流传，但它却征服了人类历史上最伟大的一个君主。

亚历山大率军进攻印度，并与婆罗士在印度河边展开拼杀，我们已经在前面介绍过这些。据希腊历史学家的记录，曾有一位叫旃陀罗笈多的人到亚历山大的军营里游说，他想说服亚历山大改变原来的计划，进攻恒河流域，进而再占领印度。但马其顿人并不想冒险去一个自己不熟悉的地方，亚历山大也因此而放弃了这个念头。一直到公元前 321 年，很多山地部落都愿意帮助旃陀罗笈多，在没有让希腊人帮忙的情况下，他终于实现了自己的夙愿，并且还在北印度建造了属于他的帝国。在公元前 303 年，旃陀罗笈多率大军攻打旁遮普的塞琉古一世的领土，最后，把那些残留在印度领土上的希腊士兵赶走了。他的儿子继承王位后，再次扩张了帝国的疆土，他的孙子在公元前 264 年登上了王位，而且还占领了从阿富汗到马德拉斯的疆土，他就是我们所要讲述的阿育王。

阿育王继位不久，也想模仿祖父和父亲的做法，用武力来征服全部印度半岛。他在公元前 255 年率领大军攻打马德拉斯东海岸的羯陵伽，并取得了胜利。可是，当他看见战场上遍地尸体和血腥的恐怖后，他开始厌恶战争所带来的毁灭，于是他决定放弃战争。之后，他接受了佛教和平的教义，并宣布以后他的征服仅仅是宗教意义上的征服。

在人类遭受灾难的岁月里，阿育王统治的28年，算得上是印度历史上最安宁平和的日子。在印度，他号召人们植树、建造医院、公园、药圃；开展了大范围的掘井工程；他设立了专门机构来保护和更好地管理印度的土著居民和隶属民；在那时，乔达摩佛陀传下的单纯而精练的教义，已被蒙上了一层浓重腐败和迷信色彩的面纱，阿育王提供巨资资助佛教传播团体，以此来鼓励人们去整理和研习所收集的经文。除此之外，阿育王还派佛教传教士去喀什米尔、锡兰、波斯和亚历山大城传教。

阿育王，即人类历史上伟大的君王，是那个时代的先驱。阿育王一生没有子嗣，也无人继承他的伟大志向，印度在他逝世后不到一百年的时间里就开始衰落，而他开创的繁盛景象也仅仅是印度人心中的一段最美的记忆。在印度，婆罗门是最高、最有权势的阶级，他们一直抵触坦诚的佛教教义，还不断削弱佛教的力量。慢慢地，古老的神怪、印度神教在这片土地又开始萌芽，并逐渐盛行。等级制度逐渐分明，也更加森严。婆罗门教和佛教同时在几个世纪里繁荣，但是，婆罗门教一直压迫佛教，使其慢慢衰落，并且用各种形式代替了佛教。不过，佛教在等级制度外和印度以外的国家得到了很大范围的传播，例如，中国、日本、缅甸和暹罗等。如今，佛教仍然影响着这些国家。

第三十章　中国的两位伟大导师

公元前6世纪，那个绚烂辉煌的年代，那个人类向青春期前进的年代，有我们所熟知的两位伟大的导师，即孔子和老子。他们在历史上占有极其重要的地位，下面我们将讲到他们的事情。本书到这里为止，还未谈到过关于中国古代的历史，因为到目前为止，我们对中国古代历史还没有完善的了解，我们希望正在崛起的中国的考古学家和人类学家，可以如欧洲人在研究他们的历史一样，能够完整地勾画出中国的历史。在很久之前，中国原始文明的发源地是大河流域，这出自原始的日石文化。中国的原始文明和埃及、苏美尔文明一样，都带有日石文化的一般特性。神庙、君王以及祭司在神庙中举行的季节性的血祭仪式都受到他们的崇拜。但城市生活和六七千年前的苏美尔人、埃及人以及一千多年前中美洲的玛雅人并不相同。

中国人早在公元前1000多年前就已经开始使用象形字。如果说活人献祭曾在中国历史上存在过，那也是在有史料之前就用动物代替了。

实际上，原始的中国文明曾多次遭到来自北部边境的游牧民族的骚扰，这和欧洲和西亚的原始文明常常遭到沙漠以及北方的游牧民族侵犯一样。这些游牧民族如匈奴人、蒙古人、土耳其人和鞑靼人，在生活方式和语言上有很多相同之处。他们和北欧的日耳曼人一样，不断地分化、组合、重组，但是这些变动仅仅是称谓上的变动，本质并未改变。相比日耳曼人，这些蒙古系的游牧民族拥有马匹的时间更早些。他们好像在约公元前 1000 年就在阿尔泰山发现了铁。这些游牧民族，不管来自东方还是来自西方都是一样的，也曾多次统一了政治，并成为这个或那个文明据点的统治者、征服者以及复兴者。

蒙古人的文明很可能不是中国最初的文明，这就像是欧洲和西亚的文明并不是日耳曼人和闪米特人的文明。中国的早期文明在很大程度上是浅黑人种的文明，和最初的苏美尔文明、埃及文明、达罗毗荼人的文明有着关联。据历史记载，中国文明一开始就有融合和征服的现象，总而言之，我们发现，中国在公元前 1750 年就已经分化出了各个诸侯、城邦，而且彼此还达成了一种共识，形成了一个松散的联盟，还常常向他们尊敬的“天子”进贡。在公元前 1125 年，商朝灭亡，周朝建立。周朝一直保持着松散而统一的局势，这种形势一直延续到埃及的托密勒和印度的阿育王的统治时代。周朝是一个极其漫长的朝代，中国开始分裂也是在这个朝代，匈奴南侵，建立他们的属国；各地诸侯也纷纷开始割据，不再向君王进贡。中国一位有权威的研究者曾说过，公元前 6 世纪，中国分裂成了许多小国，所以这个时期被称为“春秋战国”时期。

尽管在战国时期中国的领土被分割成若干小国，但中国的文化并未停止发展，相反地，它更加繁荣，各具特色的文化在许多地方出现。如果进一步了解中国的历史，我们会发现，中国其实也有自己的雅典、马其顿、米利都和帕加马。只不过，我们关于这些方面的知识还很匮乏，不能给大家呈现出一条完整连贯的线索，所以，在这里，我们只能大概地描述一下当时中国诸侯割据的局势。

也许正是由于动荡不安的社会局势，才激发了那么多的智者出现在纷乱的年代里，例如，在四分五裂的年代里，希腊出现了哲学家，先知出现在犹太国遭受亡国劫虏中，而中国的许多先哲和贤人也出现在诸侯割据的时期。孔子出身名门，在鲁国担任过官职。大概是出于某种相似与希腊人的冲动，为了让更多的人得到知识，为了探求更高深的知识，他创办了一所学校。那时的中国还没出现法律，也没有秩序可言，他对这种现状感到痛心，为了寻找一位可以施展他的政治和教育思想的王侯，他周游列国，到处游说，一心想要改变人们的生活，使人们生活得更好。尽管他碰到了一些贤君，但这些贤君最后还是因为奸臣的谗言而不再信任孔子，他的改革主张也因此落空。有意思的是，在经过一个半世纪的进化后，希腊哲学家柏拉图也试着找寻一位明君，他的运气是好的，被西西里岛叙拉古国王迪奥尼修斯任用，成了国王的顾问。

最后，孔子在壮志未酬中逝世。他曾很遗憾地说："夫明王不兴，而天下其孰能宗予，予殆将死也。"但他迟暮失意之时根本没有想到，他的思想和学说如何有力地影响了后人，更没有想到他创造的儒教思想竟成了中华民族精神中不能缺少的一部分。中国人通常所说的"三教"是儒教、佛教和老子的道教。

儒教学说的宗旨是"圣人君子"。乔达摩重视内心"无我"，犹太人则注重实施正义，希腊人在意探求客观知识，而老子则重视个人的品行修养，它们在本质上其实是没有很大差异的。在所有的先贤中，孔子是最富有公众精神的。当看到频繁的战争、百姓遭受苦难时，他忧心忡忡，十分痛苦。他所想的世界是美好崇高的，他想要所有人都具有高尚的品德。他觉得人要尽力约束自己的行为；创建更加完善的法则。孔子发现这种理想在中国的北方已经出现了，他认为只有具有严于律己、彬彬有礼、富于公心的精神和行为才是真正的君子。

老子曾掌管周朝皇家的图书馆很长时间，与孔子的学说比较，他的学说更隐晦、令人捉摸不定且玄妙。老子觉得无论做什么事都要保持一颗淡然无欲的心，应该具有一种没有幻想的朴素的心，这样才可以经受住享乐和权势的迷惑。他所作的著述风格洗练，但十分晦涩，就像谜一样让人捉摸不透。老子死后，他的学说和乔达摩的教义命运相同，被任意篡改，被世人蒙上了一层浓厚的神奇面纱，甚至还混杂着一些奇异、复杂的戒条和迷信的思想。中国的那些新的思想和印度相同，必定要走上一条道路，即要与人们在小时候形成的传奇的原始思想进行争斗，要与怪异荒诞的传说进行交锋，但结果往往是后者把某种奇怪的、迂腐的、荒诞的仪式强加到这些新的思想上。众所周知，佛教和老子的道教学说在中国都是有寺院、祭司、僧侣的。即使它们在思想上没有保留和古代埃及、苏美尔宗教相似的祭祀习俗，但在形式上也保留着一样的祭祀习惯。但是儒教学说不同，儒教能够保持真传，能够避免被后世歪曲，其原因是它的教义是有限的，并且是通俗易懂的。

就思想和精神来看，生活在中国南方的长江流域的人，大多数是信仰道教的，而在中国北方黄河流域生活的人，则更尊崇儒教。所以，这也使得从那个年代开始，中国的事务就常常体现出这两种思想的交锋，那就是南方精神和北方精神，以及之后的南京与北平的矛盾。前者具有怀疑精神，富有浪漫情调、随性务实，而后者则比较守旧、正统和秉直。

周朝在公元前 6 世纪开始衰落，国威荡然无存，老子辞官，过上了隐居生活。春秋战国的纷争进一步上升，达到了巅峰。

北方的晋国、秦国、齐国，长江流域好斗的楚国和吴国，他们分别控制着中国的局势。那时，这些国家凭借会盟方式“尊王攘夷”，挟天子以令诸侯，使天下有一时的安宁。之后，秦国逐渐强盛。到印度阿育王执政的时候，秦王夺走了周王朝的祭祀周鼎，取代了周王举行祭祀典礼。公元前 246 年，庄襄王的儿子秦始皇（公元前 221 年称帝）即位，他征服了韩国、赵国、魏国、燕国、楚国、齐国，如此一来，解决了战乱纷争的局面，秦始皇是中国史上“第一位统一中国的皇帝”。

秦始皇要比亚历山大大帝幸运，毕竟他统治国家长达三十年。对中国来说，秦始皇强大的集权统治标志着一个统一强大的新时期揭开了历史的序幕。为了抵抗北方匈奴的侵犯，他用倾国之力，开始建造伟大的万里长城，这是一项非常浩大宏伟的工程。

第三十一章　罗马帝国的出现

由于地理形式特殊，限制了各种文明之间的联系，比如印度西北边境的连绵山脉，中亚、印度内陆的群山，这些崎岖的地形都阻隔了各种文明的发展，即使这样，我们还是能够发现它们之间的一些相同点。在开始的几千年里，古代的日石文化在旧世界温暖肥沃的大河流域传播开来，逐渐形成了一整套祭祀传统，这种祭祀传统把神庙作为核心，并由祭司阶层控制着。显然，前面我们提到的日石文化的创始是人类的核心人种浅黑色人种。后来，游牧民族随着季节变化而不断迁徙，向外连续扩张，给原始文明添加了他们自己的语言和元素。他们不但推进了原始文明的进度，自身的文明也有了新的发展，他们所到之处的文明都有了新的变化，呈现出一种异于之前的风貌。在美索不达米亚，促进文明发展的民族有：亚拉姆人、闪米特人、北欧系的米提亚人、希腊人和波斯人；在爱琴海，希腊人促进了文明的发展；雅利安民族是促进印度文明发展的民族；但埃及人受祭司文化的影响，所以征服者在当地的影响很小；中国则因屡次遭到不同部族匈奴人的侵略，被不同文化影响。北印度和希腊被雅利安化，美索不达米亚被雅利安化和闪米特化，中国也和它们一样被蒙古化了。当游牧民族破坏其他城邦的同时，他们也有先进的一方面，例如，他们理念的道德革新和自由探索的精神使他们对亘古就有的信仰提出质疑，还把光明带进了神庙里。他们的领袖人物是从首领和族人中选出来的，他们既不信祭司也不信神灵。

我们可以发现，在公元前6世纪之后的数百年里，人们把古老原始的传统抛弃了，开始用一种全新的精神去追求知识和道德这种精神在人类历史进程中从来没有停止过。以前，会阅读和写作的只有祭司阶层，但当时的社会，阅读和写作已然成为统治阶级和富有阶级学习的普遍现象。人们在使用马匹和修筑道路方面的需求逐渐增加，所以，旅行和运输也逐渐方便和频繁；之后，一种新型的、方便的流通工具出现了，这就是铸币，它促进了商贸的发展进程。

如今，我们要把关注的焦点，从中国这个古老的东方国家，转移到地中海的西半部。在这里，我们要特别关注一个城邦，这个城邦在社会发展历史上占有十分重要的地位，这就是罗马。

我们还没讲述过意大利的历史。意大利在公元前1000年是一个被森林覆盖、人烟极少的山地国家。之后，雅利安语民族大都涌入了意大利半岛，还在这里兴建了许多小的城邦。许多希腊人居住在半岛的南部。裴斯茨姆遗址气势十分宏伟，由此看来，希腊的聚居点之前是十分繁华的。除此之外，还有和爱琴人相似的非雅利安人系民族，也就是伊特鲁利亚人，他们居住在半岛的中部地区，他们占领了许多雅利安部落。罗马之前是一个在台伯河畔不起眼的小商贸城，并因此出现在历史的舞台上，罗马的大多数居民使用的都是拉丁语。但是，统治他们的却是一位伊特鲁利亚人。根据古代纪年史来看，罗马城公元前753年就有了，与腓尼基人建造迦太基的时间相比，罗马的建立明显是晚了半个世纪，即第一届奥林匹亚运动会举行之后的23年。然而，伊特鲁亚人的坟墓在古罗马广场的遗址上被人们发现了，这座坟墓是在早于公元前753年建立的。

公元前6世纪是备受关注的一个世纪。在公元前510年，伊特鲁亚人国王被废黜，因此，罗马成为贵族制共和国，国家的权利被贵族阶层掌握。罗马和很多贵族制的希腊共和国差别不大，不同的是罗马会说拉丁语。

在这之后的几百年里，罗马史可以说是一部抗争史，平民阶级有着重要的地位，他们进行长期的争斗来争取自由和参政。在希腊的历史上，我们很容易发现相同的矛盾冲突，希腊人称这为平民与贵族之间的政治战争。最后，平民阶层打破了贵族阶层统治的特权，从此平民与贵族有着平等的权利。他们抛弃了旧的、排外的思想，所以，更多的外来人口被罗马所接受，罗马城也因此人口更多了。罗马国内的争斗接连不断，但这并没有影响他们扩张领土的欲望。

公元前5世纪，罗马的对外扩张计划开始实施。在这以前，罗马人与伊特鲁里亚人发生了多次交锋，但都失败了，虽然伊特鲁利亚人的城堡威伊与罗马城只有几英里之遥，但罗马的几次进攻都失败了。伊特鲁利亚人在公元前474年将面临灾难。从西西里岛的叙拉古赶来的希腊人，打败了伊特鲁利亚人的舰队。果然是祸不单行，正在此时，北欧人的高卢人也大举发起了战争。高卢人和罗马人同时攻击伊特鲁利亚人，使其快速灭亡，自此退出了历史的舞台。罗马人占领了威伊被。公元前390年，高卢人袭击罗马城，并且占领了罗马城，但高卢人最终未能占领朱庇特神庙。据说，在神庙被高卢人偷袭的那晚，成群的鹅齐声尖叫，破坏了高卢人的攻占计划。因此，罗马人使用重金打发了侵略者，得到了和平。高卢人撤退，回到了意大利的北部。

罗马人并未因为高卢人的侵略而灰心，这反而激增了他们的信心，对外扩张的激情也更加高涨。在几年之间罗马人就取得了很大的成就，公元前300年，罗马人征服了伊特鲁利亚人，伊特鲁利亚人也因此被同化了。罗马的领土范围再次扩张，并且一直从阿尔诺延伸到那不勒斯的意大利整个中部区域。亚历山大大帝在印度和埃及扩张他的势力，菲利普大举侵略马其顿和希腊的时候，也就是罗马人征服意大利的时候。亚历山大的帝国分崩离析，而这时的罗马民族成为西方文明世界中备受关注的民族。

高卢人居住在罗马帝国的北部，而大批希腊的移民居住在它的南面，即西西里岛与意大利半岛脚尖和脚跟部分的希腊聚居地。为了抵抗骁勇善战的高卢人的侵略，罗马人在和它的交界处建造了堡垒，用来保护自己的移民聚居地。罗马城不是被塔兰托姆（今塔兰托）和西西里岛上的叙拉古为首的希腊南方城市威胁，而是这些城市受到了罗马的威胁，为了防止正在崛起的罗马的攻击，他们开始寻求外援。

我们在前面已经讲过亚历山大帝国的分裂，以及这座城市被属下瓜分的事情。其中有一位下属是亚历山大大帝的同族人，他就是皮洛士，他建造了新帝国伊庇鲁斯，他的帝国范围从亚得里亚海一直延伸到意大利半岛的脚跟部分。野心勃勃的皮洛士希望可以像统治大希腊的菲利普大帝一样，能够征服塔拉托姆和叙拉古以及周边地区。他军队的步兵方阵十分精良，他的塞萨利骑兵可以和当初的马其顿骑兵相提并论，他还训练了二十多头战象，他的军队在当时可以说是具有高效现代化的技能。他率领大军进攻意大利，在公元前 280 年的赫拉克利和公元前 279 年的奥斯库卢姆两次大的战役中打败了罗马人，并把罗马的军队赶到了北方。因此，他转移了注意力，开始把焦点投向了西西里。

他们这次所要面对的敌人是腓尼基的商都迦太基，这和罗马人比起来更难对付，当时的迦太基是名列前茅的强盛之都。因为西西里岛和迦太基的距离太远，所以一位像亚历山大一样强势的人物想要占领这个地方，必然得不到人们的欢迎。迦太基的母城蒂尔在半个世纪前遭遇不测，他们还难以忘记，为了这个，迦太基为了给罗马人助威，或者应该说是督促罗马人不能放弃抵抗，他们派出舰船去帮助罗马人；他们主动出击，截断了皮洛士的海上交通。后来，罗马人开始进行反攻，两方在那不勒斯和罗马之间的贝尼文托营交战，皮洛士的军队溃不成军。

皮洛士在这个关键时刻得知，高卢人南犯，于是皮洛士返回本国。但这次高卢人没有攻打意大利，罗马人的防线很牢固，高卢人觉得罗马是块难啃的骨头，于是他们转变计划，经过伊利里亚（也就是今天塞尔维亚和阿尔巴尼亚），攻打马其顿和伊庇鲁斯。这个时候，皮洛士受到罗马人、迦太基和高卢人的同时围攻。后来，被形势所逼，皮洛士在公元前 275 年返回本国，放弃了这次攻占西西里的愿望。因此罗马的势力有所扩张，延伸到了墨西拿海峡。

希腊城市墨西拿在墨西拿海峡西西里岛这一边，当时被海盗掌控。实际上，那时的西西里岛已经由迦太基人控制着，他们和叙拉古结盟，并在公元前 270 年打败了海盗，还在此派兵驻扎。于是海盗寻求罗马人的援助，请求被允许，在墨西拿海峡，两股强盛势力对峙，它们是迦太基和崛起的罗马征服者。

第三十二章　罗马帝国和迦太基

当阿育王在比哈尔登基继位，亚历山大城博物院的科学工作正进行得如火如荼，秦始皇却还只是个孩子。没有开化的高卢人蛰居在小亚细亚，强迫帕迦马上交贡品的时候，罗马和迦太基于公元前264年即开始了战争——布匿战争。因为有无法逾越的空间距离的阻隔，当时世界是相互隔绝的。所以闪米特牧人势力的最后堡垒与新兴的雅利安语系的罗马人之间交战近一个半世纪，这场战争涉及的范围十分广，比如西班牙、意大利、北非、地中海等地区都包含在内，其他民族对这场战争的详情也许只有一些模糊的、隐约的传闻。

但是，那场战争给人类社会留下了后遗症，至今还在搅动着世界的局面。虽然罗马人打败了迦太基，但闪米特人和雅利安人之间却因此产生了敌意，而这敌意逐渐演变成之后犹太民族与非犹太民族的矛盾冲突。本书将要讲述的是这件事所导致的各种后果，和一些扭曲的传统依然挥之不去，大有大势未去的阵势，这对当今世界各地的战争、矛盾冲突起着混淆视听、推波助澜的作用。

墨西拿海盗在公元前264年发起了第一次布匿战争。之后，战争继续发展，这场战争困扰着几乎整个西西里，没有参与的只有希腊的叙拉古。一开始，海上的主动权由迦太基人掌控着，五排桨战舰是他们的主力舰，在那个时候，这样的战舰是很巨大而且先进的，他们的舰兽撞角也很庞大。而发生在两个世纪前的撒拉米斯战争，主力舰只不过是三排桨罢了。罗马人并没有因为海战经验不足而弱于迦太基人，他们凭借自己的顽强斗志，组建了更加强大的舰队。为了让新建造的舰队能够发挥更大的作用，他们配备了希腊水手；为了弥补自身航海技术存在的不足，他们创造了抢登船和抓钩的战术。海战中，当迦太基人开着战舰冲撞过来的时候，如果想要夺走罗马战舰的排桨，罗马人就会出动巨型的抓钩，用它来钩住敌人的舰船，再冲到敌人的甲板上厮杀。在公元前 260 年的密拉战役和公元前 256 年的埃克诺马斯战役中迦太基人都受到了重创。尽管他们曾经击败了在迦太基城附近登陆的罗马军队，但在巴勒莫的战争中失败了，损失了 104 头战象。罗马军队带着胜利的消息班师回国，在穿过罗马广场的时候，一道壮观的风景出现在凯旋队伍中，即这些被缴获的战象。在那之后，罗马军队虽也曾再次失利，但很快就恢复了元气。公元前 241 年，在亚加蒂安群岛发起的最后一场战争中，罗马人一举歼灭了迦太基最后残存的海上力量。迦太基人被迫向罗马求和。至此，西西里岛只有叙拉古国王希洛的领地未被罗马人占领。

在之后的 22 年里，两国因为国内动荡不安的局势，互相也暂时放下了争夺。意大利的高卢人再次大举南下，罗马城变得危在旦夕。惊慌的罗马人想出了一个荒诞的招数，他们竟然使用活人献祭。罗马人在特拉蒙战役中终于战胜了高卢人。因此，罗马人趁机向阿尔卑斯山推进，他们的领土一直从亚得里亚海延伸到伊利里亚。但是，迦太基却被内乱困扰着，撒丁岛、科西嘉都发生了战乱，元气大伤。最后，罗马人在之后发动的攻击，使得迦太基溃不成军，两个叛乱的岛屿最后被征服和吞并了 。

那时，迦太基有着十分广阔的领地，一直从西班牙延伸到北边的埃布罗河。以河为界，罗马人不让迦太基人越过雷池半步，如果对方越过了界限，罗马人就会觉得这是在挑衅他们。面对罗马人的多次挑衅，迦太基人终于忍不了了，公元前 218 年，历史上鼎鼎大名的将领汉尼拔，带领迦太基士兵穿过埃布罗河。汉尼拔率兵从西班牙开始，经过阿尔卑斯山，到达意大利，之后又与高卢人结盟一起攻打罗马。第二次布匿战争在意大利发起，时间长达 15 年。在特拉西梅诺湖，汉尼拔和坎纳沉重打击了罗马人。在意大利境内，他的军队无往不利，罗马军队都溃败了。但之后，一支从马赛着陆的罗马军队切断了汉尼拔与西班牙的联系。因为战斗的必要器械准备不足，所以罗马城最终没被汉尼拔占领。最后，迦太基国内努米迪亚人发生叛乱，被形势所逼，汉尼拔只好率军回国，去保护非洲的城市。之后，一支罗马军队也到达了非洲。汉尼拔率领大军在扎马城外和罗马统帅大西庇阿发生了一场激烈的战争，汉尼拔第一次打败仗就是这次战斗，第二次布匿战争也跟着结束了。失败的迦太基被迫投降，他们同意把西班牙战舰送给罗马人，并给予巨额赔偿，而且还答应把汉尼拔交出来，任由罗马人发落，但那时汉尼拔已经逃到了非洲。汉尼拔不想被敌人捕获，所以决定服毒自杀。

罗马人和失败的迦太基人在这之后的 56 年里和平共处。在此期间，罗马帝国又一次扩张了势力，他们开始盯上了分崩离析、局势动荡的希腊；一方面，罗马人进攻小亚细亚；另一方面，他们在吕底亚的马格尼西亚和塞琉古王朝的安提俄克三世交战，并取得了胜利。此外，罗马王朝的“同盟国”包括被托密勒统治的埃及、珀加蒙和小亚细亚的诸多小国，实际上，这就是所谓的“附庸国”。

与此同时，迦太基在遭到奴役之后，原本衰微的国力又慢慢恢复了以往的昌盛。罗马人对迦太基的复兴又产生了仇恨和猜忌。在公元前 149 年，罗马人将莫须罪名强加给迦太基，并举兵攻打它，迦太基人全力抵抗，顶住了罗马人持久的围城战，但罗马人于公元前 146 年最终占领了这里。迦太基城沦陷，发生的巷战，或者说六天六夜的大屠杀造成了迦太基惨重的伤亡，城中血流成河，迦太基居民由 25 万人变成了 5 万人。罗马人在城中肆意地烧杀，做尽破坏之事，活着的居民也都被迫成为奴隶。罗马人开始在烧焦的城市上开垦播种，他们想抹掉所有迦太基的痕迹。

如此一来，第三次布匿战争也就结束了。至此，在五百年前，那些繁盛的众多的闪米特国家和城邦中，能由自己本族君王统治，并且自由生活的民族，仅仅剩下了犹太小国。犹太小国从塞琉古王朝中独立出来，统治他们的是本族的马加比家族。当时，他们编纂的《圣经》已基本完成，并想要发扬犹太民族的习俗，这些习俗仍流传到了今天。腓尼基人、迦太基人和所有散布在世界各地的同宗民族，他们肯定能从自己近乎一样的语言中，以及这本具有朝气和希望的《圣经》中发现他们的相似之处。这个世界上的银行家和商人很可能仍然是闪米特人。也许，不是闪米特人的世界被取代了，而是他们的世界被埋没了。

耶路撒冷不是犹太教的核心，而是犹太教的象征。公元前 65 年，耶路撒冷被罗马军队攻陷。公元前 70 年，罗马军队围困了经历过独立、叛乱的耶路撒冷，虽然他们拼命抵抗，但最终还是失败了，犹太神庙没有逃过被洗劫的噩梦。

公元 132 年，耶路撒冷在一场叛乱中被完全毁灭。实际上，如今的耶路撒冷是经过罗马帝国的授权才重建的。在原来耶和华圣殿的废墟上，一座供奉罗马神朱庇特的神殿被建立起来，并且不允许犹太人居住在耶路撒冷城。

第三十三章　崛起的罗马帝国

相比之前支配这个文明社会的各个帝国，在公元前 2—前 1 世纪间，掌控西方世界的新兴起的罗马帝国在许多方面都不一样。首先，它并不是史上首个共和政体的帝国；其次，它的建造者不是哪个伟大的征服者，而且它并不是君主制国家。在伯里克利统治的时代，许多同盟国和附庸国的政权就已经被雅典人掌控；而在迦太基和罗马发生那场战争之前，他就掌控了十分广阔的地区，像是撒丁、摩洛哥、科西嘉、突尼斯、阿尔及利亚、西班牙以及西西里的许多地区。但罗马却是历史上第一个不但没有被毁灭还持续繁盛发展下来的共和政体帝国。

以前那些古代帝国的中心通常都在美索不达米亚和埃及的各个较大的流域，而这个刚兴起的共和国家的中心却建在西面。罗马中心西移，极可能推进新地区和新民族的文明发展道路。到这里，罗马帝国的领域再次扩张，一直到了摩洛哥和西班牙，接着，又向西北扩展势力，把势力发展到了现在的比利时和法国，甚至延伸到了英国；在东北方向，它的势力则扩展到了匈牙利和俄罗斯南部。可是，在中亚、波斯罗马帝国并未建立自己的势力范围，因为这里离罗马实在太远了。那时，许多不同的民族生活在罗马帝国里，比如若干北欧雅利安语系民族以及世界上全部的希腊民族，但是，生活在罗马的哈姆特人和闪米特人的数量少于之前的任何帝国。

罗马帝国没有波斯和希腊帝国衰落得快，它在几个世纪里持续发展，更加繁荣昌盛。仅在一代人的时间里，巴比伦把米提亚和波斯统治者完全同化了：巴比伦给他们灌输王中之王的皇冠思想，又让他们相信神庙和祭司；亚历山大大帝死后，他的继承者在后来都被轻易地同化了；塞琉古王朝建立的宫廷很像尼布甲撒，而且模仿后者的管理方式；而托勒密家族被完全埃及化是在成为埃及的法老之后。之前这些征服者不可避免地都被同化了，和先前的闪米特人占领苏美尔后被同化是一样的。但是有一个民族例外，它没有被同化，那就是罗马人。在长达数世纪的年代里，他们使用自己独有的方式治理着自己的国家，遵守着自己民族的习俗和法律。在血统上，希腊人和罗马人是有亲缘关系的，在公元前二三世纪之前，希腊人是唯一一个在思想上影响罗马帝国的民族。所以罗马帝国是第一个试着用雅利安模式来强化统治的帝国，目前为止，它是史无前例的一个新出现的国家模式，同时它又是扩大了的雅利安共和国。之前，在兴建都城的时候，征服者都会建在一个丰收之神的神庙周围，但罗马帝国已经不符合这种模式了。罗马人建造了自己的庙宇，在这里供奉着他们信仰的神灵。和希腊的神灵一样，他们的神也是半人半神的，或者是神圣的贵族。在紧要关头，罗马人也会用活人去献祭，这种血祭传统也许是学习他们黑肤色的伊特鲁里亚先师。但当罗马的昌盛时代过去后，在罗马的历史上，神庙和祭司从未占据过重要的地位。

也就是说，罗马的发展史是以前的人们始料未及的，是一种新鲜的、特别的发展方式。慢慢地，罗马人实行了一项规模巨大的行政管理实验，即使这样，罗马人依旧没有逃脱分崩离析的厄运，因此这不算是一项成功的实验。罗马人经过几个世纪的发展，生活方式和管理模式都发生了很多变化。虽然孟加拉、美索不达米亚和埃及经过数千年的磨炼有了巨大的变化，但罗马帝国的变化远比这些国家的变化显著，它不断变化，从未使用固定的模式。

罗马帝国的实验从某些方面来看是失败的，但是从另一个方面来看，也许这个实验根本未完成。一开始，困扰罗马民族的难题一直是“如何治国”，就是到了现在，这个世界性难题依旧困扰着欧美国家。

事实上，导致罗马帝国剧烈变化的原因有很多，这不但显现在政治方面，在社会和道德方面也有显现，对历史感兴趣的人要谨记这点。想当然的心理每个人都有，觉得罗马的统治是完美的、稳定的、稳固的、崇高的。在《古罗马之歌》一书中，其作者麦考利糅合了罗马元老院和罗马市民、西庇阿家族、戴克里先、恺撒、老加图、君士坦丁大帝与罗马的周旋、斗争、演说、基督徒殉道等，把一幅既庄严又残忍的画面呈现给我们。事实上，我们要解释一下画中的情节，因为这些大都来自各个历史阶段，经历了许多不一样的历史变化，变化的程度之大让人惊讶，比威廉时代的伦敦和现在的伦敦之间的变化更让人惊讶。

我们通常把罗马帝国的扩张分为四个阶段。第一个阶段是“同化的共和国阶段”，这个阶段是从公元前 390 年，即高卢人劫掠罗马人开始，一直持续到公元前 240 年开始的第一次布匿战争结束。也许，这一阶段就是罗马历史上最有特色和最美好的时期。在这期间，贵族和平民间的争论逐渐平息；伊特鲁里亚人的威胁也逐渐没有了；贫富差距开始缩小了；大多数居民都有共和精神。这个时候，罗马帝国已经是一个独立自由的农民共和国，这很像公元 1900 年前的南非布尔共和国、1800—1850 年间的美国北方联邦。在这个阶段的初期，罗马仅仅是个 20 英里的小国。罗马攻打周围的同宗大国，并没有想要两败俱伤，只是想要和它们结盟。在经过数个世纪的内乱争斗以后，罗马市民逐渐明白了退让和妥协的含义。罗马征服的一些城邦同样享有选举权，也可以参加政论，罗马彻底同化了这些国家；有些城邦还有在罗马经商的权利，可以成家立业，可以独立。为了巩固这些刚征服的区域，罗马人把享有各种特权的殖民地建在这些区域，把人口众多的营寨建在战略要塞。罗马人还修建了大量道路。这些政策一经实施，整个意大利自然而然地就被罗马同化了。公元前 89 年，意大利的一切自由民都成了罗马市民，这样，在形式上，罗马帝国慢慢变成了一个扩张的大城市。罗马帝国的所有公民在公元 212 年都有了市民权，这就是说，自由民只要出席罗马市民会议就有权投票选举。

罗马帝国的这种扩张方式是与众不同的，它先让容易管理的城市具有了市民权，接着把这种市民权推广到全国，征服他们的罗马人没有被同化，却反过来同化了他们，这与以往被同化的征服者是完全相反的。罗马也正是借助这种方式同化了所有被征服者。

但是，在第一次布匿战争以及吞并西西里后，传统的同化痕迹尽管还存在，但新的模式还是显现了出来。西西里变成了罗马人的财产，成了征服者的战利品。西西里的土地肥沃，在这里居住的人们十分勤劳，罗马人凭借这些优越性来获取财富。但是战争也产生了大量奴隶。第一次布匿战争之前，共和国的居民中许多都是有着市民权的农民，他们的权利和义务是参军入伍。但是，当他们为国家尽义务时，他们在家乡的田地同时背上了债务。与此同时，奴隶农业的规模逐渐扩大和兴旺了。当这些人卸甲归田时，才发现他们面临着巨大的西西里和新殖民地产品的竞争。随着时代发展，共和国的性质也随之改变。西西里被罗马人掌控，即使是罗马普通百姓也被富有的竞争者和富有债主掌控。这个时候，罗马帝国进入了第二个阶段，即富有冒险家的共和国。

为了得到自由，为了得到参政的权利，农民出身的罗马士兵战斗了200年，终于，他们赢来了100年的特权。但第一次的布匿战争击垮了他们的奋斗，所有的努力都白费了。赋予他们的选举权仅仅是名义上的称呼。罗马共和国的政体包括两部分：第一部分是元老院，它是其中最重要的部分。起初，它是贵族组成的实体，之后，它变成了包括监察官或执政官和那些掌握实权的官员召集各派有影响的人物组成的团体，这很像英国的上议院，包括政治界的权威人士、大商贾、大地主。也许，罗马的元老院和美利坚的参议院不同，它更像是不列颠的上议院。罗马政治思想和意志的中心在布匿战争后的300年间一直都是元老院。罗马帝国的另一个组成部分是平民会议，它被认为是全体罗马公民的集会。在罗马还是一个仅有30英里的小国时，就常常举行这种集会，但在罗马这样集会的势力一直扩展到了意大利境外，也就没有了。之前，在朱庇特神庙或罗马城墙上，这种集会通过吹号角的方式召集平民，逐渐变成政治掮客和市井无赖的聚集地。如果说在公元前 4 世纪举行的平民会议，还可以压制元老院，并且代表广大市民的权益以及要求的话，那么，平民会议在布匿战争结束之后对民众来说就几乎没有意义了，对那些有权势的人也不再起压制作用。代议政体这一模式从来没有在罗马共和国实施过，以推举市民代表来表达民意的想法也从来没有人提起过。对研究历史的人来说，这一点意义非凡。相比英国的下议院和美国的众议院，平民会议是十分渺小的。它仅仅是一种空有的模式，尽管在理论上它包括全部市民，但实际上根本没有意义。

在第二次布匿战争结束以后，罗马境内的百姓生活十分贫寒。有的人没有了土地，有的人极其贫困，还有的人被奴隶赶出了有利可图的行业。更加不幸的是，没有政治权利能够扭转这种局面，也没有可以表达自己意见的途径。暴动和罢工是他们表达自己意见的唯一途径。公元前 2—前 1 世纪，有关罗马的历史，就其国内政治来看，乏善可陈，这是一段没有多少成效的革命暴动史。因为受到篇幅限制，我们无法描述那时混乱的斗争场景，比如为争取自由民田地而进行的斗争，想要减少和废除贵族地产而进行的斗争，提出免除全部和部分债务的议案等。总而言之，暴动和内战在那个时期频繁发生。公元前 73 年，斯巴达克斯作为代表，发动了奴隶起义，这使意大利的局势越来越动荡。这些暴动的意大利奴隶，许多都是竞技场上经过专业训练的角斗士，所以这次暴动十分猛烈，它的战斗力也很强悍。斯巴达克斯的大军坚守在那时维苏威火山的死火山口，全力作战，持续了两年。但是，这次的奴隶起义不但没有成功，还被血腥地镇压了。公元前 71 年，六千名斯巴达克斯战士在亚壁古道被捕，而且还被钉死在两边的十字架上，那是一条罗马通往国家南部的大道。

罗马的居民从未想过站起来反抗那些压迫和奴役他们的人，而那些有权势的富人并不满足对他们的压榨，在取得了对平民的支配权后，他们又建立了一种新的力量，那就是军队，并以此来压迫平民。

在第二次布匿战争爆发以前，征召来的自由民组成了罗马军队。根据各自的情况，农民们有的骑马，有的步行前往战场，这种作战方式比较适合短期、近距离的战斗，但对于长期作战和远征就不行了。后来，奴隶的数量逐渐增多，私有领地也随着时间推移而增加，慢慢地，具有自由精神的农民士兵变得越来越少。这时，一位平民领袖——马略出现了，他激发了一种新的战斗力量。迦太基逐渐衰落，而随之北非也成了一个半开化的努米希亚王国。罗马帝国经常和该国国王朱古达发生摩擦，虽然也发生过很多次争斗，但这座城市却一直没被罗马帝国攻陷。为了快点结束这场没有面子的战争，罗马就把马略推举为执政官。上任后，马略开始招收雇佣兵，并对他们进行严格训练，最终打败了朱古达军队。在公元前 106 年朱古达戴着镣铐被押送到罗马。后来，马略担任领袖的时间到了，但他不愿意交出兵权，他依靠自己新建成的部队依旧非法执政，但是，他的力量并没有受到罗马压制。

此时，马略的出现标志着罗马帝国进入了第三个阶段——军统共和国时期。为了夺得罗马的统治权，雇佣军的将领们互相争斗。在非洲时，马略曾经有一个叫苏拉的部下，当时这个贵族苏拉对抗马略。双方大开杀戒，很多人被杀戮和放逐，他们的财产也被拍卖。在经历两方惨烈的战争和斯巴达克斯起义的血色恐怖后，罗马帝国迎来了各种政权执掌实权的时代，这些政权的领袖分别是卢卡拉斯、庞培大帝、克拉苏和恺撒掌控的军队。卢卡拉斯不但占领了小亚细亚接着又攻打亚美尼亚，之后霸占了许多的财富，然后隐居了；克拉苏一度镇压斯巴达克斯。后来，克拉苏大举进攻波斯，但失败了，帕提亚人打败了他的大军，在战场上牺牲了。公元前 48 年，在经过很长时间的抗争之后，恺撒最终打败了庞培大帝，令其死在了埃及。罗马最终成了恺撒一人的天下。

像恺撒大帝一样的人物，很能激起人们的想象力，所以，他的形象被过分夸张，超越了他本身的价值和真实性，因此，他成为象征和传奇。就我们来说，他的伟业具有一个重要的意义，即标志着罗马从军人冒险家时期过渡到罗马扩张的第四个阶段，也就是早期的罗马帝国时期。虽然那时罗马帝国内部政治暴乱频发、社会秩序杂乱、屡次发生内战、经济不稳定，但是，罗马的领土不仅没有被削减，反而扩张了，在公元前 100 年达到了罗马历史的顶峰。当第二次布匿战争没有分出胜负时，罗马疆域的扩展迎来了低潮。之后，在马略重整部队之前，出现了一个明显的停滞时期，罗马扩张领土的实施也因斯巴达克斯起义第三次受阻。那时，恺撒在高卢境内，即现在的比利时、法国一带，建立起了自己作为军事统领的声望。当时，和高卢人相似，高卢境内的主要百姓也附属于凯尔特族，当他们征服了意大利北部之后，接着向小亚细亚进攻，还定居在那儿，被人们称为加拉提亚人。当高卢被日耳曼人占领之后，恺撒把他们赶了出去，并将高卢纳进了罗马的版图。在公元前 55 年和公元前 54 年，恺撒曾两次横渡多佛海峡，攻打不列颠，但是，他却并未赢得永久性的征服。此间，庞培大帝也在加倍巩固从罗马帝国向东到达黑海的各征服地。

在公元前 1 世纪中期，元老院名义上依然是罗马的行政中心，并有任命执政官和别的官吏的权利，政府还给予他们权力等；为了不侵害罗马共和国的伟大传统和法律的尊严，很多政治家进行了持续不断的斗争，其中以西塞罗最为突出。但是那时随着自由农民的减少，市民权的精神也逐渐在意大利消失了。那时，意大利哪里都是困苦的自由民和奴隶，他们不仅没有争取自由的想法，而且根本不知道自由为何物。元老院领袖们没有什么力量可以依靠，并且他们开始畏惧曾想要控制的军人冒险家，因为这些军人冒险家的背后有了强大的军事力量可以依靠。凌驾于元老院的领袖之上的几支队伍是：克拉苏、庞培和恺撒，他们瓜分了罗马帝国，这就是古罗马史上的“前三头政治”。后来，克拉苏发起了卡尔战争，但死在帕提亚人手里，接着恺撒和庞培反目。于是，庞培开始支持共和政体，他声称恺撒不听从元老院命令，违反法律，所以主持通过了对恺撒做出判决的议案。

那时，在罗马帝国，如果有哪位军事领袖敢率领部下穿过该部防区，就会被说成是违法行为。卢比肯河地处恺撒的防区和意大利之间。恺撒在公元前 49 年宣布“事已至此，无可挽回”，因此，率领部下越过了卢比肯河，进攻庞培和罗马。

在古罗马有这样的风俗：他们会在军情危机时选出一位“独裁者”，这位独裁者有着无上的权力，以此来解决当前面临的危机。当恺撒彻底推翻了庞培的统治后，恺撒又被推举为罗马的独裁者，任期十年。在公元前 45

年他又被推选为终身独裁者。事实上，他拥有了罗马终身的统治权力。此间，有人提出让他称帝，但考虑到罗马人在500年前驱逐伊特鲁里亚人后，人们就开始憎恶帝制，所以，恺撒没有称帝，但他接受了宝座和权力。恺撒击败庞培之后，也曾乘胜进攻埃及，并深深地爱慕着埃及美丽的克娄巴特拉，她是托勒密王朝的末代女王。恺撒的思想能够发生本质性的改变，似乎是是克娄巴特拉引起的。恺撒把“神兼君王”的埃及观念带到罗马，之后，他把自己的雕像放在神庙里，并题词:“献给无敌之神。”罗马共和之火在快要熄灭的时候绽放出了最后抗争的火花，恺撒被元老院杀死，碰巧，他倒下的地方正好是他最大的政敌庞培大帝雕像的脚下。

后来，为夺取权力，这些具有野心的人又进行了十三年的斗争，形成了三足鼎立的形势，各自是李必达、马克·安东尼奥和恺撒的侄子屋大维，也就是罗马史上的“后三头政治”。屋大维很像他的叔父，掌控着穷困但强悍的西部各省，招收最精锐的士兵。在公元前31年的亚克西姆海战中，他唯一的对手——安东尼奥被他打败，于是屋大维成为罗马帝国的统治者。可是，屋大维和他的叔父恺撒大帝有一个不同的做法，他从未动过做神当皇帝的念头，也没有为哪个女王神魂颠倒，他还给了罗马人民和元老院自由，还拒绝了独裁官一职。元老院让他享有实权而非名义上的权力，以此来感激他。屋大维不称帝，因此被称为“奥古斯都”或者“元首”。在公元前27年，屋大维被封为“奥古斯都·恺撒”，又在公元前27年至公元14年成为罗马首位皇帝。

继承他王位的依次是提比略·恺撒（公元14—37年）、卡利古拉、克劳狄、尼禄和后来的图拉真（公元98年）、哈德良（公元117年）、安东尼奥·庇乌（公元138年）和马可·奥勒利乌斯（公元161—180年）。这几个皇帝都曾统领过罗马部队，是士兵们把他们推举为皇帝的，但这些皇帝中也有些是被士兵拉下王位的。慢慢地，元老院消失在罗马历史上，他们的位置被皇帝和他的官吏取代。至此，罗马帝国领土的扩张到达了巅峰。大多数不列颠的领土成为罗马的领土；特兰西瓦尼亚也被罗马帝国归入版图，并改称“达契亚”。图拉真渡过了幼发拉底河，而哈德良的构想让我们不得不联想到世界另一端的东方古国——中国所发生的事情。哈德良很像中国的秦始皇，也为了防御北方蛮族的攻击而建造了长城，这条长城有一段是横在不列颠境内的。除此之外，他还在多瑙河与莱茵河之间建造了防卫栅栏。但他也同时放弃了一部分在图拉真时代占领的疆域。

到此为止，罗马帝国势力的扩张时代结束了。

第三十四章　罗马和中国

人类历史的发展在公元前2世纪至公元1世纪进入了一个新的时期。世界关注的目光从地中海东岸地区和美索不达米亚地区移开了。虽然在埃及和美索不达米亚依旧有着繁盛的人丁、肥沃的土地，和之前一样的繁华，但是，它们却没有了支配地位，权力已转移到东方和西方。当时，新兴的罗马帝国和再次崛起的中国汉王朝主宰着世界。这时，罗马的疆土已经扩展到了幼发拉底河，但自此之后就很少扩张了，毕竟地域太过遥远。波斯和塞琉古王朝曾经统治着幼发拉底河对岸的印度地区，但现在已经被新的征服者统治。此间，中国的秦始皇已经驾崩，汉王朝取代了秦朝。汉王朝不断向外扩张，其领土范围极其广阔，从西藏穿越到帕米尔高原，一直到土耳其斯坦西部。汉王朝的领土扩张也是在这儿停滞不前，再扩张就太过于遥远了。

那时，中国被世界瞩目，它的人口和领土比巅峰时期的罗马帝国还多，中国成为世上最繁盛、体制最完备、最具开明政治制度的国家。就当时的历史条件来看，同时期，世界上的两个大国共同繁荣强大，但并不知道对方的存在，这种可能性很高，因为当时的条件还很欠缺，无论是陆路交通还是水上交通，都还不足以让两个国家之间发生直接的冲突。

但是，双方还保持一种特殊的方式，并且这种特有的方式影响着他们，对处于两国之间的国度，例如，中亚和印度等有着深远的作用。比如骆驼商队越过波斯，商船顺着红海海岸和印度海岸进行持续的商业交易活动。在公元前 66 年，庞培率领罗马大军，顺着亚历山大大帝当年的足迹，从黑海东岸往北方行进。班超率领中国远征军在公元 102 年到达黑海，并派使者去探听罗马帝国的消息。但东亚和欧洲这两个地方有了真正的了解和直接的交往还是在数个世纪之后。

这两个大国的北部都是未被开垦的荒野。如今的德国在当时还是一个森林丛生的国度，它那广袤的森林还延伸到了俄罗斯。庞大的野牛生活在森林中，公野牛的大小和大象的大小相似。位于巍峨的亚洲群山北部的是大草原和沙漠；再向北分布的是冻土带和密集的森林，分布在亚洲高地东面的是一片叫满洲大三角的低洼地带。绵延于土耳其斯坦、俄罗斯南部，并一直延伸到满洲的大片土地，从古代开始，气候就变化多端，经过几个世纪的更迭，那里的降雨量有了很大的变化。对人类来说，这片区域是十分危险的。在某段时间，这里生长着茂盛的牧草，也很适合庄稼生长，然而某个阶段的雨量又会突然减少，这片土地又会遭受周期性的致命干旱。

北欧各民族以及雅利安语系民族的发祥地在这片北方原始荒野的西部，即从德国的森林覆盖区域一直到土耳其斯坦和俄罗斯南部，从德兰岛到阿尔卑斯山。位于蒙古东边的沙地和草原是蒙古人、土耳其人、匈奴人和鞑靼等民族的发源地。这些民族在生活方式和语言上都很相似。匈奴部族的多余人口以侵略者、征服者或流浪者的身份，涌进中国境内，并在此定居，他们与北欧民族从自己的国度迁到南方，进入美索不达米亚和中海沿岸繁盛的文明地区相同。北方的人口经过一段丰衣足食的时期而快速增加，而牲畜瘟疫的蔓延和牧草的极度缺乏，使北方极度饥饿好战的部落大举南侵。

因此，人类历史上出现了这样的情况：世界上两个强国不但没被野蛮民族占领，反而扩张了自己的和平帝国的领土。中国汉王朝，从北部边境向蒙古发动的进攻是猛烈和长久的。中国居民穿过长城，涌向塞外。站在戍边将士身后的是牵马扛锄的农民，他们开垦草场，圈护起冬季的草场。那时，当地的百姓经常被匈奴袭击并屠杀，但匈奴最终还是被汉王朝征服了。他们只有两条路：要么迁徙到别的地方，去找寻新的夏季牧场，要么定居在这里种植作物，向中国的汉王朝进贡纳税。有些人选择了后者，因此被中国吸收同化；其他的人就迁移到东北部或东部，他们穿过山岭到达了土耳其斯坦的西部。

蒙古游牧民族在公元前200年开始向西迁徙，他们的西侵给雅利安部族带来了巨大的压力，使雅利安人被迫迁徙到罗马边境，并企图寻找薄弱点打破罗马人的防线。公元前1世纪，帕提亚人，也就是有着蒙古血统的塞西亚人南迁，向幼发拉底河流域进军。他们还打败了苏拉克，并且杀死了他；他们曾和庞培的东征大军交战；他们推翻了在波斯的塞琉古王朝，并建立了帕提亚人自己的阿萨息斯王朝。

一段时间以后，这些饥肠辘辘的游牧民族不管是西侵还是东侵，遭受的通常是猛烈的打击，这也是他们穿过中亚，向东南方向迁移，越过开伯尔山口，抵达印度的原因。蒙古人在中国和罗马繁荣昌盛的几个世纪中屡次侵犯印度，一批又一批的蒙古征服者经旁遮普向南进攻大平原区域，烧杀掠夺，做尽坏事。之后，阿育王帝国分崩离析，那是段极其黑暗的时期。有一支入侵队伍叫“印度—塞西亚”，它建立了贵霜王朝，控制北印度地区，并维持着一定的社会秩序。数个世纪以来，北方的游牧民族多次进攻印度，印度在公元5世纪中的大部分时间遭到以法撒莱迪人（即白色匈奴）的侵略。侵略者要求印度的小诸侯给他们进贡，印度人因此陷入恐慌。一旦到了夏季。这些入侵的以法撒莱迪人就来到土耳其斯坦西部放牧，到了秋天，他们就翻越山口，向南移动侵略印度。

在公元前2世纪，罗马和中国遭受了一场大灾难，他们抗击北方野蛮民族的力量也因此削弱。瘟疫在中国大地上肆虐了十一年之久，这场瘟疫的规模算得上是史无前例的，整个社会秩序也因此混乱，农民起义与镇压起义独占一方的诸侯发生了战争，最后，汉王朝灭亡。统一的中国又分裂了，内战四起，经过魏、晋、南北朝几百年的动荡，唐王朝在公元618年建立，中国这才恢复了元气。

当时，瘟疫还延伸到了欧洲。公元164—180年，瘟疫也侵袭了罗马，这让罗马帝国的社会结构动荡不安。罗马的人口快速减少，罗马帝国的效率和活力也开始下降。这时，罗马边防处境十分危险，沦陷失守不断。在这个时候，一个新兴的北欧民族已然超过了俄罗斯，到达了尔加河流域和黑海海岸，而且还在海上掠夺，他们就是起初居住在瑞典哥德兰岛的哥特人。公元2世纪末，匈奴人西侵威胁到了哥特人，在公元247年一次大规模的侵略中，他们渡过多瑙河。德西乌斯皇帝就死在现处塞尔维亚的一场战役中。在公元236年，另一支叫洛兰克的日耳曼民族，打破了莱茵河下游的罗马边境；阿勒曼尼人迁徙到阿尔萨斯。虽然罗马人在高卢地区把入侵者赶出了国境，但哥特人却屡次骚扰巴尔干半岛，到此为止，罗马版图上的达契亚省就消失了。

罗马帝国的自信和骄傲受到严重打击。在过去的300年里，罗马这个受到世人关注的：开放的安详的国度，也被迫在公元270—275年间，由奥雷连皇帝下令开始修建防御工事。

第三十五章　罗马早期的平民生活

从公元前 2 世纪开始，奥古斯都·恺撒统治的罗马帝国，人们的生活环境安宁昌盛，持续了长达 200 年的时间，最终陷入动荡、逐渐衰落的原因是什么呢？在讲这个问题之前，我们先来看看生活在这片广阔土地上的居民的情况。那时，文明社会的百姓生活，不管是繁荣昌盛的中国汉朝，还是和平安稳的罗马帝国，都更接近他们后代的文明生活。

那时，西方国家已经开始流通铸币。世俗社会出现了一个新阶段，他们是拥有独立财产的人，既不是官吏也不是祭司；以前，人们的出行会被限制，而那时人们可以自由出行，随处可见旅店和公路；人们的生活和过去以及公元前 5 世纪相比，有了更大程度的随意自由性，因为过去传统习俗总是制约着人们，生活在文明社会的人通常一生都被限制在一个区域或一个国家里，只能生活在一个十分小的环境里，只有那些游牧民族才能四处经商、漂泊。

无论是罗马还是中国，太平盛世并不意味着它们所掌控的广阔的领土上只存在一种单一的文明。相反，不同地方的文明态势差异悬殊，就像大英帝国统治下的印度表现出来的差异一样，它们具有明显的地方特色，可以说是完全不同的。随处可见的是罗马的殖民地和驻军在罗马帝国的广阔疆土，他们使用拉丁语，信奉罗马神灵。但是，那些先于罗马人的民族，他们建立的城镇，虽然在最后归顺于罗马人，但他们还是独立管理自己的事务，至少在某段时间他们是用自己的生活方式和习俗在供奉着自己信仰的神灵。在小亚细亚、埃及、希腊以及早已希腊化的东方地区拉丁语一直没有被普及，希腊语始终都保持特有的优势地位。后来成为使徒保罗的扫罗是塔苏斯人，他不但是一位罗马市民，还是一位犹太人，但他没有使用希伯来语，而是使用希腊语。帕提亚王朝，那个在波斯推翻希腊塞琉古王朝的王朝，即使不属于罗马，但它的宫廷依旧使用着希腊语。此外，在北非和西班牙，虽然迦太基已经消亡，但迦太基语仍然使用了很长时间。又比如有一个城市在罗马登上历史舞台就开始兴旺，它就是古城塞维利亚。塞维利亚距离罗马在意大利的驻军很远，当地的闪米特族百姓仍然信仰闪米特人的女神，并使用着闪米特语。还有，罗马皇帝塞普蒂默斯·塞维鲁（公元193—211年）统治时期，一直使用他的母语，也就是迦太基语，很久之后，他才把拉丁语作为一门外语来学习。据史料记载，他的妹妹自始至终都用着迦太基语，没有学会拉丁语。

但是，像不列颠、诺尼亚（今天多瑙河以南的匈牙利）、达契亚（约今罗马尼亚）、高卢等这些一开始既没有大城市也没有神庙和文化的国家，被罗马帝国同化了。罗马还给这些地区带来了文明。罗马在这几个区域建起了城镇，让这里的居民从开始就使用拉丁语。这些地方的人们信奉罗马神灵，这些地区逐渐开始盛行罗马风俗。当时的很多语言都是从拉丁语中生发出来的，包括现在人们所使用的意大利语、西班牙语、法语和罗马尼亚语，由此我们可以想象当初的罗马风俗和拉丁语是多么普遍。就连非洲西部的很大一部分地区，到后来也开始流行拉丁语。而罗马帝国的东部一带、埃及和希腊，无论是在精神层面还是在文化层面，都没有被拉丁化，他们自始至终保留着埃及和希腊民族的传统。就连那些在罗马帝国生活，受过教育的罗马人都把希腊语视为绅士语言，并且学习它。人们对拉丁语的喜爱远不及对希腊文学和文化的喜爱。

罗马帝国的文化和传统这样的多彩，经商和劳动的方式也一定十分丰富多彩。各大聚居区的产业依旧以农业为主。强壮的自由农民被看作是早期罗马共和国和支柱，在前面我们已经讲到了，他们是如何在布匿战争中被奴隶劳动取代的。在希腊，社会曾有过不同的农耕方式，从阿卡狄亚田园牧歌式的农耕方式（即每个自由民都勤快地劳作），发展到斯巴达的劳作方式（他们觉得劳动是有没有面子的事情），因此，劳动就由专门的奴隶阶级承担了，这些奴隶被叫作“希洛人”。之前所说的这些劳作方式已经过去了。在大多数希腊化地区，开始流行奴隶集体劳作和领地制度。这些奴隶不是被俘虏来的，就是生下来就是奴隶，被俘虏来的奴隶使用各不相同的语言，交流困难。由于这些奴隶不认识字，所以他们没有能力团结起来反抗压迫，他们不懂得知识，更加没有权利。尽管他们的人数加起来占到了帝国人口的一大半，但他们的起义却一次也没成功过。公元前1世纪，一些特殊的、经过训练的奴隶角斗士组织起在斯巴达克斯发动起义。在罗马共和国的晚期和罗马帝国的初期，意大利的农耕奴隶遭受屈辱。奴隶主为了不让这些奴隶逃跑，晚上给他们戴上镣铐，或给他们剃成阴阳头；他们没有权利娶妻生子；奴隶主有折磨他们，甚至杀死他们的权利；他们还常常被奴隶主卖到角斗场，进行斗兽表演取悦观众；如果一个奴隶杀死了奴隶主，那不管其他奴隶是不是凶手，奴隶主家的所有奴隶都要受到被钉死在十字架上的酷刑。在希腊的某些区域，尤其是雅典，尽管奴隶的命运不是这般凄惨，但依然很可怜。也许在这些奴隶眼里，那些攻破罗马军队防线长驱直入的野蛮民族，不但不是敌人，更像是他们的救命恩人。

当时的罗马帝国，在大多数的行业和每一项团体工作的劳作都可以看到奴隶的身影，奴隶制在那时已经根深蒂固了。奴隶要做各种大型工事，如划桨、开矿、冶金、筑路等，除此之外，他们还要做几乎全部的家务劳作。他们通常担任监工和工匠，构成了一个与奴隶竞争的领薪阶层。可是我们并不知道他们到底占到总人口的多少。在不同的区域和不同的时期，这种人口比例会有很大的不同。而且各地的奴隶制也有不同。有些地方的奴隶在白天，被人用鞭子驱赶，去石矿、农场工作，晚上就被戴上了镣铐。有些地方的奴隶主则允许奴隶像自由民一样，能够耕种小块田地，或者做点手工活，但是，奴隶必须向奴隶主缴纳很多租金。

在罗马，还存在一些武装的奴隶。公元前 264 年，即布匿战争早期，在罗马国土上，又出现了伊特鲁里亚人那种让奴隶格斗的娱乐方式，并且很快盛行。后来，几乎每个有钱的罗马都豢养了一群角斗士。角斗士的真正使命是保护主人的安全，只是偶尔会在角斗场进行搏斗。当时在罗马有知识的奴隶也开始出现了。在共和国后期，罗马不但征服了一些享有高度文明的城市，如希腊、北非和小亚细亚等，还掠夺了很多受过教育的战俘当作奴隶。有知识的奴隶在罗马上等人的家庭中通常是孩子们的家庭教师。有钱人也通常让有知识的奴隶来担任图书馆的管理员，有时还充任秘书和门客。有钱人豢养一个诗人，就好比是养一只会表演的狗那样容易。近代的文学批评传统正是在这种奴隶制的氛围中才逐渐发展起来。那时，一些颇具商业头脑的人也出现了，这些人买来聪明伶俐的童奴，加以调教，然后转卖给别人。奴隶们经常被调教成珠宝工匠、图书誊写员和各行各业的手艺人。

从富人共和国对外扩张的初期到瘟疫蔓延，帝国崩溃的 400 年里，罗马奴隶的地位发生了巨大的变化。在公元前 2 世纪，战俘的数量很多，罗马人用极其粗暴的手段对付他们，战俘奴隶没有任何权利，读者肯定想不到他们所遭受的残忍暴行。公元前 1 世纪，罗马社会对待奴隶的态度有显著的变化，一是战俘人数少于之前，奴隶的身价也因此开始上涨；二是奴隶主的意识改变，他们觉得这些悲惨奴隶的自尊应该提高，这可以给他们带来更加舒适的享受和更多的利润。

除此之外，人们更加关注道德风尚，正义感也逐渐复苏。所以抑制古罗马的严酷、暴行，是因为出现了比较高尚的希腊精神。奴隶主不可以再随便买卖奴隶，不能再让奴隶和困兽斗争；奴隶们有了“私产”的财产所有权，并有了获得被当作鼓励和刺激的工钱的权利；奴隶有了娶妻生子的权利。有很多地区的农业方式不适合群体劳作，或者是只适宜季节性的群体劳作，而奴隶在这些地区演变成农奴，他们只要上交给主人一部分收成就行了，或者季节性地给主人打工。

这个使用拉丁语和希腊语的罗马帝国衰落和灭亡，主要是因为在公元后200年间，它实行了奴隶制，那时只有极少数人享有尊严和自由，所以罗马帝国开始走下坡路。当时，罗马很少有我们现在所说的家庭生活，那种可以自我节制、能进行积极思考和学习的家庭很少。学校和学院更是少之又少，并且彼此之间距离遥远。在罗马这方土地上极少有自由意识和自由精神。虽然罗马给世人留下了令人羡慕惊讶的宽广大道、规模巨大的建筑遗迹和权势以及法律的传统，但这都不会把这样一个事实遮住：这些都是表面的繁华，都是建立在束缚才智、禁锢人民大众意志以及扭曲和削弱欲望之上的。即便是那些统治者，他们统治着这个被控制、被奴役和被征服的庞大帝国的少数统治，他们的灵魂也是不能安宁的，是不能得到快乐的。

像科学、哲学、文学、艺术等这样自由快乐心灵的产物在这样的社会氛围中也会逐渐消失，抄袭和模仿在这个社会形成风气，这是一个没有丝毫创新能力的艺术工匠和卑躬屈膝的迂腐学者盛行的时期。有长达400年荣耀的罗马帝国所做出的贡献，与只辉煌了100年的雅典进行的勇敢无畏、有浩大气势的精神活动比较，罗马帝国是十分渺小的。亚历山大城的科学在罗马统治下慢慢没落，雅典走向衰亡，在这一时期，人类的精神也逐渐颓废了。

第三十六章　神圣罗马帝国的宗教

在基督教诞生的最初两个世纪里，在罗马和希腊帝国的统治时期，人类灵魂中充满了焦虑和绝望。此间，盛行暴行和奴役；炫耀和傲慢随处可见，而荣耀、宁静和持久的幸福却是极少的；穷人通常命运凄惨，被富人压榨和鄙视；富人一方面提心吊胆；另一方面又疯狂地寻欢作乐。大多数城市里，角斗场血腥的刺激场面变成人们生活中不可或缺的一幕，人与兽的厮杀，其残忍度是无法想象的。那时人们的生活就是如此，人们内心的不安淋漓尽致地体现在极度的宗教不安中。

当雅利安游牧民族首次向古代文明进犯时，就注定了古老的庙宇神灵和祭司阶级被改造或是消亡的命运。在经历了数百代人的岁月变换后，农耕民建立起浅黑色人种的文明，他们已经形成了固定的生活和思维模式，即以庙宇为中心。风俗、祭司、神秘故事以及对破坏常规的恐惧心理主宰着他们的心灵。在我们眼里，他们所信奉的神灵是荒谬的、不合逻辑的，那是因为我们生活在雅利安化了的世界，但对那些古老民族而言，这些神灵是他们梦境中的事物的逼真再现，他们对这些神灵深信不疑。在埃及或苏美尔，如果一个城市被另一个城市攻占，那这个城市不管是男神还是女神，都必须换掉或者更名换姓。但有一点是不变的，即敬神的形式和敬神精神。虽然梦中的神像改变了，但梦延续不断。就精神层面来看，早期的闪米特征服者和苏美尔人差别不大，当他们掌控了美索不达米亚文明的宗教的控制权之后，他们也同样没有本质变化，埃及人从没有被强制进行过宗教改革。埃及的神庙、神坛、祭司一直都保留着埃及的特色，就是在托勒密和恺撒王朝的统治下，这种特色也没有改变。

如果两个民族拥有相似的社会和宗教习俗，它们之间发生了征服与被征服的关系，那就可以借助同化或者合并的方法，解开两地神庙和神灵之间的冲突。倘若两个神灵有着本质的相同点，那么就会被合并，百姓和祭司常常这样说：神都是一样的嘛，只是叫法不同而已。如此多神混合的现象被称为“泛神崇拜”。一个典型的“泛神崇拜”的时代是公元前1000年左右的大征服时代。许多地区都会有一个统一的主神取代了地方的神灵，更精确地说是他吞并了地方的神灵。之后，在巴比伦，希伯来先知们声称人类只有一个神灵，那就是正义之神，那时的人们已经做好了思想准备来接受这种说法。

但是，很多情况下，因为神与神之间的差异十分悬殊，致使他们无法融合在一起，所以他们被勉强地融合在一起。当希腊人还没征服爱琴海之前，人们极其崇拜母神，因此一位女神嫁给了一位男神；星宿神和动物神常常被拟人化；天象或者是动物方面的神，像太阳、星辰、蛇等被当作装饰或象征；而那些在战争中失败的民族之神，就会被认为是与光明之神为敌的邪恶神灵。在神学史上，随处可见对地方神进行弱化、改换、合理化处置等现象。

当埃及从一个城邦发展到统一的国家时，“泛神崇拜”这种模式就开始盛行了。当时的主神是奥西里斯（Osiris)，他是丰收之神，人们在丰收的时候祭拜他。有人说在人间丰收之神就化身成了法老王。传说他好几次死而复生。他顺理成章地被想象成是掌管着人类长生不老秘诀的神灵，还掌管着人间的五谷丰登。人们赋予他很多形象，比如落而复升、光芒四射的太阳，埋卵复活的甲虫等。之后，牛神阿庇斯和奥里西斯神融合，并娶了女神爱希斯(Isis)。爱希斯又被叫作哈索尔，是位母牛之神，除此之外，她还是新月和海洋之星。当女神的丈夫奥里西斯逝世后，她生下了霍恩斯

(Horns)，霍恩斯代表黎明和雄鹰之神，他长大之后就成了新的奥利西斯了。人们为爱希斯塑造的形象是怀中抱着婴儿霍恩斯站在新月上的样子。之前所说的这些神与神之间并没有多少的逻辑性，但这些神话故事在人类的思维发展还没有达到严密和系统境界之前，是借助人类的想象力凭空编造出来的，有着某种虚幻的连贯性。除上述这三神之外，还有许多神以及一些更为神秘的埃及神和凶神，例如，黑夜之神，他长着豺头、引导亡灵之神的阿纽庇斯，他们是人类和众神的敌人，不仅是诱惑者更是吞噬者。

无论是哪种宗教体系，在它的发展过程中，都要使其自身有适应人类灵魂的需要。尽管他们信奉的宗教信条有些荒谬和古怪，但有一点毋庸置疑，那就是埃及民众还是能够从中找到心灵上的慰藉，用此来寄托自己的信仰。埃及的宗教生活为追求永生服务，原因是埃及人对灵魂永生有着极为强烈的渴望。埃及的宗教相比之前的任何宗教，都有一个十分明显的特点，即埃及宗教对灵魂的永生不灭有着自己别致的理解。后来，外族入侵埃及，当埃及众神不再有重要的政治意义后，人们更加迫切和强烈地追求来世补偿。

当希腊攻陷埃及以后，埃及宗教生活的中心也随之转移到新兴的亚历山大城，与此同时，亚历山大城也成了整个希腊的宗教生活中心。托勒密一世建立了塞拉贝姆大神殿，在里面供奉的是“三位一体”的神，即塞拉庇斯(奥里西斯与阿庇斯合二为一的名字)、爱希斯、霍恩斯。它们不是独立的三个神，而是“三位一体”的神。人们觉得塞拉庇斯和罗马的朱庇特、波斯的太阳神、希腊的宙斯地位同等。希腊的势力涉及之处都有这种崇拜，这还影响了中国西部和北印度。那些贫苦百姓深信灵魂不灭的观念，他们相信来世可以得到报偿和慰藉。塞拉庇斯神被人们称为“灵魂的救赎者”。那时的一首赞美诗这样唱道:“当我们死去，天神依然陪在我们身边，并保护着我们。”同样，信奉女神爱希斯的人也不在少数，她被信奉者尊为“天后”，她的神像被人们供奉在神殿中，神像前香火不断，摆放着许多祭品。剃度的僧侣们一生守身，并用一生的时间侍奉着她的祭坛。

这种日渐兴盛的宗教崇拜被崛起的罗马帝国带进了西欧的大门。当罗马大军的旗帜到达苏格兰和荷兰时，塞拉庇斯——爱希斯神庙、祭司的传经授道、灵魂不灭的渴望也随之而来。但此时，有许多宗教派别和塞拉庇斯——爱希斯教是对立的，其中以密特拉教最为突出，它发源于波斯，是一种主要祭拜密特拉神的神秘宗教仪式，只是这些仪式现已失传，它的祭品通常是仁慈的圣牛。密特拉教的仪式好像比复杂纷繁的塞拉庇斯——爱希斯教要更加原始，它引起了我们对人类日石文化时期的血祭仪式的回忆。举行祭拜典礼时，常常是在神牛的腹部切一个小口，鲜血从腹部喷涌而出。那时，人们觉得新的生命就是从鲜血中跃然而出的。而密特拉教徒们就是经过这头被献祭的神牛的鲜血洗礼的。信徒在入教时，他们便会站在祭坛的下面，如此一来，血祭时，神牛的鲜血就会洒落到他们的身上。

和罗马帝国早期统治下向市民和奴隶提倡效忠的很多别的宗教相同，这两种宗教也是个人宗教，它们关注的仅仅是个体的永生和救赎。但之前的宗教却都是社会性的宗教。在之前的宗教模式中，一个城市最主要的是神，接着才是个人。祭祀活动是社会性的公共事务，而不是个体行为，它们关注的是养育我们的这个世界的集体的需要。但是后来，希腊人主张政教分离，宗教从政治中分离出来，接着罗马人也将宗教从政治中分离出来。从此之后，通过埃及传统的指引，宗教逐渐演变成关注个人。

这种宗教提倡灵魂永生、新兴、关注个人，它们夺走了人们对旧国宗教的激情，但并没有真正代替它。在罗马帝国统治的早期，那些具有代表性的城邦常常设有神庙，神庙中敬奉着各路神灵，有那时还在位的恺撒大帝的庙宇（因为当时的恺撒从埃及法老那里学会了怎样做一个神灵），还有罗马神朱庇特的神庙。在这些庙宇里举行的祭拜仪式，一般都是庄重威严、死气沉沉的政治性礼拜，人们烧香进贡好像是为了彰显自己的忠诚。然而，当人们去朝拜天后爱希斯神庙时，常常是去倾诉自己的苦恼，以祈求女神的指引和怜爱。当时人们一定还信奉地方上各种奇怪的神灵。像是一直信奉原先迦太基女神维纳斯的塞尔维亚人；在地下的庙宇或洞穴中，必然有密特拉教的教坛，由奴隶或士兵侍奉着；或许，也有一个犹太教堂，大量犹太人聚集在这里，阅读《圣经》，笃信他们无法看到的上帝。

罗马国教带有政治色彩，这通常会给犹太人招来是非。犹太人不参加对恺撒的公祭活动，至少是不愿意向罗马国旗致敬，因为犹太人认为自己的上帝要求信徒对神灵的绝对忠诚，不允许对其他神灵的崇拜，因此他们害怕触犯偶像崇拜的禁忌。

东方国度男男女女的苦行僧早在有佛陀之前就出现了，他们抛弃一切享乐、财产以及婚姻，运用苦行、隐居和禁欲等修炼方式，去寻找精神的力量，脱离世俗的窘迫和苦恼。虽然佛陀自己反对苦行，可他的大量信徒生活都是极其严酷的。希腊一些没有名气的宗教也信奉相似的教义，有的信徒甚至会自残。公元前 1 世纪，在犹太城和亚历山大城的犹太人的聚集地就产生了禁欲主义的思想。这些人致力于苦行修炼和玄秘的冥想，抛弃尘世生活。那时，有一个典型，即艾塞尼教派。公元一世纪和公元二世纪，这种寻求摆脱现世苦难、拒绝享乐的风尚，好像在全世界盛行。之前那种对原有秩序的看法，对神庙、祭司、对法律秩序的信念全都消失了。生活在一个奴隶制、恐惧、暴力、挥霍、炫耀、焦虑和放纵无度的年代的人，对自我内心的厌恶和心灵的畏惧，就像瘟疫一样蔓延并且永无止境。因此，人们为了使得内心安宁，情愿过着苦行僧的生活，放弃一切世俗的享乐。也正是因为这样，塞拉贝姆神庙才被痛哭流涕的忏悔者挤满，也是出于同样的原因，善男信女们来到了密特拉教血腥幽暗的洞穴。

第三十七章　耶稣与基督教

犹太城在罗马第一任皇帝奥古斯都·恺撒统治时期，一位伟大的救世主诞生了，即基督教的救世主——耶稣。因此，以耶稣基督命名的宗教在罗马兴起，之后基督教进一步发展，发展为整个罗马帝国的国教。

就整体来看，神学与历史分开研究其实更加方便。犹太人当初认定的“世界之神”的化身——耶稣至今仍被很多基督教徒所信奉。但假如从历史研究者的立场出发，这种观点即使无法接受却也无法否认。从物质上看，耶稣曾经的出现是以人的肉身，而历史学家认为应该以人的研究来研究耶稣。

耶稣首次出现在大家面前是以一位先知的身份，在提比略·恺撒统治下的犹太城，效仿犹太先知的方式进行传道，当时他大概30岁，我们也无从了解他传道之前的生活。

我们了解耶稣的生活和传道唯一的途径就是四部《福音书》。通过读这四部书，我们的面前呈现出一个清晰的人物形象。如果人们看过《福音书》，肯定会说：“这人原来是真实存在的，不是被杜撰出来的呀。”

但是，耶稣坚忍和清瘦的形象在后世被很大程度地扭曲了，这和佛陀乔达摩的形象被后世塑造成盘坐的镀金佛像如出一辙。在基督教的现代艺术里，因为风俗礼教的影响，耶稣在人们心中的威望很高，所以其形象严重失真。耶稣的真实身份其实只是一个穷困潦倒的传道士，漂泊在尘土飞扬、炎热的犹太城，以别人的施舍为生。但是在画像中他被人们画成有着整齐头发、光洁肌肤、干净衣服、身材挺拔的人，围绕在他身边的所有东西都是静止的，仿佛只有他从空中飘过。仅仅根据这些画像，大多数人都不相信耶稣是真实存在的，因为在他们眼里，后世修饰夸大人们对耶稣的顶礼膜拜是盲目的，只从低级的添油加醋中是不会识别出故事的真义的。

如果我们去掉这些费尽苦心的粉饰和添加，我们可以发现他其实是一位诚恳热情、近人情，有时也会生气的人。耶稣传播的教义简洁深刻："天国"会在人世间降临，上帝是一位博爱、仁慈的父亲。套用当下盛行的说法，他显然是一位具有强大人格魅力的人，他的教义吸引着大量信徒，这些信徒心里也因此充满了爱和勇气，他的出现，给所有困苦大众和弱者带来了活下去的勇气。然而，他自己的身体却并不健壮，他被钉上十字架之后不久就死了。据说，当时的法律判他承受背负十字架的酷刑，当他背着十字架走向刑场时，一度晕了过去。他在犹太国进行了三年之久的传教，在他到达耶路撒冷时，有人指控他，说他想要在犹太建立起一个异教王国，他为此受到了审判。随后，他和两个强盗同时被钉在了十字架上，在两个强盗断气之前，他就已经死了，他在人世间的苦难就此结束了。

耶稣教义的主旨，就是"天国"的教义，这是最能改变和激发人类思想的革命性教义之一。那时，人们并没有充分了解它的真正含义，换种说法就是，当人们知道这种教义是挑战原有的习俗和制度的时候，人们便害怕了，并且停滞不前了，事实上，这并不足以让人惊讶，因为耶稣的"天国"教义宣扬的是一种勇敢的、毫不妥协的精神，它要求人类放弃纷争的欲望，从内到外对自己的生活进行一番整改和净化。读者如果有兴趣，想更全面地了解耶稣的教义，可以去阅读《福音书》，我们在此只谈它对传统观念的影响。

犹太人始终相信正义之神是世界上唯一的神，除此之外，他们还认为，正义之神深谙世俗交易的道理，他曾和犹太民族的祖先亚伯拉罕订下了契约，它对犹太民族是十分有利的，即承诺使犹太民族变成最优秀的民族，但这种在犹太人看来十分宝贵的承诺却要被耶稣消除，这使犹太教徒感到十分恼怒和失望。耶稣教导人们：在天国里，不但没有上帝的宠儿，更没有民族被上帝选中；上帝和人类没有做过任何交易；上帝是一位慈父，他对万物生灵没有丝毫偏颇，像太阳一样把光芒照耀到每一个角落；在天父眼里，不管是爱子还是罪人，一切人类都是兄弟。在《福音书》行善人的寓言里，耶稣极度鄙视和怜悯那种只会夸耀本族人而轻视别的民族和别的教派的心态；在劳动人民的寓言里，耶稣对犹太人一直强调的“自己是上帝所宠爱的民族”这一主张进行了批判。他教育信徒说，无论哪个人，一旦被上帝接纳进入了天国，上帝都会平等地对待他，不会有任何区别，上帝的恩泽是公平无限的；除此之外，为了倡导人们尽力行善，他使用了大量的寓言，比如埋藏银子的寓言、寡妇捐钱的寓言等。耶稣所宣扬的“天国”，既不存在特权，没有折扣，也找不到借口。

但犹太人浓厚、狭隘的民族主义，在耶稣看来，不只是简单的愤怒。毫无疑问，犹太人是具有强烈的家族理念的。耶稣希望可以通过上帝伟大的博爱精神，去感化犹太人民族狭隘、束缚人的家族情感，“天国”应该是一个由教徒组成的大家庭。《圣经》上记载：“耶稣还对众人说话的时候，不料，他的母亲和他弟兄站在外边，要与他说话。有人告诉他说：‘看哪，你母亲和你弟兄站在外边，要与你说话。’他却回答那人说：‘谁是我的母亲？谁是我的兄弟？ ’就伸手指着门徒说：‘看哪，我的母亲，我的弟兄。凡遵行我天父旨意的人，就是我的弟兄、姐妹和母亲了。”（选自《马太福音》第 12 章，第 46–50 节）

耶稣批评狭隘的爱国主义与家族情感，他用全人类皆兄弟的理念和上帝博大的父爱理念教育人们，他也谴责所有私有财产和个人利益，以及所有经济制度上的贫富等级。他教导人们说：所有私有财产都是属于天国的，普天下的人也都属于天国，每个人应该尽力为上帝效劳。他不遗余力地批评私有财产和任何形式的个人生活。

“耶稣出来行路的时候，有一个人跑来，跪在他面前，问他说：‘良善的夫子，我当做什么事，才可以承受永生？ ’耶稣对他说：‘你为什么称我是良善的？除了神一位外，再没有良善的。诫命你是晓得的：不可杀人、不可奸淫，不可偷盗，不可作假见证，不可亏负人，当孝敬父母。’他对耶稣说：‘夫子，这一切我从小都遵守了。’耶稣看着他，就爱他，对他说：‘你还缺少一件，去变卖你所有的东西分给穷人，就必有财宝在天上，你还要来跟从我。’他听见这话，脸上就变了色，忧忧愁愁地走了，因为他的产业很多。”

“耶稣周围一看，对门徒说：‘有钱财的人进神的国是何等地难哪！’门徒稀奇他的话。耶稣又对他们说：‘小子，倚靠钱财的人进神的国是何等地难哪！骆驼穿过针的眼，比财主进神的国还容易呢。’”（选自《马可福音》第10章，第17–25节）

然而，在他大力宣扬在“天国”中，上帝将会把所有的子民融为一体时，他还指责那种正统宗教和上帝订立教义的正义形式。在他有所记录的说教中，还抨击了那些为了虔诚而死守戒规的行为。“法利赛人和文书问他：‘你的门徒为什么不照古人的遗传，用俗手吃饭呢？’耶稣说：‘以赛亚指着你们假冒为善之人所说的预言是不错的。如经上说：这百姓用嘴尊敬我，心却远离我。他们将人的吩咐，当作道理教导人，所以拜我也是枉然。你们是离弃神的诫命，拘守人的遗传。’又说：‘你们诚然是废弃神的诫命，要守自己的遗传。’”（选自《马可福音》第七章，第5–9节）

耶稣教导人们的不仅仅是一种社会和道德层面上的改革，很多痕迹显示他的传道有着很明显的政治倾向。他确实说过，天国存在于人们的心里，它并不属于这个世界，它也不是帝王的宝座；但同样显而易见的是，无论在哪里，天国在人们心里占据着多大的地位，外部世界的变革和革新也就将持续到多远。

耶稣在传道时，无论听众如何瞎、如何聋，再如何漏听，也一定可以听出耶稣改变这个世界的决心。根据他受审受刑和反对他的理论要略的情况，我们很明显地看出他为当时的社会提出了一系列方案，用来改革、融合、拓展人类的生活。

耶稣所宣扬的观点很明确，对那些富人来说，他的教义可以说是洪水猛兽，生怕他们的世界被吞没。耶稣也曾试着说服大众，让他们交来从社会劳动中获得的全部财产，纳入普天下的宗教生活中。他就像一个可怕的道德狩猎者，把人们从之前居住的舒适的洞穴中挖掘出来。他的天国光芒万丈，在天国里不存在特权、没有炫耀；不存在私有财产、也没有优越感，除了爱不再有其他的动机和报偿了，所以人们对他的教义感到很迷茫，不知道要怎么办才好，因此有些人开始反驳他，他的信徒甚至也对他的教义感到十分不满。对那些祭司而言，耶稣与他们的仇恨是不可消解的，通常就会进行鱼死网破的较量。当罗马士兵面对他们无法理解，却又真切地威胁到他们行为准则的教义，在他们惊讶之后，只能报以狂笑，这丝毫不奇怪，他们给耶稣戴上的皇冠是用荆棘编制而成的，他们给耶稣披上紫色的袍服，打扮成恺撒大帝的样子。在他们看来，假如接纳耶稣的教义，那就表明他们将要过的生活是奇妙且惊奇的，说明他们将要放弃本来的习俗，克制他们的冲动和本能，去寻找一种难以让人相信的幸福。

第三十八章　基督教的发展

通过阅读四部《福音书》，我们可以了解耶稣本人和他的说教情况，但书中却极少提到基督教教义，若想彻底了解基督教教派的信条，那就只能在耶稣最忠实的信徒所作的《使徒行传》中寻找答案。

基督教教义最主要的创立者是圣保罗。他从未见过耶稣本人，也没有听过耶稣的说教。圣保罗的原名是扫罗，耶稣被钉死在十字架上之后，他还曾迫害过一小撮耶稣信徒，这使得他名声大涨，但后来他突然皈依基督教，改名为圣保罗。他有着敏捷的思维，对那时的宗教运动有着极大的兴趣和激情。他十分熟悉拜日教、拜王教和犹太教，他还将这些宗教中的很多概念和思想引入基督教。虽然他并未发扬“天国”的教义，但他教导人们相信耶稣不只是上帝认可的救世主和犹太人的领袖，耶稣的死更是一种殉道，这和之前血祭时的殉难者是一样的，耶稣是为了拯救人类才牺牲自己的。

当所有宗教同时发展并兴旺的时候，彼此间就会借用对方的宗教仪式，借用其他外在的不一样的表现形式，比如中国的佛教就和老子的道教有着几乎一样的僧侣、寺庙和宗教仪式。但是佛、道两派的原始教旨却是完全不同的。同样，拜日教和拜王教中的削发为僧、祭坛、诵经、供品、香烛、为神灵塑像等活动被基督教借用，还采纳了他们的祷告用语和神学思想，但这并没有使人们怀疑和轻视基督教的宗旨。这些宗教和别的不怎么兴旺的宗教一起发展，它们都在寻找各自的信徒，所以有的人会改变信仰，去皈依其他的宗教。不同时代，不同的宗教会被统治者扶持。相比这些宗教，基督教是更容易受到统治者猜忌的，因为基督教的信徒和犹太人一样，不愿向恺撒大帝施礼。我们先不管耶稣本人所提倡的革命思想，仅这一点，就能视基督教为反叛宗教。

和冥神奥西里斯相同，耶稣会复活并给人类带来永生——这一点是圣保罗要求信徒一定要记住的。后来，逐渐壮大的基督教开始分裂，因为信徒对耶稣和圣父关系的神学产生了分歧。在撒伯里乌派看来：耶稣是天父的化身，只是长相不同罢了，上帝既是耶稣也是天父，就好像一个人既可以是工匠又可以是父亲；但在阿里乌教派看来：耶稣虽然是神，但他的地位远比不上天父的地位，耶稣应该位于天父之下；但是，“三位一体”派的教义更加玄妙，他们是这样想：上帝是“三位一体”的，它集圣父、圣子、圣灵于一体。好像有一段时间，在论战中阿里乌派占了优势。后来，在经过辩论、暴力、战争后，“三位一体”的教义最终成为基督教的信条。在亚大纳西信经中详细地介绍了这一点。

在此，这些神学辩论没有做太多的评述，因为这和耶稣本人的教义所产生的影响相比，其对历史的影响是很小的。耶稣所宣传的教义确实给人类的道德和精神生活打开了一个新时代。在耶稣眼里，上帝是全天下人们的慈父，普天之内都是兄弟；不管哪个人，他的人格都是上帝居住的殿堂，是十分神圣的。就此后人类社会和政治生活而言，这些主张的影响极其深远。当基督教的地位确立之后，基督教的教义得到了普遍的传播，一种人之为人的新的尊严确立起来。不错，正如一些不赞同基督教的批评家指出来的一样，圣保罗曾给奴隶提倡服从之道，四部《福音书》中都有明确的记载，耶稣认为人们应该站起来反抗压迫。另外，关于竞技场上那种践踏人类尊严的角斗更能说明问题，这是基督教极力反对的。

在耶稣死后的两百年间，整个罗马帝国被基督教的教义渗透，这个有着新主张、新思想的宗教团体吸引着更多的人加入。对基督教，罗马帝国的皇帝们持有不同的态度，有的包容，有的敌视。在公元二三世纪，这一新的宗教形式开始被压制。公元 303 年之后的时间里，罗马的戴克里首先迫害基督教徒，而且查封了基督教会集资的巨款。宗教著作和所有《圣经》都遭到焚毁，基督教徒不再受到法律保护，基督教的很多教徒都被杀戮。“销毁书籍”一事件尤其值得关注，这表明统治者已经意识到在凝聚新的宗教信仰方面，文字起着极其重要的作用。犹太教和基督教都是教导人的宗教，也都是“有书籍的宗教”，它们之所以延续很久是因为人们可以通过阅读来理解其教义的思想。以前的宗教和它们不同，没有向人们的智慧和理性求助。在西欧即将遭到野蛮民族入侵的暴乱中，基督教会是保存学术传统的中坚力量。

戴克里的镇压和迫害并没有使基督教的发展受创。许多地方对基督教的残害并不彻底，因为当地的很多居民和官吏还是信奉基督教的。公元 317 年伽利略乌斯皇帝颁布了大赦令。公元 324 年，君士坦丁大帝继位，成为新的罗马皇帝，他对待基督教教徒很友善，并且在临死前受洗成了信徒，他放弃了一切圣号，而基督教的标志成了自己军队的盾牌和旗帜独有的象征。

之后，在短短几年内基督教成了罗马帝国的国教，从此地位更加崇高，那些想要与其争夺的宗教，有的快速灭亡，有的被其吸收。公元 390 年迪奥多西大帝颁布了一条诏令：销毁亚历山大城的朱庇特像。自公元 5 世纪开始，在罗马帝国境内随处可见的是基督教的神庙和神职人员。

第三十九章　蛮族入侵，罗马帝国的瓦解

公元3世纪，罗马帝国日渐衰微，道德秩序崩溃，同时又遭到野蛮人的侵略。在这一时期，君王还都是崇尚武力的军事独裁者，他们经常更换首都，就是为了维护自身军事政策的需要。曾经，他们把帝国首都定为意大利北部城市米兰，而后，又把今塞尔维亚的西尔敏或尼什作为首都，之后又迁到地处小亚细亚的尼科米提亚。罗马城位于意大利的中部，远离帝国势力范围的重心，所以并不适合再做帝国的首都。在此之后，罗马帝国开始走下坡路。即使在这样的情况下，帝国的大部分疆域仍然和平安宁，军队势力依然掌管大权。而君王们凭借手中掌控的军事力量，对人民实行的专制统治越发严酷。罗马帝国日渐独裁专制的统治制度，与波斯以及东方其他君主制国家尤为接近，其中一个著名的人物，就是戴上皇冠，披上皇袍的以戴克里先大帝。

顺着多瑙河和莱茵河往上，大体上就是罗马北部的疆界，此时外族开始大军压境。入侵莱茵河的民族包括法兰克人和其他的日耳曼民族。在达契亚（亦即今罗马尼亚）地区，有西哥特人的侵略；而在匈牙利的北部，有旺达尔人的不断骚扰；再往后，东哥特人驻扎在南俄罗斯，阿兰人则在伏尔加河流域驻扎。在这期间，蒙古人的军队开始向欧洲进发。与此同时，匈奴人完全处于被动，他们被阿兰人和东哥特人侵略，随后被赶到了西方。

在亚洲地区，波斯帝国再次崛起并日渐壮大，罗马帝国面临着巨大的压力，而且国家的疆界不断缩小。处于萨桑王朝统治下的波斯帝国是一个充满活力又欣欣向荣的国家，在此后的三百年间，波斯一直是罗马帝国在亚洲最强劲的竞争对手。

如果有兴趣，读者可以翻阅一下欧洲的地图，就不难发现在罗马帝国的版图上显现出很多的薄弱环节：多瑙河位于今天的塞尔维亚和波斯尼亚地区向南再拐个弯，呈现“U”字形，亚得里亚海距此仅有200英里。从前，罗马人对于海上交通从未在意过，而这200英里宽的海峡却是个重要的交通枢纽，它连接着西方的拉丁语世界和东方的希腊语世界。也正是这个原因，为了获得这个“U”形地区的控制权，野蛮民族投入大量的兵力，如果入侵成功了，罗马帝国就会一分为二。

如果罗马帝国在此时仍然保持强盛时期的国力，那么它就能够夺回达契亚，但是当时的罗马帝国早已不复往夕。尽管有个贤能的君士坦丁大帝，他把入侵罗马要塞的哥特人从巴尔干地区驱逐出去，但他仍然没有足够的能力把罗马疆域扩张到多瑙河彼岸。为了恢复以往的帝国精神，他用尽所有办法，甚至试图借助基督教的信仰力量和道德的感召力凝聚民众。他为此下了一道圣旨，在赫斯庞特海峡附近的拜占庭建立首都，并作为永久性的帝都。后人为纪念他的功勋，新建的拜占庭被称为君士坦丁堡，遗憾的是，在他死去时，新都尚未建成。他执政的晚期，发生了一件很奇怪的事：被哥特人奴役的旺达尔人，请求迁入罗马帝国境内，这一要求被君士坦丁大帝允许，并且赐给他们土地——潘诺尼亚地区，也就是今天的多瑙河西岸匈牙利地区。这样，旺达尔人士兵在名义上为罗马军人，但实质上他们不隶属于罗马军队，他们有自己的军事指挥官，罗马并未将他们进行整编。

为了重新振兴罗马帝国，君士坦丁大帝付出了一生的努力，最终在操劳中逝世。之后没多久，罗马帝国的边境再次被攻破，哥特人即将兵临君士坦丁堡城下。在艾德里安堡中，罗马皇帝瓦林斯大败，因而哥特人定居在今天的保加利亚地区，这样做是为了模仿旺达尔人在潘诺尼亚设置定居点。他们看似是罗马帝国的市民，其实是征服者。

在公元379—395年是由狄奥多西统治着罗马帝国。狄奥多西在位期间，至少在形式上，罗马帝国还是完整的，但事实上却是旺达尔人斯底利哥统率着意大利和潘诺尼亚的军队，而巴尔干半岛的军队则是由哥特人阿拉列掌控。狄奥多西在公元4世纪末逝世，留下两个儿子。在君士坦丁堡，狄奥多西的长子阿卡丢被阿拉列推举继承王位；但是在意大利，斯底利哥把狄奥多西的次子霍诺留推上了王位。也就是说，阿拉列和斯底利哥都是挟天子以令诸侯，来抢夺罗马帝国的控制权的。在这个过程中，阿拉列进攻意大利，围攻罗马，并于公元410年，最终占领罗马城。

在那些掠夺成性的野蛮民族看来，公元5世纪罗马帝国在欧洲的整个板块，成了他们争夺的目标。对于当时的世界局势我们很难清晰地描述，早期的罗马帝国，曾经繁荣兴盛的大城市依然存在，如法国、意大利、西班牙和巴尔干半岛地区，但这些地方的百姓却不像以前一样富足，他们处于困乏、穷苦和恐惧之中，并要时刻忍受入侵者的蹂躏践踏，因此这里人口锐减，整个城市呈现出一派萧索衰败的景象。由于大多地方官吏都远离首都，他们借皇帝之名镇压当地百姓，并在地方称王称霸。教堂仍然运作，但教堂中的神职人员大都是无能之辈，他们读书很少，头脑里塞满了迷信和惧怕。但是绘画、书籍、雕刻以及相关艺术作品在没有被劫掠的地方还是很多的。

罗马帝国日渐衰退，一派凋敝。农村的生活更是苦不堪言。有些地方因战争暴动、瘟疫蔓延而逐渐荒芜；有些地方，还经常出现拦路抢劫的盗匪。野蛮民族入侵这些地方是极其容易的，尔后他们选举自己的首领成为统治者，并给他们封上罗马帝国的官衔。如果侵略者是半开化的民族，他们对被征服地区通常是比较宽容的。当他们占领一个城市之后，就会和当地百姓交往、通婚，而且还学会了拉丁语，尽管带些以前的口音。入侵罗马的还有些农耕民族，像盎格鲁人、撒克逊人以及朱特人。在他们看来，城市的用处并不大，罗马化的居民差不多全部被他们驱逐出去，还用条顿土语替代了原居民的语言，后来，条顿土语就逐渐演变成了英语。

因为篇幅有限，在此不能详细为大家讲述那时日耳曼和斯拉夫各部族夺取财富的情景，他们为了寻找舒适的家园而转战南北。我们只介绍其中的旺达尔人，由此可窥一斑。旺达尔人是在德意志东部登上历史舞台的，前面已经叙述过旺达尔人以前定居在潘诺尼亚，在公元425年左右，他们千山万水，长途跋涉，终于到达了西班牙。他们发现，已经在这里建立起王国和贵族阶级的，是南俄罗斯的西哥特人和一些日耳曼部族。公元429年，金赛力克带领旺达尔人，从西班牙出发渡海到达北非。公元前439年，旺达尔人占领迦太基，创建舰队并取得海上的控制权。公元455年，罗马城被旺达尔人洗劫占领，而那时的罗马，早在半个世纪前就被阿拉列占领并掠夺，之后就一片衰败。此后旺达尔人掌控了西西里、科西嘉、撒丁和地中海西部的很多岛屿。事实上，就疆域的范围来看，七百年前迦太基人建立的海上帝国和旺达尔人建立的海上帝国相差并不大。在公元477年，旺达尔人帝国的势力达到巅峰，然而，旺达尔人只是统治这个帝国的一小撮征服者。到下个世纪，在查士丁尼一世的统治下，这个海上帝国已经十分辉煌，但好景只是昙花一现，查士丁尼一世去世之后，君士坦丁堡帝国几乎占领了它的全部领土。

旺达尔人的故事只是众多入侵故事中的一个，他们有着相似的冒险经历。在这之后，又来了一批侵略者，他们和先前的掠夺者毫无亲缘关系——他们是蒙古系匈奴人和鞑靼人，这些民族更加凶悍勇猛，他们都是黄种人，并且充满活力、精明干练。到此为止，西方世界尚未跟他们展开过任何战争。

第四十章 匈奴人，西罗马帝国的崩溃

蒙古征服者的铁骑开始踏入欧洲，从此人类开始了崭新的历程。不过他们之中，迁徙到欧洲的祖先，在历史舞台上没有起到任何直接重要的作用。蒙古系的拉普人，在基督教时代的前一个世纪左右，从北向西迁移，抵达拉普兰以前，蒙古人并没有真正地与北欧人接触过。千百年来，他们与那些浅黑色人种没有过多的接触，西方的闪米特人、雅利安人等，最多受到埃塞俄比亚人的入侵，失去部分领土，几乎从来没有遭受南方黑色人种和蒙古人的入侵，西方人主要还是内部动乱。

蒙古民族本来就是游牧民族，大体上，这次大规模西迁有两方面的原因。其一，古代中国汉王朝早已经开始扩张，不但扩大了版图，而且增加了人口，国力日渐昌盛和繁荣；其二，气候条件催逼：雨量不均，有的地方洪涝，有的地方干旱，有的沙漠地带长出小草；有的区域、森林和沼泽消失；有的地方下完暴雨后会极度干旱。游牧民族本来就有迁徙的传统，在恶劣的自然环境面前，自然要向更适宜的地区迁徙。蒙古人开始了西迁的进程。另外，也有罗马帝国本身的原因。人民动乱、奴隶暴动、战事频繁，使得罗马帝国人口迅速减少、经济衰退、国力大不如前。但是罗马帝国的富人和官员，只管自己享受，肆意挥霍着帝国的财产，税负官们任意征税，搜刮民脂民膏，帝国没了活力，人们怨声载道。根据这些因素，蒙古人向西迁徙时机很对，这就是：东方环境的压力，西方帝国衰落和畅通无阻的道路。

公元1世纪，欧洲部分的俄罗斯东部边界，已经活跃着匈奴人，他们在公元前四五世纪，真正主宰这片草原，公元前5世纪是这个民族的全盛期。第一批进入意大利的匈奴人，是傀儡王霍诺留的主子，他们属于旺达尔人斯底利哥的雇佣兵团，不久，他们的野心膨胀，占领了旺达尔人原先的居留地——潘诺尼亚。

在向欧洲前进的过程中，匈奴内部出现了很多伟大的人。公元5世纪的第二个25年间，阿提拉出现。他是匈奴内部出色的军事将领。他有着强大的军事力量，不但统治着匈奴，还把日耳曼部族纳入旗下。他掌控的帝国势力范围辽阔，凶悍的铁骑划定着美味的地盘，从莱茵河伸展到欧洲大平原，再一直延伸至中亚广大地区。尽管傲慢，但他还是经常派使节前往中国，企图建立同盟关系，巩固统治。他把大本营建在多瑙河东岸，《出使记》记载：在这片匈牙利平原上，他还接待过君士坦丁堡的使者普利斯克斯。他们的生活方式与本土蒙古族的有些不同，倒是与那些被驱逐的原始雅利安人非常相近：小屋或帐篷中住着一般市民，而部族首领档次高一点，在围栏的木屋中居住，有了较为固定的居住场所。他们在木屋里举行宴会活动，或饮酒作乐，或听吟游诗人说唱，生活悠闲洒脱。包括荷马史诗中的英雄人物，还有一些王公贵族，那些马其顿骑士，甚至是身处君士坦丁堡狄奥多西二世（阿卡丢之子），都喜欢在阿提拉自由自在的营帐生活，厌烦了那些没落颓废、充斥着繁文缛节的宫廷生活。

爱琴文明曾受到希腊人的冲击，同样地，罗马文明又开始遭殃了。在一个时期内，阿提拉率领游牧民族，打击了地中海地区的希腊。历史在一个更广阔的舞台上重演。对于生活方式来说，古希腊人是半农半牧人，而非是真正的游牧人。相比而言，匈奴人更喜欢游牧生活，在大草原上奔驰，四处掠夺，经常入侵别国。活跃的马上民族，不会被生活所束缚，他们从来都不会在哪个地方过着定居的生活。

骄傲的阿提拉将领，在狄奥多西国王的地盘上，也总是炫耀自己的势力。自信充斥着他的部队，他们开始大肆破坏掠劫，获得了足够的权势，就开始图谋君士坦丁堡。

据英国历史学家吉本（有史学巨著《罗马帝国衰亡史》）考证，阿提拉率领部队，摧毁了巴尔干半岛上70多座城市。狄奥多西恨透了这个破坏分子，用重金和贡品悬赏阿提拉的性命，未果后，还派刺客追杀他，但都没有成功。公元451年，阿提拉识时务地转移了入侵目标，对准了罗马帝国流行说拉丁语的地区。紧接着，匈奴人大举进军高卢，几乎洗劫了北高卢的全部城镇。这次的侵略目标转移，导致了罗马帝国的军队与法兰克人、西哥特人联合，一起对抗阿提拉。这个军事将领最终败在特鲁瓦，损失惨重。据多方估计，这场规模宏大的残酷战役，损耗了15万—30万多名战士，虽然没有侵占高卢，但他的强大的军事力量也没被完全摧毁。翌年，他重整旗鼓后，进军意大利。在这一途中继续肆无忌惮地抢掠，焚烧了沿途的帕多瓦和阿奎里亚，洗劫了米兰。

灾难让很多人流离失所，很多难民逃离意大利北部城镇，帕多瓦人逃到了亚得里亚海北端的潟湖岛上，建立了最初的威尼斯城邦。威尼斯在中世纪已经得到了发展，成为当时世界上最繁华的商贸中心之一。

精力旺盛的阿提拉，在公元453年爱上了一位年轻女人，他在自己的盛大婚宴后暴卒。群龙无首，他那掠夺成性的联盟迅速瓦解。独立的匈奴部族也因此在历史上消失，融入了周边人口众多的雅利安语系的各部族之中。匈奴人在这一路上声势浩大的侵略，加速了罗马帝国的最终灭亡。在阿提拉死后的二十年间，人们开始觊觎罗马帝国，旺达尔人和其他雇佣军团相继扶植了十位傀儡皇帝。最终在公元前455年，迦太基的旺达尔人攻陷罗马帝国。西罗马帝国灭亡是在公元476年，那个叫罗慕路斯·奥古斯的潘尼亚人皇帝，被一位雇佣军首领鄂多亚克废黜。西罗马帝国就这样不体面地完了。公元493年，罗马迎来了新的统治者，也就是哥特人狄奥多里克。

当时的欧洲极度混乱，与春秋战国时期的中国，状态有些相同。整个西欧和中欧地区的蛮族首领纷纷称王封侯，常常出现各自为政的混乱局面，他们掌控着领地的所有权，表面上向皇帝效忠。这种政治变动，冲击着语言文化。当时通用语仍是拉丁语，只是在西班牙、达契亚、意大利、高卢等地传播的过程中，被掺杂了一些当地土语；而在莱茵河东部地区和不列颠，常用日耳曼语，其中，波希米亚使用斯拉夫语系的捷克语。拉丁语虽然仍是官方语言，但是普及面很小，如果有人愿意学习拉丁文著作，必须请教那些高级神职人员和一小部分受过教育的人。那时，人们生活困苦，度日如年。当权者控制着财富，大量修建城堡扩充势力，公共事业受挫，交通道路破坏严重。公元6世纪初，整个西方世界在动荡不安的时代里，逐渐走向衰落，开始变得四分五裂，文化减退，到处都是黑暗的景象。幸亏当时还有基督教徒和修道士，仍然坚守拉丁文化，才使得伟大的文化没有随着历史灭亡。

繁华落尽，我们该去询问：罗马帝国为什么会崛起，又为什么消亡得如此彻底呢？在这里，我们可以做一个分析：一开始，罗马民众依靠公民权理念凝聚在 一起，这种力量促使罗马帝国强盛起来。从共和国扩张一直到帝国初期，罗马的多半百姓都非常看重罗马公民权，并认为是自身的权利和义务。罗马法律给了平民很多的权利，同样地，人们也愿意履行各种义务。那时，罗马帝国的律法，以公正和严明闻名于世。随着时间的推移，公民权念受到冲击，特别是在布匿战争期间，尽管此时公民权概念得到广泛传播，公民权最终随着财富的增加和奴隶制的蔓延，失去了本来的色彩，很多平民丧失了政治权利。

这种结局对罗马帝国来说是必然的，它毕竟只是一个非常初级的组织形式，本身并不完善：并且没有对公民灌输教育；国民日益增加，政府并没有向国民解释治国之道，民众也无权决策国家事务；媒体力量没有得到利用，民众集体活动没有得到新闻支持；民众没有共识，学校教育体系也不传播政治理念。那些军事家只顾着自己争权夺利的大业，没有工夫考虑民生的小事，从来不让公民参与帝国事务。公民权的概念已经消失，也无人问津，直到最后消亡，都没有花费太长时间。人类社会中所有帝国、国家、组织机构的维系，不都是依靠人们统一的意志和认识来维系吗？从根源来看，统一的公民理念是维系罗马国家的重要动力，这种意志的消失，必然预示着罗马帝国的灭亡。

公元5世纪，拉丁语系也随着罗马帝国最终走向衰落，罗马的名望和传统，却因为基督教有多半数人使用拉丁语得以流传。基督教会宣扬人类的意志和灵魂，追求人性，因而在西罗马帝国消亡后，依然存在。这个庞大的团体，有一套凝聚力量的方法，凭借书籍、教师和传教士，传播宗教理念，这种力量比任何法律和军团要大很多。这种神奇的文化紧跟时代潮流，基督教迅速发展，遍布整个欧洲，滚滚而逝的是公元四五世纪的神圣罗马帝国。基督教确实有强大的生命力，它能够在保护人性的前提下，完成军队无法胜任的使命。阿提拉准备进犯罗马，罗马教皇自愿出面，用纯粹道德的力量说服他打消入侵的念头，这是一次伟大的胜利。

自罗马衍生出的基督教，试图用宗教来维系帝国。罗马大主教，即罗马教皇，向着基督教会的最高领导人的位置前进，并且要拥有皇帝的称号和权力。他找到了最古老的皇帝称号，封自己为“大祭司长”，他成了罗马领土内主持祭祀的最高祭司。

第四十一章　萨桑帝国和拜占庭帝国的发展

希腊语系的东罗马帝国，比西罗马帝国更具有旺盛的政治活力。东罗马帝国在公元5世纪，没有随着西罗马帝国的瓦解而崩溃，它躲过了这场灾难。阿提拉率领匈奴军队，转过来就去抢夺狄奥多西二世的领土，对别国来说，也是极大的威胁。君士坦丁堡总归安然无恙，没有被阿提拉占领；努比亚军队顺着尼罗河向南进攻，洗劫了上埃及，但亚历山大城和下埃及没有受到太大的影响；萨桑王朝的波斯军队入侵小亚细亚，没有捞到什么好处，因为大部分地区抵抗住了外敌。

西罗马在公元6世纪，无比黑暗。这一时期，位于希腊的东罗马有了起色。公元527—565年间，出现了一位雄才伟略的统治者——查士丁尼一世，他娶了多才多艺的狄奥多拉为皇后。查士丁尼一世夺回了旺达尔人手中的北非，又夺回了哥特人手中的意大利的大部分，南部西班牙的统治权也被夺回了。他把大量的精力花费在海详和军事上，以此来巩固国防，并创办了大学；在君士坦丁堡建立了规模宏大的圣索菲亚大教堂，还组织编纂了罗马法典。为了更好地传播政府思想，提高自创大学的竞争力，他竟宣布关闭雅典的哲学院——这是一座从柏拉图时代就流传下来，有着千年历史的学府。

从公元3世纪开始，波斯帝国一直与拜占庭帝国对抗。两大国的纷争波及了小亚细亚、叙利亚和埃及，人民长期痛苦不堪。公元1世纪，这片土地还是人口众多，生活富裕，具有较高的文明水平。但是后来，这个地区的经济和文明逐渐走向衰落，战乱不断，人民承受极重的赋税，还有很多外族人进行杀戮抢劫。在破败不堪的城市里，零星地散居着一无所有的人民。在这动乱的过程中，大地毫无生气，只有埃及的境况似乎稍微好点。亚历山大城与君士坦丁堡一样，虽然贸易越来越不景气，但还是与东方来往。

频繁的战争，最终使两个帝国走向了衰落，科学和政治哲学得不到发展，甚至最终消亡了。最后，只有那些怀着强烈的求知欲望和无限敬意的雅典哲学家们，自始至终保护着古代的伟大文献，不过后来还是被查士丁尼一世取缔了。当时，在这种情况下，没有人能够继承这些体现自由探求和自由言论精神的文献，这是人类的一大损失。这一类人缺失，不全是自身原因，主要还是因为社会和政治的动荡不安。另外，还有一个原因是，拜占庭帝国和波斯帝国在这一时期严重排外，导致了人类知识的匮乏和混乱。两大帝国都采取了新的宗教形式，但是这些形式并没有做出多大的贡献，自由的人类心智活动受到一定程度的阻碍。

世界上任何一个古老帝国都有自己的宗教信仰，他们的生活要么以法力无边的神为中心，要么以权力至高无上的帝王为中心。他们把亚历山大大帝视为神；恺撒王朝的帝王们还建造了神庙祭坛，专门供奉他，人们对他们敬香的方式，也被视为对罗马帝国的效忠。但人们对那些古代的宗教各有各的想法。一个人，如果向神灵献祭了祭品，并行了大礼，那么他的心中所想不会受到什么权威的限制。基督教兴起后，关注人类内心世界的想法，对于信仰者来说，不单要遵守表面形式，更要求人们发自内心地理解。随之，这种唯心主义的宗教，引起了社会强烈的反响，众说纷纭。后来产生了“正教”，这是一个新的名词。正教的教规很严格，它不仅要用一整套教义框定人的行为，还要框定人的语言和思想。教会非常重视思想的传播，如果有人见解错误，还把这个错误的见解传给其他人，那这种错误就会有损人对上帝的信仰，这样一来，就不单是知识错误了，而是一种道德上的罪过。教会认为，犯这种错误的人的灵魂会下到万劫不复的境地。

教会不但影响普通的信众，还在皇权中发挥着作用。阿尔达希尔一世在公元2世纪建立了萨桑王朝；君士坦丁大帝在公元4世纪重振了罗马帝国。这些帝国的君主，终于发现了宗教团体是利用和控制民众意志的新途径，他们开始寻求宗教团体的帮助。早在公元4世纪结束之前，这两个帝国还无法接受宗教大肆蛊惑人心，所以它们就大肆打击宗教革新和言论自由。当阿尔达希尔在波斯发现了符合自己意图的宗教，它不但拥有自己的神殿和祭司，还有圣火仪式，于是他就认定这个古老的波斯宗教为国教，这就是索罗亚斯德教（亦称拜火教）。异教相争，基督教的信念触犯了拜火教的纯洁性，公元3世纪，拜火教开始迫害基督教。基督教也强烈反击摩尼教，于公元277年把摩尼教创始人摩尼活活钉死在十字架上，残忍地把他的尸身剥皮。而在君士坦丁堡，人们对那些不是基督教的异教徒赶尽杀绝。这些也主要是因为摩尼教的思想触犯了基督教的信念。这样一来，神灵也不能发挥它应有的作用，当时的人们就不会确信所有的宗教思想都是正确的。独立自由思想，不受外界干扰，简直就是幻想，科学得不到发展。在这样水火不相容的岁月中，科学变得黯然失色，失去了光芒。

这期间，拜占庭进入水深火热之中，战火使得民不聊生，邪恶的神学夹杂着人类的丑恶行径，又活跃在社会中。这样的生活，充满惊险传奇有着无限的刺激，但你却看不到美好和光明。北方蛮族势力强大，即便两大帝国结盟，也没有把握与这些狂野的民族相抗衡。北方蛮族侵犯两大帝国，但是入侵的架势一旦消退，波斯帝国和拜占庭帝国就会在小亚细亚和叙利亚挑起纷争，以显示大国的“魄力”。这些纷争除了干扰本地居民的生活外，并不能恢复帝国以往的繁荣。一些国家惧怕这些气势，开始走向联合，土耳其人，即鞑靼人，就忙于与其他国家联盟，完成领土的扩张。公元6世纪，查士丁尼开始对抗科斯洛埃斯一世，在公元7世纪初期，赫拉克利乌斯皇帝开始与科斯洛埃斯二世对峙。

科斯洛埃斯二世征服了安提阿、大马士革、耶路撒冷，后来，夺取了小亚细亚的加尔西顿，还打起了君士坦丁堡的主意，最后在公元619年征服了埃及。直到公元610年，赫拉克利乌斯登基后，科斯洛埃斯开始遭到反击。公元627年，赫拉克利乌斯乘胜追击，尽管当时在加尔西顿仍有波斯军队的驻防，他的军队还是在尼尼微战胜了波斯军队。公元628年，他的儿子卡瓦德废黜谋害了这个皇帝。这时，两个帝国都元气大伤，暂时性的和平出现了。

最终，波斯和拜占庭之间爆发了最后一场战役，但没人会想到，这场拖延不决的战争如何在沙漠上画上句号。

当赫拉克利乌斯在为恢复叙利亚的秩序忙碌时，他收到了一封奇特的信。人们最初把这封信送到大马士革南面，也就是位于波士特拉帝国前沿阵地，后来交到赫拉克利乌斯的手里。信中的文字是阿拉伯文字，这是一种难懂的闪米特语言。等皇上读这封信的时候，是很有可能请翻译解读信中的内容。写这封信的人自称是“神的先知穆罕默德”。他在信里提出自己的宗教信仰，并劝皇上要信奉唯一的真主，并做真主的仆人。我们无从得知皇上对此的回答，因为史料上没有记录。

卡瓦德在忒西丰也接到了同样内容的信，但是史料记载，他看完信后非常生气，不仅撕了信，还赶走了信使。

穆罕默德是贝都因部族的一个首领，他的军队本部设在麦地那，那是个不起眼的沙漠小镇，他还传播一种新的宗教，教义是，信仰“唯一的真主”。

他说：“主啊，既然如此，那就让卡瓦德也撕碎他的王国吧！”

第四十二章　中国的隋唐时代

从公元5世纪开始到公元8世纪的四百年间，蒙古民族一直在西征。阿提拉的匈奴部族，在这西进大军中只是先锋队。芬兰、爱沙尼亚、匈牙利和保加利亚等地，出现了蒙古人的定居场所，如今，那些说着类似土耳其语的后裔依旧繁衍；有些雅利安语系的土耳其民族，在保加利亚定居。蒙古游牧民族席卷而来，冲击着欧洲、波斯和印度的雅利安文明，在公元5世纪前，闪米特和爱琴文明也曾受到雅利安民族的冲击，但是这两次事件的波及程度相差不大。

土耳其人在中亚，也就是今天的西土耳其斯坦，巩固了地位。很多土耳其人在波斯，有的当上了官吏，有的当了雇佣兵。此时，帕提亚人不再横冲直撞了，他们开始吸收波斯的文化，逐步融进波斯人的大家庭。蒙古族取代了雅利安游牧民族。当时，土耳其人控制着从中国边境到里海的这片亚洲领土。

公元2世纪晚期，一场瘟疫冲击了罗马帝国，也削弱了中国的汉王朝的势力。于是，匈奴人不断入侵四分五裂的中国。人们同样在动荡不安的局势中度过，但中国并不像欧洲那样，长期萎靡不振，它的复兴非常迅速和全面。在公元6世纪结束前，中国就已经统一了。在拜占庭皇帝赫拉克利乌斯的统治时期，唐朝取代了隋朝，这也是中国的一个繁荣兴旺的新时期。

公元7—9世纪，中国各方面高度发展，让世界上很多文明国家都望尘莫及，同时羡慕着中国的安定。中国汉王朝注重领土的北部扩张，在隋、唐两代，文明已传到南方。当时中国的版图就已经有了今天的格局，并且在中亚，越过土耳其部族领地，一直延伸到波斯与里海，都是中国的边界。

重新崛起的中国大大不同于先前的汉王朝。它出现了一场伟大的诗歌复兴，诞生出一种更具活力的新兴的文学流派。此外，在佛教的普及下，人们的哲学和宗教思想发生了本质变化。在这一时期，社会各领域都有了突飞猛进的变化，其中最显著的是艺术创作、创作技巧等。人们开始注重品茶养生，还发明了纸和木板印刷术。此时欧洲和西亚的人丁迅速减少，人们生活水平明显极端化，有人住茅屋、有人在城墙高筑的城镇里居住，有人甚至匿藏在阴暗的山寨中；中国人却在有条理的秩序中，过着优雅体面、安宁稳定的生活；当神学占据西方人的心智时，中国人却是用新精神认识社会生活。

公元627年，唐朝的开国君主唐太宗登基，那一年，拜占庭皇帝赫拉克利乌斯正好战胜了尼尼微。据史料记载，当时，赫拉克利乌斯为了找到一个强大盟国，对抗波斯帝国，派使节到唐朝，并且受到了唐太宗的接见。波斯帝国则致力于传播宗教思想，在公元635年，中国境内出现了他们的基督教徒，并获准向唐太宗讲解《圣经》。唐太宗在翻阅《圣经》的中译本后，宣布接受这种异域宗教的思想，并准许在中国建造教堂和修道院。

到了公元628年，穆罕默德也曾派使者，从阿拉伯出发，顺着印度海岸千里迢迢到达广东，晋见唐太宗。唐太宗听取了使节们的介绍，对他们的宗教思想表现出了极大兴趣，态度与赫拉克利斯和卡瓦德完全不同，还帮助他们在广州修建了清真寺，据说，这是世界上留存至今的最古老的清真寺。

第四十三章　穆罕默德和伊斯兰教

了解了公元7世纪初期的世界形势，或许就会得出一个结论：蒙古民族在几个世纪后，将掌控欧亚大陆。当时，波斯帝国和拜占庭帝国彼此间仍然互相排挤，在西欧看不到有建立秩序或缔结联盟的迹象；而此时的印度国力下降，开始土崩瓦解；然而，中国的人口增长速度很快，似乎已经比欧洲人口的总和还要多，国力也逐渐昌盛，不断对外扩张；在中亚，崛起的土耳其人为了完成扩张之路，开始向中国取经。公元13世纪，蒙古大汗成吉思汗征服了从太平洋沿岸直到多瑙河的辽阔疆域；此外，土耳其历代王朝则统治着拜占庭、波斯帝国全境、埃及和印度的大部分地区。所以，预言不会完全落空。

不过上述预言，忽略了阿拉伯这个地区荒芜的沙漠地带（这里其实有着潜在的能量），并且低估了欧洲拉丁语区域的复兴力量。弱小游牧部族从远古时期，就把阿拉伯半岛当作避难所，躲避不断的纷争，也难怪会被忽略。虽然如此，千百年来，从来没有什么民族，可以在这里建立起他们的国家。

但后来，贝都因人突然崛起，逐渐壮大了一个世纪之久。他们开始传播自己的文化和语言，在从西班牙一直到中国边境的扩张中，也带来了世界上一种全新的文化。他们创造了一种活跃的宗教，迄今为止，这种宗教仍然存在。

穆罕默德是一位麦加城富商遗孀的年轻丈夫，他传播阿拉伯宗教，并逐渐为世人所知。穆罕默德在 40 岁之前，只对宗教论辩感兴趣，并不是很出名。那时的麦加被认为是异教城市，它虔诚地供奉着“麦加黑石”，那是一块在阿拉伯世界享有盛名的圣石。麦加对现在的朝圣者而言，仍是他们向往的圣地，但当时在阿拉伯半岛生活的大部分居民是犹太人，这个半岛南部地区的人们都信仰犹太教，还在叙利亚建立了基督教教堂。

像《圣经》里的希伯来先知那样，几百年之后，穆罕默德在 40 岁时获得了预言的本领。他先向妻子传述“唯一真主”的思想，后来传播善有善报、恶有恶报的理念。可以肯定的是，他的思想在很大程度上受到了基督教和犹太教的影响。他的身边跟随着一些信徒，和他一起在大街上布道，公开反对偶像崇拜的理论。但穆罕默德的行为受到了麦加市民的厌恶，不过这些市民也不愿意放弃这些朝圣者给麦加带来的繁荣昌盛。这些对穆罕默德来说，只会激励着自己更加旗帜鲜明地传授思想，他说耶稣基督和亚伯拉罕是自己的先行者，而他是被神灵挑选出的最后一位先知，完善宗教是他的使命，让他实现和完善宗教也是神灵的旨意。他也创作了很多自称是天使传授的诗歌，还声称自己做了一个奇异的梦：梦见自己被带上天国，接受上帝的耳提面命。

当穆罕默德的传教影响力不断壮大的同时，他的同胞们也对他产生了更大的敌意。幸而，穆罕默德在麦地那还有很多信徒，他和他忠实的朋友兼弟子艾卜·伯克尔，得知那些穆斯林同胞要迫害自己的消息后，迅速迁移到信奉他教义的麦地那，受到了麦地那人的友善对待。麦加和麦地那因此展开了战争。麦加在谈判后，承诺信奉“唯一的真主”，认为穆罕穆德是先知。不过那些真诚的朝圣者，仍然信仰“唯一的真主”，执意要去麦加朝圣。穆罕默德在没有打乱朝圣的秩序下，在麦加确立了“唯一真主”的地位。他终于在公元 629 年名正言顺地回到了麦加城，并成为麦加的君王。随后，他派遣使者晋见世界各地的统治者，主要来传播宗教思想，其中有卡瓦德、赫拉克利乌斯、唐太宗。

穆罕默德于公元632年辞世时，整个阿拉伯都属于他的统治范围。他凭借虔诚的宗教激情，口述了《古兰经》，那是一本有关伊斯兰教训喻和阐释的书。

穆罕默德向阿拉伯人灌输的伊斯兰教信仰，有着巨大的启示和能量。这种信仰总体来说包括三个方面：首先，毫不妥协的“一神论”，意思就是不能出现错综的神学，不能有其他信仰，必须相信真主的统治与真主的圣父身份。其次，发展成了全知性的宗教，他传教的思想为了杜绝血祭的死灰复燃，彻底摆脱了祭祀牧师和神庙。穆罕默德采取各种措施，防止人们在后事之后神化自己，在《古兰经》中明确规定，麦加朝圣是一种有限的仪式性活动。最后，伊斯兰教宣扬平等，点明所有的信徒不分人种、出身和地位，大家在真主面前都是肝胆相照的好兄弟。

伊斯兰教正是具有了这些特征，才在人类事务中成为一股有影响力的力量。

第四十四章 阿拉伯的文明

公元634年，拜占庭军队在亚莫克（约旦河支流）役中，一举被摧毁；赫拉克利乌斯国家因为皇帝染上了水肿病，又因为在波斯战争耗费了巨大的财力物力，元气大伤，他只能看着穆斯林军队轻易地夺得了刚刚征服的巴尔米拉、安条克、叙利亚、耶路撒冷以及其他一些地区，并且把伊斯兰教发展成为这些地区的大部分人的信仰。接着，波斯人在穆斯林军队掉头东进期间，拉士丹出了一位能干的大将，他拥有一支象军。他们在公元637年的卡迪西亚，和阿拉伯人进行厮杀，这场失败的战争持续了三天。本章起，将会讲这一场伟大的征服。

随后，穆斯林帝国在征服波斯帝国后，势力扩展到了西土耳其斯坦，征服了埃及，组建了一支舰队，并一直向东推进，抵达中国边境。这些坚信《古兰经》的征服者，对尚存的图书誊抄业也不放过，捣毁了亚历山大城图书馆，他们不允许征服地的思想肆意蔓延。这次的征服路程遥远，从非洲北部海岸一直延伸到直布罗陀海峡和西班牙。在公元710年，进入西班牙的入侵者，甚至来到了比利牛斯山脉。阿拉伯军队在公元732年向法国中部进军的步伐，永远停在了普瓦蒂一役，随后撤回比利牛斯山脉。但是这并不能阻止他们征服的欲望。这批人势力强大，甚至可以占领君士坦丁堡。在公元672—718年间，穆斯林军队还多次在海上攻击君士坦丁堡，但这座城市并没有想象中的那么容易到手，它最终抵挡住了穆斯林军队的攻击。

阿拉伯人在大马士革定都，有着广阔的领土，西至西班牙、东至中国，但是缺乏政治经验和政治才略，这个帝国注定好景不长。一开始，帝国的统一被不同宗教信条削弱，影响着帝国的稳定。但在这里主要探究的不是它政治上解体的原因，我们最关注的是，这个帝国对人类心智和共同的命运产生的影响。阿拉伯人在世界范围内传播文化，比 1000 年前希腊文化的传播更加迅速，势头更强劲。它也极大地激发了整个中国以西的世界人们的才智，促进了观念的推陈出新。

阿拉伯思想在波斯是较为新鲜活跃的，虽然受到拜火教、基督教和摩尼教的挑战，但还是继续蓬勃发展。它发现了保存在叙利亚和保存在希腊翻译文本中的希腊科学文献，在埃及发现了希腊文化；它还在一些地方，尤其是在西班牙，发现了犹太人活跃的思辨传统。此外，它还见识到了中亚的佛教，中国的物质文明也让他们惊讶，这让他们学习中国的造纸术，书籍的印刷成为一种可能；最后，它还接受并继承了印度的数学和哲学。

不久，这种活跃的思想，也导致人们开始丢弃对《古兰经》原先的狂热信仰。每个地方的学术活动，没有因为阿拉伯人的征服而消退，反而蓬勃发展起来。公元 8 世纪，西班牙科尔多瓦学校的学者们，常常通过书信与各地学者交流思想，如巴格达、布哈拉、开罗、撒马尔罕；犹太人也接纳了阿拉伯的思想，一个时期以来，这两个闪米特民族，说着阿拉伯语言，互相交流、互相合作，促进了文化的繁荣。即使是阿拉伯政权瓦解后很久，他们仍用阿拉伯语进行知识交流。在公元 13 世纪，这种交流方式已经创造出可观的成就。

这样，由希腊人开创的对事实进行系统积累和考证的一整套方法，随着闪米特人的惊人复兴而复活。亚里士多德和亚历山大城博物院最先提出这类方法，虽然历经多年的湮没，但是所幸它又重新开始萌芽、生长乃至结果。此外，还发展了医学、数学、物理学等。

当今通用的阿拉伯数字在当时已经流行起来，逐渐取代了烦琐的罗马数字，符号“0”也第一次得到了应用。现在习以为常的化学（chemistry）和代数（algebra）等名词就源于阿拉伯语；阿拉伯语的星座名称也延续至今，证明他们颇为了解天文学知识，出现了毕宿五（Aldebaran）、大陵五（Algol）和牧夫座（Bootes）等。他们的哲学也得到了长足的发展，中世纪的意大利、法国以及整个基督世界，都因阿拉伯哲学的注入而充满活力。

阿拉伯的实验化学家，在人们思想还未开化的时候，迷恋着炼金术，他们被人称为“炼金术士”，他们死守着自己的冶炼成果。一开始，他们就明白这项发现将为自己、为人类带来的影响。在实验的过程中，尽管他们没有实现“点石成金”和“长生不老药”的两项远大追求，却发明了很多具有价值的东西，掌握了很多技术，如染料、香料、蒸馏、合金、酊剂以及光学玻璃等冶金方法和工艺技术。“点金石”没有被人类发现，意想不到的事情发生了，人类在元素的转变中发现另一种新元素，给我们的世界和世界观带来了很大的变化；并没有什么长生药能使人寿命延长、返老还童，却还是给了人们很大的精神寄托。后来，基督教世界接受了阿拉伯的冶金术，而冶金术士坚持着那些费人心思、磨人心力的实验，那种坚持不懈的寻求精神，也因此成为世人学习的目标。于是，炼金术士才逐渐认识到了交流的好处，他们的活动渐渐演变成一种社会性协作。大家都清楚的是，最初的实验哲学家，其实就是最后一批冶炼术士在极其缓慢的变化过程中演变而成的。

在炼金术的过程中，本是为了人类的美好幻想，把贱金属变成黄金的“点金术”与“长生药”。不想，在此过程中，他们发现的却是近代实验科学方法，这种方法对人类掌握世界和自身命运有了很大的启迪，可以说是对人类的很大贡献。

第四十五章　拉丁语基督教的发展

我们必须注意到这一点：1000年前，雅利安语系民族掌控中国以西的文明世界，但在公元七八世纪，雅利安人的控制范围明显缩小。雅利安人不能抵抗蒙古人的掠夺，几乎失去了所有在亚洲的领地，此时，只有小亚细亚的拜占庭帝国还完好无损，外族已经控制了西班牙的绝大部分疆域和整个非洲。罗马帝国的辉煌记忆，只能在西方基督教牧师所使用的拉丁语中展现光彩，希腊城市也已失去了往日的繁荣，它的领域只剩下了以君士坦丁堡这个商贸城为中心的一小圈领地。而闪米特人经历了千年黑暗的岁月后，其文化传统在征服者湮没后，开始在历史上崭露头角，这和上述几个衰落的国家形成鲜明的对比。

但在北欧，日耳曼人的生命力没有随着国家的衰弱而走向枯竭。虽然有混乱的社会制度和政治思想，他们的势力只能在欧洲中部和西北部发挥作用，但他们仍存希望，在一种缓慢的过程中，最终会稳步地建立起一种全新的社会秩序，他们蓄势待发，在悄无声息中做好第二次辉煌的准备，力图打造一个比他们从前的疆域更庞大的帝国。

前面已经提过，公元6世纪，西欧中央政权瓦解，地方王侯各自为政，纷纷割据。但是这种动荡局面没有维持多久，合作与联盟的新体制在混乱中形成，这就是强权社会中的封建制度。迄今为止，欧洲生活依然留有封建制度的痕迹。个体在封建社会里，无论处身何地，总会缺乏安全感，希望得到保护和帮助，要以放弃部分自由为代价。他要找一个强有力的保护人，作为自己的主子，他为确保自己的私有财产，非常乐意向主子纳税，为主子服兵役；而他的主子为了寻求安全和保护，也会效忠更有权势的人；此外，城市为了得到便利的发展，也在寻求封建保护者；教会附庸着修道院。在大多数情况下，为了获得保护，被保护者在之前要起誓永远效忠。这套体制不仅自上而下发展，也自下而上发展，形成了一种金字塔状的制度。这种制度在不同的区域，存在很大的差异，起初，会发生很多暴力冲突和私斗，后来，一种新的秩序和法律终于形成。这种金字塔状制度，在封建制度前，就一直不断完善。公元6世纪的早期，克洛维在当今的荷兰、法国早已创立了法兰克王国，西哥特，后来又相继出现了伦巴底及哥特王国。

公元720年，穆斯林军队在穿过比利牛斯山脉时，发现了法兰克王国，这个王国实际上是被王宫总管大臣查理·马特操控，他是没落的克洛维王室后裔。公元732年，查理·马特在普瓦缔战役中，大败穆斯林军队，赢得了决定性的胜利。其实查理·马特是欧洲一带领地的统治者，阿尔卑斯山以北以及从比利牛斯山到匈牙利一带都是其统辖范围，他还控制着一批讲低地德语、高地德语、法兰西拉丁语的封建诸侯。他有一个不简单的儿子，名为丕平，丕平解决了克洛维王朝最后一位统治者，还夺取了他们的王国和称号。

公元768年，他的孙子查理曼继承王位，面对辽阔的统治王国，他多次试图恢复拉丁皇帝的称号。后来，在大举进攻北意大利获胜后，成为罗马的统治者。

从世界历史的宏观角度来看，纵然我们不是纯粹的民族主义历史学家，但还是能在欧洲的历史中清晰地发现，传统拉丁罗马帝国的专横压抑和带来的深重灾难。这一时期，那些人就像是患上了强迫症的精神错乱者。千百年来，欧洲人为了赢得虚幻的霸权，彼此交锋，斗得难分难解，为此，他们也付出了巨大的代价。纵观这一历史时期，欧洲人的心智被一种狂热的心理所吞噬。在查理大帝的身上可以看到，统治者的勃勃野心是相互争斗的一个重要原因。他的抱负是成为恺撒大帝，他把一个开化程度不同的封建日耳曼小国，发展成了查理曼王国。但王国在发展的过程却遇到了一个难题：莱茵河以西的很多日耳曼人不但会本土语言，还融合了各种拉丁化了的方言，变成了后来的法语；但在莱茵河以东，日耳曼民族的百姓几乎没有接触到其他方言，仍继续使用日耳曼语。征服者没办法打破语言的隔阂，不顺畅的交流影响民族凝聚力，分裂也就开始了。查里曼王国的儿子，根据法兰克王国传统，继承王位后，加快了领土分裂速度。因此，查理大帝之后的欧洲历史出现了一些变动，一方面，君主与王室为了争夺岌岌可危的王位、爵位、主教之位，以及欧洲城市的掌控权，多次发生争执；另一方面，日耳曼语系民族与法语民族，在混乱的局势中敌意进一步加深。那时，皇帝登基，都会有加冕典礼，在罗马城举行加冕仪式是他们最大的愿望，他们都希望尽一切办法占领这个破败但是又徒有其名的首府。

另外，欧洲混乱的第二个因素产生：罗马教会为了巩固势力，想让教皇做皇帝，不希望世俗的王子继承王位。罗马教皇早有此心，成了“大祭司长”；尽管没有军队，但仍掌握着日渐衰退的罗马城的大权；其实在整个拉丁语世界中，他至少拥有一个庞大的教士宣传体系；他虽然没有控制人的肉体的能力，但有一套思想操控人们的灵魂，他让人们相信通往天堂还是地狱的决定权在教会手中。因此，在整个中世纪，罗马教皇企图平分权利，掌控支配权，还出面调停，试图让王侯听从自己的指示，以成为至高无上的皇帝，他以基督教世界终极主宰者的身份出现在人们的面前，还摆出多副面孔，时常咄咄逼人，有时老谋深算，有时老态龙钟，人们很为接任教皇担心，虽然，平均任期不过两年，但他们很多人都已经是在坟墓边徘徊的人了。

但欧洲时局动荡，不单单是王侯之间的争夺、国王与教皇之间的对立，还有语系不同而产生的矛盾。当时有人宣称要掌控整个欧洲，他是希腊语系的查理曼国王。但在重振罗马帝国时，因为语系的不同，他复兴的只是拉丁语部分的罗马帝国。东西罗马帝国，在长期中不断地对立滋长，一个是希腊语系，一个是拉丁语系，其中他们的基督教徒之间有着非常敏感的矛盾。罗马教皇竭力抬高自己的身价，不但声称自己是基督教的最高首领，还美名为基督教第一圣徒圣·彼得的继承者。这样的言论，引来了君士坦丁堡的皇帝和主教们的不满，开始激烈争论关于“三位一体”信条的合理性。最终，在1054年，论战过后，统一的基督教宣布破裂，希腊语系教会与拉丁语系教会终于划清了界限，走向公开对立。但也正是这种敌对态势和其他矛盾，在中世纪，拉丁语基督教派衰落。

后来，四分五裂的基督教世界出现了三组对抗的势力。基督教并不能同化或教化那些生活在北海沿岸和波罗的海一带的残存北欧部族，这些人就是以海盗为生，雄踞海上的诺曼人，他们甚至在西班牙，肆意掠夺整个基督教势力海岸；他们还到达俄罗斯河流北部荒无人烟的中部地区，并在南部河流开辟航道；此外，他们还劫掠了黑海和里海。他们在俄罗斯的领域创建了公国，其实就是最初的俄罗斯人，这些诺曼系的俄罗斯人，差点占领了君士坦丁堡。9世纪的初期，英格兰还是一个低地日耳曼国家，信仰基督教，而埃格伯特是查理曼国王的学生和门客。后来，埃格伯特退位后，阿尔弗列德继承了王位，到了886年，诺曼人又抢走了阿尔弗烈德大王统治的英格兰一半的国土，最终在1016年，诺曼人在克努特的领导下，英格兰的疆土全部被占领。912年，诺曼人的另一支队，在罗尔夫的率领下，征服了法兰西北部，并修建了诺曼底公国。

克努特掌控着英格兰、挪威、丹麦这三个地方的大权。可惜的是，这个未开化的脆弱民族，在他死后，子嗣们肆意瓜分帝国，国家很快瓦解。设想诺曼人可以一直持续下去，历史又会怎样呢？这是耐人寻味的。诺曼人不畏惧恶劣自然环境，驾驶着大木船到过格陵兰岛和冰岛，充满了活力，成了第一批踏上美洲领域的欧洲人。后来，精力充沛的诺曼人不仅在撒拉森人那里夺回了西西里岛，也把罗马城洗劫一空。假设，克努特王国能发展得更壮大，它的势力范围可以横跨美洲和俄罗斯，也会发展成为一个海上强国。

斯拉夫和土耳其部族，长期混居在日耳曼人和拉丁化欧洲人的东部地区，其中公元八九世纪，西迁的马扎尔人（也叫匈牙利人），有着人口优势。

他们曾经受到查理大帝的统治，但是在查理大帝死后，就在当今的匈牙利境内定居，他们的同族祖先是匈奴人，他们像祖先一样喜欢肆意抢夺，在每年的夏季，经常去劫掠欧洲定居点。公元 938 年，他们长途跋涉，越过德意志，进军法兰西，穿过阿尔卑斯山抵达意大利北部，一路上烧杀抢掠后才打道回府。

最后，萨拉森人已经获得了大部分制海权，为了更多的利益，猛烈进攻位于南方的罗马帝国的残存势力。他们也敌视来自黑海的俄罗斯诺曼人和西面的诺曼人。

当时罗马帝国的生存环境为：一方面，好战强悍的部族虎视眈眈，危机四伏。查理曼和其后的野心家，不顾及这些因素，执意恢复神圣罗马帝国的名气，这不过是演绎了一场历史闹剧。查理曼大帝死后，西欧的政治生活一直低靡。而另一方面，罗马帝国的希腊部分势力衰弱，最后，君士坦丁堡作为商贸城市也没落了，只有周边几英里的领地。欧洲大陆的政治在查理曼死后的千年岁月里，一直没有什么新的进步，一派死寂的景象。

查理曼在欧洲的历史上名满天下，他本人的真实形象却不太清晰。据说，他虽然不会读、不会写，却非常尊崇知识，喜欢听人大声朗读书籍，还特别喜欢神学辩论。每年的冬天，为了获取更多的知识，他都会在爱克斯·拉·夏倍尔或美因兹的冬季行宫，欣然与一批学者进行探讨；到了夏季，他就开始做出征讨计划，研究以下这几个民族：马扎尔人、撒克逊人、撒拉森人、斯拉夫人以及其他尚未开化的日耳曼民族。他后来希望成为罗马皇帝，推断这个念头产生的时间，或许是占领罗密鲁斯·奥古斯之后，或许是在夺取北意大利之前，或许是受到了利奥三世的怂恿，这是个一心想把拉丁教会从君士坦丁堡脱离的狂热教皇。

当时在罗马，皇帝加冕是否由教皇出面的问题，导致教皇与准皇帝有非同寻常的交锋。公元 800 年的圣诞节，发生了一件出乎意料的事，罗马教皇在圣·彼得大教堂手持皇冠，戴在前来祭拜的查理曼的头上，并祝贺他成为奥古斯都和恺撒，就这样举行了加冕仪式。据说，查理很不满意教皇的做法，他觉得这只不过抢夺风头的一个场面把戏，观看的人群中响起热烈的掌声，虽然很大程度上是表示拥护，但查理曼却郁郁寡欢。于是，他给儿子一道密旨：皇冠只能是皇家的，教皇没有权力插手加冕一事，必须亲自加冕。教皇与皇帝在帝国复兴伊时，长期斗争就已经打响了。然而，父亲的教导无济于事，由于权力的落差，这个史称“神圣路易”的查理曼之子对罗马教皇言听计从。

德语系的法兰克人与法语系的法兰克人之间的矛盾一直存在，在“神圣路易”死后，他们的矛盾进一步加深，查理曼帝国也即告分裂。于是，奥托，一位号称“猎鸟人亨利”的人登上皇位，他是撒克逊人的儿子。公元919年，他被众人推选为德意志国王，出现在德意志王侯和主教的大会上。奥托的野心并没有停止，之后，他向南前进，抵达罗马城，公元962年，如愿登上了罗马皇位。11世纪初期，德意志统治者取代了这个撒克逊王朝。自从查理曼创立的加洛林王朝瓦解后，国家体制混乱，西部讲不同法兰西方言的封建王侯和贵族，不再臣服德意志皇帝，此外，英国开始脱离罗马帝国的疆域，其中包括法兰西国王、诺曼底大公，以及一些封建小诸侯。

987年，法兰西王国也脱离了加洛林王朝，休·卡佩掌握了政权，虽然只是统治着巴黎周边一圈狭小的领地，但他的子嗣，在13世纪，仍然控制着卡佩王朝。

1066年，英格兰几乎遭到了两股势力的进攻，他们是由诺曼底大公统率的拉丁诺曼人和由国王哈罗德·哈尔拉德率领的挪威诺曼人；英格兰国王哈罗德曼在斯坦福德击败挪威诺曼人，却被拉丁诺曼人在黑斯廷斯打败。英格兰在被诺曼人征服后，被迫离开了斯堪的纳维亚、条顿和俄罗斯人的阵营，此时，英格兰、法兰西接触增多，各种矛盾冲突加剧。在后来的四百年间，英格兰不顾耗费国力，开始卷进了法兰西封建王侯对抗冲突中，多次在法兰西战场厮杀。

第四十六章　十字军东征与教皇

不知道大家是否记得，《天方夜谭》里的诃伦·阿尔·拉西德，那人即是伊斯兰教的教皇。查理曼曾与他有过书信来往，也就是前面所提到的那封奇特的书信事件。据记载，巴格达当时已代替大马士革成为穆斯林的都城，诃伦·阿尔·拉希德在这个地方派使节奔赴罗马，并给查理曼送去了这几样东西：一座水钟、一头大象、一顶华丽的帐篷以及圣城的几把钥匙。这看似简单的几个物品却起到了一定的作用，特别是最后的一个礼物别有深意，它巧妙地挑拨了东罗马帝国和新兴的神圣罗马帝国之间的关系，为争夺耶路撒冷基督徒的真正保护，开始了一番斗争。

这些礼物展现了这样一个事实：9 世纪，当欧洲各国进行混战争夺地盘时，美索不达米亚和埃及产生的繁荣富足的阿拉伯帝国，文明程度胜于欧洲。在那里，艺术水平不但得到进一步提升，科学和文学领域也高度繁荣，活跃的精神促进了文明的发展，这些人们都没有被任何迷信和恐惧所玷污。令人惊奇的是，西班牙和北非的学术活动仍蓬勃发展，撒拉逊人极度混乱的统治，没有产生毁灭性影响。欧洲陷入了几个世纪的黑暗，阿拉伯国内，阿拉伯人和犹太人却在潜心阅读研究亚里士多德的著作。他们始终坚持维护哲学和科学的种子，不断呵护它的成长。

在哈里发统治区域的东北部，有一些狂热而淳朴的信仰者，他们很多都是土耳其居民。他们似乎也信仰伊斯兰教，比波斯人和阿拉伯人更加热衷宗教学问。阿拉伯帝国强盛一时，到了10世纪，国力渐弱，阿拉伯人面临土崩瓦解的危机，因此，土耳其人的势力范围不断扩大。土耳其人和哈里发帝国之间的关系与历史上的两个国家关系很类似，就像是14世纪以前的米提亚人与末代帝国的纷争。11世纪，塞尔柱土耳其人来到美索不达米亚，像很多入侵者一样，确立了一个哈里发傀儡君主，这些不过是为了更好地巩固统治，他们自己其实就是统治者。不但如此，他们还征服了亚美尼亚，打击了拜占庭在小亚细亚的残余势力；1071年，这一股土耳其人做足准备，开始了墨拉斯格德战役，彻底消灭了拜占庭帝国在亚洲的统治；最终，占领了君士坦丁堡隔海相望的尼西亚要塞。

土耳其人威名远扬，拜占庭帝国皇帝迈克尔七世，面对他们，只能束手就擒。在与诺曼人的战争中，他失去了拉索，不过，那些将领还是激烈地抵抗强行入侵的土耳其佩彻涅格人。后来身陷绝境的国王到处寻求帮助。他给拉丁基督教的首领、罗马教皇格雷哥里七世写了一封求援信，却没向西方皇帝求支援，这是应该注意的地方。他的继位者阿历克修斯·科·穆宁也是无能无力，只能更加急迫地向教皇乌尔班二世写求援信。

这些时间的发生背景是：拉丁和与希腊教会决裂了25年。期间，各种争执不断。罗马教皇只会庆幸拜占庭遭受的灾难，这样，教皇就获得了一个绝好的机会：拉丁教会的地位可以比希腊教会高很多。同时，由于另外两个使西方基督教界面临一些亟待解决的问题：首先是“私斗”风气猖獗，已经扰乱社会秩序；其次是战斗力的使用，低地日耳曼人和基督教化的北方人，特别是诺曼人和法兰克人兵力强盛，都希望能有用武之地。这些都需要教皇出面解决。于是，他决定反对入侵耶路撒冷的土耳其人，1095年，十字军远征便开始了，这是一场宗教战争。此外，教会很重视这场战争，不允许祸起萧墙，号召教徒结束基督教内部的一切战争。战争的目的是，一定要从异教徒手中收复圣城耶路撒冷。这是个正大光明的理由，得到很多人的狂热支持，彼得衣衫褴褛，用驴子驮着一副很大的十字架，宣传宗教思想，据说，他是位隐士。他还大胆地斥责土耳其人向基督教朝拜者的残忍行为，并声称基督教徒之外的人掌管圣城是种耻辱。这只是一个例子，千千万万的基督徒，在几个世纪里，掀起了西方整个基督教世界的热潮。

一种新现象由此产生：如果想在民众中产生强烈的反响，只需要一个单纯的观念。这种新现象，在历史上是从来没有出现过的，甚至在罗马帝国，在中国或印度，都是规模很小的运动，达不到强烈的反响。如犹太人为重新获得自由，团结一致，在巴比伦人的囚禁中采取一些行动，伊斯兰教徒在后来也曾表现团结精神。当然，这种些行为离不开新精神的倡导，那是在运动与传教的发展中所形成的。有很多拥有神迹的人劝勉人们信奉上帝，他们有耶稣和他的门徒，希伯来的先知们、摩尼以及穆罕默德。由于发展不全面，对人性没有深入理解，宗教一直以伪科学的面貌出现，并不能打动人心。古代的宗教活动很神秘，且有的很恐怖，祭司们在神庙里举行各种祭祀活动，把百姓看作奴隶，但新的宗教却不同，它使人成为自己，看重人之间的平等。

在人类历史上，以下犯上一直被认为是严重的事情，欧洲历史上第一次出现平民暴动，就是第一次十字军远征。这次暴动在一定程度上体现出了近代的民主。民主意识在此基础上兴起，冲击着各种社会和宗教问题。

然而，第一次民主运动空有一腔热血，却是很难有所作为的，它的结果自然是可悲可叹的。他们的军队由普通市民组成，其实算不上是军队，只能说是平民。热血冲昏了头，让圣城摆脱困境的理想鼓动着他们，没有等统帅和武器装备到来，便已经从莱茵兰、法国以及中欧地区向东进发了。这就是“人民十字军东征”。他们中有很多亟待解决的问题。他们甚至犯了一个天大的错误，宗教上的排他性，他们开始疯狂杀害马扎尔人，派两大队人马闯入匈牙利，因为他们理所当然地认为马扎尔人是异教徒，他们在知道马扎尔人不久前皈依了基督教的事实后，也受到了不小的惩罚，在后来，他们自己也遭到了屠杀。人民军队的弊端又促使他们做了错误的决定，第三队人在莱茵兰，同样糊里糊涂地屠杀犹太人，之后，在匈牙利东进时吃了大亏。隐士彼得的两支军队，越过博斯普鲁斯海峡准备到达君士坦丁堡，遭到了塞尔柱土耳其人的屠杀。欧洲第一次人民运动，就这样结束了。

第二年（1097 年），诺曼人作为真正战斗部队的领导者和主力，越过博斯普鲁斯海峡，占领了尼西亚。一年后，他们沿着亚历山大在 14 世纪以前的前进路线出发，攻陷了安提俄克。1099 年 6 月攻击耶路撒冷，激烈战争持续一个月以后，只留下惨绝人寰的屠杀场面，血迹能溅到骑马人的身上。7 月 15 日黄昏，十字军消灭一切抵抗力量，杀进圣城教堂。这些人不顾满身的血迹和疲惫，跪下来虔诚地祈祷，他们有的人都激动得哭了。

十字军东征不久，希腊人和拉丁人关于统治权力问题闹得不可开交，他们各有各的想法。耶路撒冷的希腊大主教认为拉丁人过于骄奢，尽管十字军是拉丁教会的仆从，但还是对拉丁人不满，宁可被土耳其人统治。在这种情况下，十字军实际上是同时与土耳其人和东罗马帝国作战。结果，拜占庭帝国大胜拉丁国，夺回了小亚细亚的大片土地，失败者只剩下了耶路撒冷和叙利亚的一些小国，这些地区成为拉丁人和土耳其人之间的缓冲地带，而最主要的城市是叙利亚的埃德萨。然而，1144 年，穆斯林占领艾德萨，他们最终失去了这些小国。为了夺取失地，第二次十字军东征又开始了，但这次东征是毫无意义的，没有取得什么进展，安提俄克没有被占领。1169 年，库尔德冒险家萨拉丁得到了埃及的统治权，决心打击基督教徒。公元 1187 年，他带领伊斯兰士兵夺回了耶路撒冷。这一举动引起了十字军第三次远征，然而，这次远征仍然失败，没有重获耶路撒冷。1202—1204 年间，又开展了第四次十字军东征，拉丁教会公开挑战希腊帝国。东征军从威尼斯出发，1204 年，依靠有利地理位置占领了君士坦丁堡。当时，威尼斯拥有拜占庭帝国的很多岛屿和海岸，是个很重要的关口。在佛朗德乐名为鲍德温的拉丁人，在君士坦丁堡被推选为皇帝后，希腊教会和拉丁教会又一次统一起来。这样，拉丁裔皇帝在 1204—1261 年间统治着君士坦丁堡，直到希腊人从罗马人的手中夺回自由为止。

10 世纪是北欧人的时代，历史上活跃着他们的影子；11 世纪处于优势地位的是塞尔柱土耳其人；12 —13 世纪的初期，是教皇最得意的统治时期。基督教界在教皇的统一领导下，取得了很多实用性的成就。

基督教信仰，在几个世纪里传播到欧洲的广大地区。但 10 世纪的教皇约翰十世和约翰十二世，他们的很多做法确实令人憎恶，给罗马教会抹了黑。但是，拉丁基督教教徒们没有受到多大的影响，他们仍然保持着淳朴和认真的身心，普通的修女和牧师过着规范和虔诚的生活，教会正是靠着这种力量存在。历史上很多伟大的教皇稳定着民心，著名的有格雷哥里大教皇，即格雷哥里一世（590—604 年），还有替查理曼戴上皇冠的利奥三世。

11 世纪的末期，希尔德布兰德，即教皇格雷哥里（1073—1085 年）成为伟大的政治家、圣职者。他的继承者是乌尔班二世，也就是发起第一次十字军东征的教皇（1087—1099 年）。这两位教皇不但控制着教权，还大大掌控着皇权，他们的权势盛极一时。这期间，很多地方的教皇都拥有至高无上的权力，无论是从挪威到西西里和耶路撒冷，还是从保加利亚到爱尔兰。皇权受到了很大的挑战，1176 年，弗里德里希（巴巴罗萨·弗里德里希）在威尼斯，跪向教皇亚历山大三世，并宣誓永远对他效忠。亨利四世皇帝曾在大雪天赤着脚，身着麻衣，在格雷哥里七世的逼迫下到卡诺萨请罪，在乡间城堡庭院的雪地里恭候了三天，才得到教皇的“宽恕”，得以保存皇位，教皇其实是名副其实的国家统治者。

11 世纪初，人们的良知和意志在教会的宣传下凸显出来，然而，臭名昭著的教会不注重提高道德威望。14 世纪初期，教皇的权威就已经不复存在了。我们可以探究普通百姓对基督教的信任降低，不再听从召唤，不再行使旨意的具体原因。

首先是教会贪敛财富。教徒为了赎买自己在尘世的罪恶，不吝啬把钱捐给上帝。教会得到了一些没有子女的老人交出的土地，通常这些遗嘱式的资产是比较丰盛的；大凡行过恶的人，也经常这样做。于是，教会贪婪地吸收欧洲四分之一的土地，并且想要更多的“意外之财”。13 世纪的时候，就流传了这样的说法：神父、牧师都是猎取金钱和遗产的贪财小人。

财产的转让扩充了教会的势力，对此，国王和王侯都极度厌恶，他们还发现，修道士和修女获得了那些维持着军事力量的封建领土。但实际上，外国人支配着这些土地。早在格雷哥里七世之前，王侯和教皇就开始争执，升职任命权的问题。倘若教皇掌控着任命权，那么国王不会希望教皇有这种权力，因为这一权力实际上是更多领地支配权的象征，也是树立对臣民威信的重要因素。此外，教徒们享有免税权，在平民向王侯交税时，他们还可以获取其中的十分之一，也就是很有名的“十一税”。

11 世纪，似乎所有拉丁基督教国家出现了同样一种情况：教皇往往能在与君主的争执中，获得圣职任命权的胜利。教皇宣布所有的权力和义务：有权解除臣民对王室的义务；有权承认王位继承人；有权将王侯驱逐出教会；有权开除某国家的教籍。那些被开除教籍的国家，也将同时失去宗教职权，但仍可以有洗礼、坚信礼和忏悔等行为。如果这些人中包括牧师的话，他们不仅不能主持日常宗教仪式和婚礼，还丧失了主持丧礼的权力。12 世纪，不管那些王侯对教皇如何不满，最终还是要顺服教皇。因为教皇拥有两件武器，那些难以驯服的民众通常会被威慑住。这种不同寻常的权力，滥用无益，所以只有在迫不得已的时候才能使用。然而，教皇们并不相信，因此这种权力最终失效。在 12 世纪的最后 30 年里，教会将苏格兰、英格兰以及法国的国王们逐出教籍。教皇们还利用十字军讨伐一些王侯，那是些不能容忍的怀有敌意的王族。因此，十字军精神最终走向灭亡。

罗马教会如果只是讨伐冒犯他们的王侯，仍去做一些笼络工作的话，或许对整个基督教世界的统治时间还会久一点。但教皇的这些权力，只不过使教会上上下下的人极度猖獗和傲慢。公元 11 世纪以前，罗马教士已经是人民的一部分，不但能通婚，也与四邻有着紧密的联系。这种状况持续到了格雷哥里七世，为了促进教士与罗马的联系，教士们都要保持单身。当然，这种举措使教会和普通百姓疏远了，他们之间有了一道裂痕。当时的教会还有一项特权：所有关联到神父、修道士、十字军、学生、孤儿、寡妇和无助之人的案件，都必须由教会法庭予以判决，教会有自己的法庭，此外，教会法庭还要处理那些涉及婚姻、遗嘱、誓约、异教、巫术以及亵渎的案子。教廷如果稍微公正点，就会得到人民的支持，但是倘若一个平民和教士有了冲突，教会法庭的判决必然会维护教士的利益。教士不管在和平年代，还是战争年代，都不用承担任何义务，这样义务就落在了平民百姓身上。裂痕逐渐加深，基督教徒对教士们的仇恨日渐增多。

罗马教会沉浸在权力之中无法自拔，似乎没有意识到潜在的裂痕问题，居然还对百姓施加压力，殊不知，正是因为老百姓的信仰，他们才有了至高无上的权力，他们用教条式的正统教义，压制百姓对某些问题的困惑和不满。虽然在遇到道德问题时，人民仍站在教会一边，但是涉及干预教义时，教会的飞扬跋扈让他们产生了质疑。教会还镇压各种“非正式”活动：法国南部的沃尔多教派，即使是号召人们恢复质朴的信仰和生活，也会受到干预；英诺森三世甚至再次用上了十字军，沃尔多教派遭到了极其残忍的镇压，烧杀掳掠后的场景就像是一场噩梦。在教会之外提到的主张，好像都是极其错误的。阿西尼的圣·方济各（1181—1226 年）呼吁人们过着俭朴的生活，并主张为别人服务，就像耶稣一样，在今天来说，这些是没什么问题的。但当时，按照亵渎的罪名，教会严厉惩罚方济各会的教徒，有的被迫害、监禁，有的被直接驱逐出境。1318 年，在马赛，活活烧死了四个方济各会的成员。做了这些还不够，他们又建起了一个迫害异教徒，迫害自由思想的机构，那是由英诺森三世大力支持的多明我会——由圣多明我（1170—1221 年）创办的残忍的正统教派。英诺森三世在多明我会的帮助下，建立了“宗教裁判所”，人们大受其苦。

后来，教会在权力欲望的怂恿下，不理会腐败现象，只是一味地摧毁一般市民的自由信仰，他们好像在自掘坟墓，因为教会的全部力量的根源正是基于这种自由信仰。我们可以从教会衰落的故事中明白这样一个道理：内政不修，其国必亡。

第四十七章　教皇的弊端和教会的分裂

罗马教会不但想立足基督教国家中，还希望永远处于核心地位，于是，教皇制定了选举制。罗马教会为此进行斗争时表现出极大的弱点。

强大、持久、稳固的方针政策是统一国家的必由之路。罗马教皇为了统一所有的基督教国家，保持国家和平的秩序，需要制定完备的政策，以此来实现教皇的野心。这些首先需要教皇才学过人；其次，教皇还要有知人善任的本领，他要寻求能施行教会各项政策的继承人；最后，教皇还要有一定的权威，明晰选举等重大活动的过程和形式，不能任意轻易变更也不容置疑。不过，这些方面罗马教皇好像一件也没有做到。他们专横到模糊了各项权利：教皇的任命似乎不再是投票选举的形式。在这个问题上，罗马帝国的皇帝和拜占庭帝国的皇帝，甚至也没有具体的发言权。但还是有教皇意识到了这些问题，事实证明，单是规范选举就已经很耗费精力了。教皇格雷哥里七世(1073—1085年)，即伟大的政治家兼教皇希尔德布兰德，花了很多时间，规定只有红衣主教拥有选举的权利，而皇帝只有例行批准教会公文决议的权限。他不再耗费心力，去规定继承人的选举问题。这却引发了一些问题，红衣主教们就争论下一任教皇的继承问题，事态得不到解决，教皇的位置空缺了一年多。

16世纪以前，教皇的选举出现了很多问题，我们可以看到那些模棱两可的规定的弊端。很早之前，在选举上就发生了争执，竟出现了多人声称自己是教皇的混乱现象。这时候，教会只做好一件事，请皇帝或别的局外的公证人来调解，虽然在他们看来是非常屈辱的，但也是没有办法的事。另外，教皇死后，也是一连串的问题，教会群龙无首，乱成一团。如果不幸，前任的冤家继承了教皇的职位，那么前人的功德就会受到大肆诋毁；有些继位者是坟墓边徘徊的垂暮老人，人们总是担心他们熬不过两年的任期，就会驾鹤西去。

教皇机构的这些弱点，也让外人有机可乘，德意志王侯、统治英格兰的诺曼系、法国国王以及法兰西系的国王们跃跃欲试，他们其实早就已经不满教会的行为。他们会想尽一切办法干预选举，试图选出自己人，他们开始在罗马拉特兰教堂争抢教皇的人选。教皇的地位，通过在欧洲事务中的权威来体现，这样一来，干预和争夺越发严重。在此种情况下，自然要选择资历颇深，博学多才的人统领教会，这也难怪会出现很多博学却老弱不堪的教皇了。

任何时候都不应该排除例外，这一时期英诺森三世（1198—1216 年在位），三十八岁就成了教皇，他精力充沛又非常有趣。有一个被称为“世界奇才”的皇帝弗里德里希二世，是另一位有趣的人，这两个有趣的人之间经常会发生激烈的斗争。年轻的教皇试图和罗马教会争权夺利，他最终却没有斗过那些老狐狸，王朝也被摧毁，这次争斗也是历史上的一个转折点。但是，罗马教会也没有好到哪里去，教皇的威望因为他而遭到了严重的破损，教会自身更加腐朽衰落。

德意志皇帝亨利六世成了西西里的国王，在 1198 年，他把四岁的儿子弗里德里希交给监护人，那就是英诺森三世教皇，这个孩子的母亲是西西里诺曼王罗杰一世的女儿。弗里德里希受到了很多人的影响，包括那些受过高等教育的阿拉伯人，这些人都是在诺曼人刚占领西西里后，留在宫廷里的东方人。毋庸置疑，他们都竭尽所能地去影响他教育他。这种氛围，让他可以更加明了地认识基督教和伊斯兰教，于是在双重教育里，弗里德里希学会了用穆斯林的观点观察基督教，还学会了用基督教的观点观察伊斯兰教的方法。在对比中，他发现了一个事实：所有的宗教都是骗人的，那些都是欺诈行为。那个时代，就算是皇帝也绝对没有这样的言论自由，观点一出，立刻引起社会哗然。他幸好是皇家贵族，在那个宗教信仰至上的年代，还能够完好无损。但是教会也不会轻易放过他，他们记载了他对这种观点公开宣扬悖教和亵渎神灵的言论，以示告诫。

长大成人以后，受到了英诺森三世越来越严格的要求，他和监护人的冲突和对立升级。弗里德里希继位时，教皇还以各种条件横加干涉，教皇让他必须在德意志摆平异教，教皇害怕他羽翼渐丰，让他必须放弃南意大利和西西里的疆域。这确实有些欺人太甚了，弗里德里希决定同意德意志的主教们免除各种赋税的要求，但并没有打算履行诺言。法兰西国王在法国的那场战争，血腥地镇压了沃尔多派，实际上是教皇为了自己的私利挑起来的。现在，他竟然想让弗里德里希在德国也挑起战争。但是，弗里德里希是个更激进的异教徒，他不是朴实虔诚的沃尔多派教徒，他完全没有镇压的热情，一直对教会敷衍了事。因此，虽然口头上答应英诺森三世，组织十字军向耶路撒冷进军，却迟迟不肯行动。

弗里德里希继位后，不喜欢德国，更喜欢西西里的生活，他在西西里居住。他就像是顽皮的学生，根本不去履行对英诺森三世所做的各种承诺。1216 年，曾经的监护人，英诺森三世教皇在愤懑中死去。

新教皇是霍诺里乌斯三世，仍然拿这位皇帝没辙。这对教皇来说是个不小的失败，后来，格雷哥里九世（1227 年）当上了教皇，决心驯服年轻的皇帝。首先是开除了弗里德里希二世的教籍，让他失去宗教权力。然而，这个受到双重教育影响的西西里王朝，并不把这些放在心上。接着，教皇还痛斥这个皇帝的悖教和种种罪行，他希望看到皇帝的窘态，写了一封公开信送到皇帝那里。后来，弗里德里希不动声色，趁着一次机会，向欧洲的所有王侯发送了自己写的公文，他在公文中明确讲到教皇和王侯之间的争端，也分析了教皇，不过是企图统治整个欧洲，还抨击了教皇的统治。他建议王侯们一定要联合起来抵抗教皇，并提醒王侯们对教会的财产要特别注意。

1228年，第六次十字军远征由此开始，弗里德里希实现了他12年前作出的承诺，他要奋力一搏。不过这次东征是一场闹剧。弗里德里希二世在埃及，会晤同样怀疑基督教的苏丹，并与他探讨国家大事，这次会谈非常融洽，他们彼此交换了相似的观点，签署了一个互利的商业协议，哈里发也同意将耶路撒冷交给弗里德里希。之所以说是闹剧，是因为他们的领袖是被开除教籍的人，这次十字军东征是一种新型的由私人交涉完成的远征，没有出现战场的厮杀场面，也没有取得巨大成效。这次十字军远征的行动是令人惊叹的，这个领袖，是自己走上圣坛拿到皇冠的，他的加冕礼也是纯粹世俗的，因此所有的教士都躲着他。还有教皇的军队趁机侵入意大利，他返回后，赶走了侵犯领地的教皇军队，还让教皇恢复他的教籍。当时的百姓看到王侯对教皇采取这样的举措后，不能认同这个疯狂的举动。

随后，弗里德里希又被开除了教籍，因为1239年，教皇格雷哥里九世又一次挑起与弗里德里希的斗争，严重损害教皇权威。他们之间的论战在英诺森四世继承了格雷哥里九世的位置时，还没有停息。弗里德里希早已看透了教会的嘴脸，于是，他又写了一封信，信中大肆抨击教皇的所作所为，大加斥责主教们的傲慢和违教行为，指出教士们的贪婪和骄奢，是贪污腐败现象的根源。他还对王侯提出了一个大胆的建议：要想重振教会名声，必须没收教会的所有财产。王侯们其实早就有了这样的想法，他们在考虑着这一建议的可行性。

弗里德里希的晚年生活，不需要再详细介绍了。他一生有意义的还是那些日常生活，如果将他在西西里的王宫中的生活片段拼凑在一块，就可见一斑了。他可以说是位绅士，他喜欢一切美丽的东西，讲究生活方式，但还是有人说他放荡不羁。环境把他培养成了好奇心强的人，他本身也是一个喜欢探究的人。他对文学艺术还是有相当大的贡献的。他在宫廷里召集犹太教、基督教以及穆斯林的哲学家，不仅满足了自己的好奇心，还同时影响了后来的各种学科的发展；他还试图用撒拉森的文化去影响意大利人的心智；他引见的阿拉伯数字和代数，也有利于基督教学者研究。其中被召集的哲学家中，做出重要贡献的是一位叫麦克尔·斯科特的哲学家，他辛勤翻译亚里士多德的很多著作，阿拉伯哲学家阿韦芳埃斯（科尔瓦多人）也评价了这些著作，斯科特也翻译了这些。1224 年，弗里德里希帮助创建那不勒斯大学，还扩大了勒诺大学（最古老的大学之一）的医学院。他开办了一个动物园，观察动物的习性。他曾细致地观察过鸟类生活，在一本留下的关于放鹰的书中可以看出。此外，他还热衷写诗歌，他的兴趣实在是太广泛了，他是最早一批用意大利文写诗歌的意大利人之一，可以说，他的宫廷是意大利诗歌的发源地。他的知识在今天看来仍是超然的，有人称他 为"第一个近代人"，这一称号恰当且没有偏见。

教皇的权力在当时就已经衰落了，不排除弗里德里希对各诸侯的宣传，法国国王的权力日渐增长，与教皇发生冲突，教皇的权力开始急剧下降。德意志在弗里德里希二世在位的时候，已陷入分裂。皇权上升之后，反而支持教皇，他们也希望自己成为教皇，法国国王继霍亨施陶芬朝都是这样做的。法兰西君主也获得了好几代教皇的支持。 在罗马的支持和帮助下，法国亲王们建立了西西里和那不勒斯王国，或许恢复查理曼帝国也不会遥遥无期。在德意志，霍亨施陶芬朝的末代皇帝弗里德里希逝世后，没有继承者，1273 年，推选哈布斯堡家族的鲁道夫为皇帝，结束了虚君时代。这些地区还是要看教皇脸色行事，在后来拉特兰宫执政期间，可以看到政策在德法之间的摇摆不定，他们以相继任职的各教皇的好恶为转移。在东方，1261 年，迈克尔·帕莱奥洛古斯—迈克尔八世，从拉丁皇帝那里夺回君士坦丁堡，这个新王朝的缔造者就是希腊人。他也是厌恶教皇的，多次假意和教皇和解后，彻底脱离罗马教皇。教皇占优势的王国开始没落，伴随着亚洲拉丁各个王国的陷落，教皇在东方的势力也渐渐消退了。

意大利人博尼法斯八世于 1294 年成为新一任的教皇，他深深敌视法国。他曾一度独断专行，继承着罗马的传统。他在 1300 年主持了一个表面看起来很隆重的庆典，在罗马聚集了很多朝圣者。"流入教皇财库的金钱如此之多，他的两个助手只能用耙子来收集圣彼得墓上堆积的献礼。"但是这点小辉煌，只是表面现象，其开始演绎西方的"螳螂捕蝉，黄雀在后"。1302 年，博尼法斯就和法国国王发生了冲突，抓住了法国国王，准备开除他的教籍，此时，他在自己的阿纳尼宫殿里，却不经意间被纪尧姆·德·诺加雷逮捕了。年老的教皇，永远不会忘记这次战争，此时的他捧着十字架躺在床上，无奈地被冲进宫殿的法国代理人大肆地威胁和侮辱，直到过了大约一两天，教皇才被允许返回罗马。待到阿西尼家族入侵时，教皇再次遭到逮捕，又一次沦为阶下囚。虽然知识渊博，但这样的老年人也经不起这样的刺激，过了几周，教皇在惊吓和幻想破灭中去世了。

这位老人还是该庆幸的，毕竟阿纳尼人也算是为他报了仇。阿纳尼是教皇的故乡，这总还是一种骄傲，这里的人民十分憎恨诺加雷侮辱教皇的暴行，于是他们起来反抗并释放了博尼法斯。但在法国，人们同意他们的国王，肆意侮辱基督教国王。法国的三级会议，就是那种有贵族、教会和平民参与的会议，在国王采取行动前就表示了赞成。意大利、德意志以及英格兰的人们对随意处理这个教皇都没有异议。这也反映出一个现象：人们对基督教的观念已经完全失去了信心。

在 14 世纪，罗马教廷道德败坏，威严丧失，也得不到人们道义上的支持。克勒芒五世在博尼法斯八世死后成为教皇，由法国国王菲利普选定的法国人。由于未曾去过罗马，他把教廷设在阿维尼翁镇。虽然这个镇属于法国的领地，却不属于法国管制，属于罗马教皇教区，后面的几任教皇也全在这里居住。到了 1377 年，格雷哥里十一世当上教皇，教廷搬到了罗马梵蒂冈宫。1378 年，格雷哥里十一世去世，继承人由于是意大利人乌尔班六世，而红衣主教大部分人是法国人，红衣主教凭借在阿维尼翁的势力，否认这位教皇的合法性。历史上的“教皇分裂”形成了，红衣主教另选克勒芒七世为教皇，并让他和罗马教皇对抗。教皇也得到了神圣罗马帝国、英格兰、匈牙利、波兰和欧洲北部诸国君王的拥护，因为他们想借此反对法兰西的势力。一股势力的形成，往往会带动另一股势力的形成。为了与这些人对抗，法国国王及同盟者苏格兰国王、葡萄牙、西班牙以及部分德意志王侯，支持居住在阿维尼翁的教皇。两边的教皇都把对方的信徒开除出教，并诅咒他们。

两边的闹剧，也让欧洲人民开始为自己去思考宗教问题。

基督教中崛起了很多新兴的宗教，其中上述提到的多明我会和方济各会是代表。他们都遭到了教皇疯狂的进攻，因为这些教派站在自己的角度反对或者支持教会，虽然如此，教会为了利用这些淳朴的教徒，还是教化方济各会和多名我会。对于那些思想较为活跃的新兴教派来说，没有这么幸运，教会表明消灭和批评的态度。教会也会想办法拘禁那些"顽固"的教派头目。牛津大学教士威克利夫（1320—1384 年），召集贫苦的牧师，成立了威克利夫派，并在英格兰的大街小巷传授他的观念，多次直言不讳地批评教会的无知和腐败。为了让人们认清教会的败坏，他把《圣经》译成了英文。圣多名我派和圣方济各太过于质朴了，威克里夫却是有超强感染力的领导者，因为他有足够的能力和学问。无论是在下层还是在上层，他都有很多的教徒和支持者。虽然罗马教会痛恨他，并下令拘禁他，可他到去世时都还是一个自由人。

天主教会是不会原谅这个已经进入坟墓的人，教会中腐朽、邪恶的势力，开始动他尸骨的主意，让他死后不得安宁。1415 年，康士坦茨宗教会议的一项条约规定，这些反叛者即使生前没有受到火刑，死后也免除不了。1428 年，弗莱明主教根据罗马教皇马丁五世的命令，焚烧了他的尸骸。这是教会的一个权力，也是一种正式活动，惩罚任何亵渎神灵的人。

第四十八章　蒙古人的兴起和武力

13世纪，当时的欧洲忙于统一所有的基督教国家，为教皇的统治问题，进行了很多莫名奇妙却没有成效的斗争，而与此同时的亚洲，却发生了一些更为重大的历史事件。鞑靼人突然崛起，他们由中国的北部开始疯狂扩张，这些鞑靼人就是蒙古各部。13世纪初期，蒙古民族还是马背上的游牧民族，生活方式接近他们的祖先匈奴人，以肉和马奶为主食，住在毛毡帐篷里。他们曾被汉民族击败，虽然他们早已从中国的统治下挣脱出来，把大本营建在蒙古的喀嚓昆仑，但还是会寻求军事同盟，他们找到了数量众多的土耳其各部落。

当时的中国，也经历了一系列的分裂。10世纪，唐朝由盛转衰，中国剩下了三个主要的国家：南方的宋朝（首都在杭州）、北方的金国（中都大兴府）以及中部的西夏。1214年，蒙古人在成吉思汗的领导下进军金国，并占领了北京。他还把目标转向了国外，西移占领了土耳其斯坦的西部、亚美尼亚、印度、波斯，又带领蒙古族攻陷了拉古尔和俄国南部以及匈牙利和西里西亚。他为子孙留下了疆域广阔的河山，那是一个从太平洋一直到第聂伯河的大帝国。

后来，窝阔台汗继承王位后，继续征战，成效相当显著。为了实施征服计划，他的军队训练有素、装配精良，还把中国人发明的火药用到了战场上，冷兵器无论如何也阻挡不了这些野战炮。金国的彻底臣服，满足了其一点虚荣心，亚洲又很快被扫平，自信心高涨，迅速进军俄国(1235年)，在1240年，摧毁基辅，占领俄国。此外，波兰也受到了殃及。1241年，窝阔台汗轻而易举地拿下波兰和日耳曼民族，以至于我们怀疑，在下西里西亚的利埃格尼兹战役中，皇帝弗里德里希六世没有进行多少抵抗。

事实当然不是这样，没有一个有尊严的民族能忍受异族的蹂躏。伯里在注释吉本所著的《罗马帝国衰亡史》中做出了解释："尽管很多人主观认为，蒙古族是野蛮且粗俗的游牧民族，他们在战争的胜利，纯属于数量上的优势，否认他们的战略，这种庸俗的见解都是不可取的。1241年春天，蒙古军队蹂躏了波兰，占领了匈牙利，欧洲历史就应该懂得：他们不单单靠数量的优势，还因为有完善的战略。"

"蒙古族指挥官部署得当，从维斯瓦河下游伸展到特兰西瓦尼亚的军事行动中，获得了很大的优势，命令得到有效的贯彻执行，这着实让人感到震惊。欧洲任何一个指挥官都要瞠目结舌了，在这场战役中，他们也不得不承认：蒙古族强大和精湛的军队，超越了当时任何一个欧洲军队的作战能力。欧洲的那些将领，无论是弗里德里希二世本人，还是他的麾下，都没有一个将军能在战略上与窝阔台相提并论，他们都显得幼稚和浅薄。此外，轻敌也是他们致命的弱点。其实，蒙古民族不会像欧洲人那样认为的头脑发热，他们在发动战争前，已经充分了解了匈牙利和波兰的政治情况。组织极好的密探系统为他们提供敌方的准确情报。但匈牙利人和基督教诸国就像一个幼稚的野蛮民族，对敌人的情况几乎一无所知。"

蒙古人的战术确实是相当厉害的，但他们不会刚愎自用。在利埃格尼兹获胜以后，当他们发现前方是森林和丘陵地带时，放弃了西进，这种地形不能为战马提供足够活动场地，他们知道自己战术的局限。他们把目标掉转南方，准备又一轮的杀戮和同化。因为当年马扎尔人同化和杀戮他们以前的斯基台人、阿瓦尔人以及匈奴人的混血后裔，他们打算在匈牙利安顿，决心同化或杀戮马扎尔人。按照这个路线，他们将会从匈牙利平原出发，或许他们会侵袭西方和南方，9世纪的匈牙利人、7世纪和8世纪的阿瓦尔人以及5世纪的匈奴人都是那样做的。不过意外发生了，1242年窝阔台突然死亡，继承问题引起了一些混乱，战无不胜的蒙古军团被召回，他们经过罗马和匈牙利，返回东方。

此后，蒙古民族把心思放在了亚洲，在13世纪中期征服了中国宋朝。1251年，继窝阔台后，产生了新大汗，他就是蒙哥汗，弟弟忽必烈掌管中国事务。1280年，忽必烈正式成为中国皇帝，国号为元。元朝的统治一直延续到1368年。元朝统治基本稳定，消灭了宋朝的残余力量后，蒙古族又向国外发起战争。蒙哥汗的另一个弟弟旭烈兀，在此期间向波斯和叙利亚进军。蒙古人不想对伊斯兰教徒花费太多心思，他们直截了当的做法展现出野蛮暴力的一面。他们占领巴格达后开始大肆屠杀，不仅如此，他们还破坏了苏美尔族人的灌溉系统，那是美索不达米亚平原人丁兴旺、繁荣昌盛的源泉。这个举动，导致美索不达米亚平原变成了荒芜之地，到处都是废墟和沙漠，至今仍罕见人烟。旭烈兀部队继续前进，试图征服埃及，但是1260年在巴勒斯坦受阻。埃及苏丹击垮了这支外来入侵的部队。

蒙古人在此战败后，势力消散，又由于信仰不同，蒙哥汗的疆域分裂成若干个国家。东部蒙古人非常信奉佛教，与中国人相似，但西方的蒙古人则信仰伊斯兰教。他们在中国的统治维持到了1368年，明朝取代了元朝，延续到1644年。那些在西伯利亚大草原居住的俄国人，在被蒙古人征服后，一直向鞑靼游牧部落进贡，1480年，俄国大公拒绝对他们臣服，为近代俄国的建立奠定了基础。

14世纪，成吉思汗的后代帖木儿，在土耳其斯坦西部，建立自己的国家，1369年，自封为“大汗”，蒙古族在这期间恢复了活力。他继续征服，破坏力不逊于他的蒙古族先人，从叙利亚一直扩张到德里。他去世以后，他的帝国也随之结束。但是他的后代并没有放弃征服欲望。帖木儿的后代，巴布在1505年，组织一支枪炮武装军队扫荡印度平原。1556—1605年间，其孙阿克巴（1556—1605年）征服了印度，建立了王朝，定都德里。这个被阿拉伯人称为“莫卧儿王朝”的蒙古人王朝，几乎统治着整个印度，一直延续到18世纪。

13世纪，蒙古人不但征服异族，还驱赶原著居民。他们将土耳其部落的一支奥斯曼土耳其人，从土耳其斯坦驱逐到了小亚细亚。这个部落在小亚细亚或许是沿袭了蒙古人的习性，他们在巩固并扩展自己的领域范围后，经过达达尼尔海峡，侵略了马其顿王国、保加利亚和塞尔维亚。君士坦丁堡周围的疆域，最后也被攻下了，君士坦丁堡变成了一座“孤岛”。但这个孤岛，也没维持多长时间，1453年，奥斯曼苏丹穆罕默德二世，从欧洲方面发起进攻，占领了君士坦丁堡。欧洲人无能为力，十字军的时代毕竟已经过去了。

16世纪，奥斯曼的苏丹们不仅征服了匈牙利、埃及、巴格达以及北非的大部分地区，而且提高了海上权威，在地中海上称霸。他们进逼维也纳，强迫罗马皇帝进贡。15世纪，基督教国家的统治一直低靡，只有两件事可以稍稍振奋人心，首先，1480年，莫斯科公国复兴并恢复了独立；其次，基督徒重新夺回了西班牙。1492年，阿拉贡国王裴迪南和王后——伊萨贝拉，得到了西班牙半岛最后一个穆斯林国家格林纳。在随后的1571年勒潘多海战中，基督教徒痛击奥斯曼人，夺回了地中海统治权。

第四十九章　欧洲人的理性复苏

12 世纪，欧洲人活跃的性格，为他们开拓知识层面。人们开始理性研究希腊早期的科学，还继续学习意大利人卢克莱修那种沉思的想法。这是一种理性的复兴，它的产生有一个重要前提：人们思想上受到了一种刺激，那些处于局部征战管制和多次远征的人们，向往十字军东征以后安宁和舒适的生活。商业发展，贸易渐繁，城市恢复了昔日的安逸和悠闲，教育普及。13 世纪和 14 世纪，很多国家有重获独立权，发展准独立城市的时机。这些国家有伦敦、威尼斯、安特卫普、汉堡、维斯比、纽伦堡、巴黎，以及诺夫哥罗、卑尔根、布鲁日等。这些城市都具有一个显著特点，都风景宜人，贸易兴盛，适合旅游、讨论、交易和思考。教育的普及，已经不能消除人们对教会的质疑，他们痛斥教皇与王侯之间的争夺、迫害教徒的野蛮行为，市民开始怀疑教会的权威，质疑和探讨一些基本事实。

阿拉伯人在弗里德里希时期，就在宫殿召集一大批哲学家，探究亚里士多德的著作；弗里德里希二世还传播了阿拉伯科学和哲学，对顽固的欧洲人影响很大。然而，犹太人没有享受到这种机会，他们的存在本身就质疑教皇的权威，这确实值得反思。另外，人们迷恋冶金术，这些神秘的研究也激发了人们去从事那些隐秘、细微、富有成效实验科学的研究。

此时，人们的精神开始觉醒，不仅是那些独立和受过良好教育的知识分子，就连普通人也开始有觉醒的念头。正直的上帝和个人良知，让人们追捧基督教，基督教义抵消了那些传教士的宗教迫害。这样，人们思想的萌动，自会有勇气向高级教士、宗教信条以及王侯，作出一番自己的见解。

11世纪，欧洲再次讨论哲学。许多发展迅速的优秀大学崛起，在巴黎、牛津博洛尼亚和其他中心城市都看到了学术盎然的景象。到了中世纪，“经院哲学家”复兴，人们对某些概念的意义和价值提出了一系列的疑问，讨论产生了一些效果，这为科学时代奠定了一些基础，人们将有望理性地看清世界。“科学实验之父”罗杰·培根（1210—1293年）是牛津大学方济各派的修士，在人类历史上他有着十分重要的地位，仅次于亚里士多德，他作出了很大的贡献。

他清醒地看到了那些无知的人和无知行为，并提出时代的无知，作品里也猛烈抨击那些愚昧的思想，这在当时来说真是个大胆的想法。当今，人们有了言论自由，可以任意表达对世界的看法：这个世界庄严，或说这个世界愚蠢；世界的人们都太过笨拙、幼稚，一切教条都是天真的假设等。然而，在中世纪生活的人们，不管是害怕被屠杀，被饿死，害怕死于瘟疫的人，还是虔诚者，都会说自己的信仰是十全十美的，并且还会憎恨批判他们信仰的人。罗杰·培根就是看到了这种现象，无畏地发表自己的著作，强烈地抨击当时的无知，启示增加人类知识。他身上有亚里士多德的精神，他也提出：必须要有意识地积累知识，必须进行科学实验。罗杰·培根反复倡导的主题就是“实验，再实验”。

罗杰·培根身上虽说有亚里士多德精神，但他还是明确批评那些一味钻研大师著作的人们。当时唯一能找到的这位大师的作品，是极其恶劣的拉丁文译本。他认为在家钻研这些恶劣文字翻译的书籍，是逃避现实的行为。他用措辞激烈的笔调写道：“读这些书只是在浪费我们的时间，得到的只会是荒谬的结论和无知，如果我有权利，我会烧毁亚里士多德所有不堪的书籍。”人们只不过是因为亚里士多德的名声而去崇拜他，并不是在潜心地阅读那些有思想的文章 。罗杰·培根指出，这样那样的译文，扭曲了大师的智慧结晶。倘若亚里士多德复活，他也不会希望这些事发生，而去赞成罗杰·培根的说法。

罗杰·培根并没有直接表露自己的真意，他只是在表面上与正统一致。面对人们的无知，他还是言辞恳切地倡导：“清醒地看看这个世界吧，不要再受教条和权威的控制了。”他总结出无知的五大来源：过分尊崇权威、墨守成规、百姓的无知、人类的虚伪傲慢、不肯受教育的劣根性。他严厉抨击可怕的无知，指出必须抛弃这些行为，创造一个充满力量的世界，“拿远洋航行来说，新的航行机器可能会更便捷，取代人类笨拙的手划时代，个人就能轻而易举地在海洋航行。此外，或许会出现一个新型生活必需品，就像古人在作战时用的上面装有镰刀的战车一样，将会出现有动力的车子，淘汰畜力拉车。人们可能在天空像鸟一样来去自如，会出现某种飞行机器，个人操纵机关，就能展翅高飞”。

人们在三个世纪以后，才认识到罗杰·培根的超越性，人们开始按照他的思路，真正去进行某种系统的尝试。在今天看来，我们不得不承认，罗杰·培根思想认识的巨大价值。他开启了拥有巨大能量和利益的世界，让人们能够在纷繁事务中，享受不一样的服务。

阿拉伯人不但在哲学和冶金术上，激励基督教，还把造纸术传播给他们。造纸术的出现让文化的广泛传播产生了可能，这也是欧洲理性复活的前提条件。阿拉伯人也是向中国人学习的造纸术，中国人在公元前 2 世纪，已经开始使用纸张了。后来，阿拉伯人学会并使用中国的造纸术，自 9 世纪以来，阿拉伯手写的纸稿至今仍然保存。后来，基督教国家也掌握了造纸术，或许是向希腊学习，或是在基督教徒收复西班牙时，看到了摩尔人的造纸作坊的可利用性。然而，并不是每个地方的纸张都能发挥充分的作用，在西班牙，自大的基督教徒，管制纸的发展，使纸的质量下降了。13 世纪末期，欧洲的基督教才制造出质量较好的纸。后来意大利的造纸技术越来越好。德意志在 14 世纪拥有了造纸技术，在 14 世纪末期，商人看到了纸张市场的远大前景，使印刷书籍演变成一种职业，人们也买到了很多高质量并且廉价的纸张。印刷术得到了发展。此后，这项伟大的发明，让世界范围内的知识进入了一个新的更具活力的时期。人们可以自己阅读书籍，自己产生见解，不需要听从别人的解读了，这全依靠这一便利的媒介。

我们可以从两个方面看到印刷术的广泛传播：其一是全世界的人们可以阅读多种版本的《圣经》；其二是学校的教科书便宜很多。大量书籍带动知识迅速地传播开来。书籍不仅在数量上增多，而且内容质量也有所提高，人们可以更清楚地阅读。读者不用把时间花费在辨认模糊的字迹上，可以更好地一边阅读一边思考。读者越来越多，阅读书籍已经成了一种习惯，人们是真正地想要掌握知识，不再把书籍当成华丽的装饰品，也不再认为读书是学者的专利。学者也开始用普通语言写书，为了使普通人也能看明白，他们不再使用拉丁文了。14 世纪，是欧洲文学的萌芽时期。主要依靠的是阿拉伯人的贡献。

欧洲的复兴，不能只提到阿拉伯人所做的贡献，还要看看蒙古人的远征带来的影响。蒙古人在欧洲大肆扩张的行为，使欧洲人在地理方面有了很大启发。在大汗的统治下，西欧和亚洲的人们能公开来往，各国的使节得到允许后，在畅通的道路上来往，与喀喇昆仑的宫廷探讨知识。亚欧之间不再因为伊斯兰教和基督教的宗教宿怨，而互不往来。罗马教廷也急切地希望，彪悍的蒙古人能皈依基督教，他们试图把宗教思想灌输到蒙古人的头脑。但是，他们的想法过于单纯了，当时蒙古人唯一的宗教是萨满教。这是亚欧往来较为频繁的时期，蒙古人的宫廷会集了各式各样各地的学者，其中包括：印度的佛教僧人、中国的技工、阿拉伯官员、教皇的使者、意大利、巴黎、拜占庭以及亚美尼亚的商人、波斯和印度的数学家与天文学家。蒙古人的军事作为过于显赫，盖过了他们对学问的发展。以至于在历史上，这个民族是战争和杀戮的象征，蒙古人好奇和探索学问的一面鲜为人知。事实上，蒙古人传播的知识和方法，同样给世界带了巨大的影响。成吉思汗与忽必烈在历史上都是具有传奇色彩的人物，模糊的人生经历增添了他们的神秘感。但还是能看到他们身上极高的悟性和富有创造力的人格，和浮华自负的亚历山大大帝，或政治幽灵的招魂者、精力充沛而又不识多少文字的神学家查理曼大帝一样，他们都不是简单的君主。

蒙古宫廷的威名，吸引了四面八方的异国人士，包括马可·波罗。后来，这个威尼斯人将自己的经历写成了书。他的父亲和叔叔曾到过中国，1272 年左右，马可·波罗跟随他的父亲和叔叔抵达中国。因为大汗对马可·波罗的两位长辈印象深刻，非常欣喜首次见到“拉丁人”，大汗不但非常好奇欧洲物品，还对基督教感兴趣。他们非常乐意重返欧洲，邀请富有知识的人和老师来到中国，带来欧洲的物品和文化。他们第二次见大汗时，带来了马可·波罗。

两个父辈没有按首次航线来中国，他们没有取道克里米亚，而是取道巴勒斯坦，这也与大汗有关。大汗的金牌和其他证物，给他们的旅行带来了方便。为了满足大汗的要求，他们先来到耶路撒冷城市，购买大汗喜欢的灯油，随后取道西里西亚抵达亚美尼亚。当时有些地方的战乱仍没有停歇，埃及苏丹正在向伊尔汗国进犯，他们只得向北走了很远的路。他们重新制定了行程，穿过亚美尼亚，经过美索不达米亚来到波斯湾的霍尔木兹，决定走海路。但事情却有了些变化，由于一些原因，他们在霍尔木兹碰到了一些印度商人后，放弃走海路，穿过波斯沙漠向北走，经过了巴尔克、帕米尔抵达喀什噶尔、和阗，后来穿过罗布泊，到了黄河流域，最后抵达北京。颠簸的一路没有让他们失去光彩，在北京，大汗准备了宴席热情地招待他们。

父辈们带来马可·波罗是非常正确的，因为他聪颖灵慧，精通鞑靼语，深得大汗的欢心。他凭借着努力，得到了中国的官职，多次在中国的西南部完成皇帝的命令。这一时期的生活让他记忆深刻，在《马可·波罗游记》中，他讲述着这个繁荣安宁的国度的事情，“旅客可以居住在路边豪华的旅店，一路上风景美好，种植着大片的葡萄园，还有很多精美的花园和广阔的田野，众多神庙里有很多佛教僧人出入，连绵不断的市镇，以及很多精美的塔夫绸和织锦”等。一开始，欧洲人怀疑他的描写，世界上还会有这样一个人间天堂吗？但是接着，欧洲人就不自觉地产生了想象并且憧憬这个国家。他还记述了路途中见到的国家的风俗，提及缅甸用几百头大象组成的特殊军队，但是蒙古弓箭手照样能摧毁这种特殊的军队，介绍了勃固被蒙古人征服的事情。提到日本时，他不免有些夸张了日本所拥有的黄金数量。中国人不太相信一个事实：这个在扬州待了三年的宣慰使，哪里是外国人，明明就是个鞑靼人。马可甚至被派遣去过印度，这在中国历史上有记载：1277 年，中书省职务由叫波罗的人担任。这就非常有力证明波罗故事的真实性，这是个宝贵的资料。

《马可·波罗游记》出版后，带给欧洲人无穷的想象。马可·波罗故事里的地方名称，在 15 世纪，曾被欧洲传奇小说借用：如契丹（中国北方）和汗八里（北京）等。

两个世纪以后，相信《马可·波罗游记》的人开始付诸实践。在热那亚，有一个叫克里斯托弗·哥伦布的水手，决定向西航行环游世界，抵达书中介绍的中国。哥伦布是真正喜欢《马可·波罗游记》的，在塞维利亚，有一本哥伦布做了旁注的《马可·波罗游记》。不过，这本游记只是克里斯托弗·哥伦布环球航行的一个原因，还有其他众多原因。首先，往来贸易受阻。东西两个世界的贸易中心是君士坦丁堡，1453 年被土耳其人占领后，阻止了热那亚人在那里的贸易活动。他们的竞争对手与土耳其联合起来，一起对付希腊人。热那亚商人在君士坦丁堡被占领后，遭到了土耳其非常不友善的对待。随后，地圆说再次兴起，到达中国只需要人一直向西航行。当然这一念头得以施行，还依靠两件事的协助：第一，航海指南针的发明，使得在海上长期航行的可能性提高；第二，有先驱人士远洋航行成功。塔罗尼亚人、诺曼人、葡萄牙人以及卡热那亚人都曾远渡大西洋，抵达马德拉群岛、速尔群岛和卡那利群岛。

哥伦布拥有众多的条件，决心把自己的愿望付诸实践，他终于克服种种困难，准备了远洋的船只。游说成功后，他得到了欧洲各国王室的认同，并在格林纳达获得了裴迪南和伊萨贝拉的资助，未知的海洋，有三艘船在航行。航行了两个月零九天，人员困乏，此时发现了一个大陆，时间够久了，这或许就是印度，当时的人们，包括哥伦布都不知道这是一个新的大陆。哥伦布回到了西班牙，不仅带回了棉花、珍禽异兽、黄金，还带来了两个印第安人，他们打算接受洗礼。人证物证俱在，哥伦布至死都坚信自己发现的是印度，所以这两个人被称为印第安人。人们在几年以后才知道，这个全新的美洲新大陆是世界的另一个部分。

海外事业，因为哥伦布的成功得到了长足发展。1497 年，葡萄牙人绕非洲来到印度，又在 1515 年抵达了爪哇岛；环球航行出现了一位著名人物，他是受雇于西班牙国王的葡萄牙海员麦哲伦，1519 年，他从塞维利亚出发，率领五艘船只一直向西航行。1522 年，其中的一 艘“维多利亚”号首次环球航行后，回到塞维利亚。路途艰险，人员耗损严重，出发的时候有 280 人，但只有 31 人活着回来。麦哲伦也在菲律宾群岛上，被当地人杀死。

新大陆的发现，有着显著的地理意义，欧洲人一下子接触了很多新事物，如印刷书籍的纸张出现、环游世界的实现、陌生的大陆、新奇的动植物以及各种风俗习惯，新观念都云涌而来。人们重新印版和研究经典的古希腊著作，柏拉图的梦想以及共和时代尊严与自由的色彩开始受到了世人的关注。西方人在阅读罗马统治时期的书籍时，第一次有了法律和秩序的意识，拉丁教会用拉丁文保留着这个帝国曾经的辉煌，后来他们的这些法律意识又恢复起来。然而，天主教和罗马异教，有着顽固的统治，创新和求知的道路非常艰难。现在，人们不用再受到拉丁思想的支配，可以享受很多自由。13 世纪一直到 16 世纪，欧洲的雅利安人受到了闪米特人和蒙古人的影响，重现了希腊经典著作，拉丁传统终于被打破，理性精神再次复兴，引领人类向更高的科学和物质世界发展。

第五十章　拉丁教会进行改革

欧洲的理性复苏，对拉丁教会的精神复活也产生了极大的影响，四分五裂的教会，包括那些残存的部分，都该改头换面了。

前面提过，十一二世纪中，教会统领基督教世界，那确实是近乎独裁的专制统治，十四五世纪中，教会如何失去威严，也都讲过。也提及过，教会最先获得信仰宗教的民族的支持，教会掌控中央集权后，却用傲慢的态度迫害人民，教会失去了民心，受到了质疑；也讲述了弗里德里希二世，那位持有诡异的宗教怀疑论的天才，如何在王侯与宗教独裁的争夺中获利。大分裂的教会失去了教会特权，教会在宗教上和政治上的权力迅速下降。这两个方面，都是反抗力量进攻教会的时机。

整个欧洲，都广泛传播着英国人威克里夫的传道思想，这也得益于一些优秀学者的研究，1398 年，在布拉格大学，捷克学者约翰·胡斯做了关于威克里夫学说的演讲。不久，这个传道思想迅速传播开来，不但受到上层社会的注意，也普及到了普通百姓中，人们带着极大的热情讨论威克里夫思想。1414 年到 1418 年间，大分裂的问题不容小觑，教廷为此在康士坦茨召开了大会，这次大会邀请了一个受皇帝许诺安全的人，他叫胡斯，不过他并不安全，教廷逮捕了他。1415 年，教廷以异端邪说危害大众的审判结果，将他活活地烧死。教会的行为，引起了波希米亚人民的愤怒和胡斯派信徒的起义。基督教分裂的导火线，便是接下来的一连串的战争。教皇马丁五世看到了局势变化，为了维护基督教的统一，在镇压这次起义时，他颁布了组织十字军的训谕。

这个顽强不屈的小国家，竟然遭到了五次十字军的征伐，虽然是教皇组织的，但都没有成功。这个情形，与13世纪时进攻沃尔多派时相同。整个欧洲的无业游民，在15世纪都投入战争，去进攻波希米亚人。波希米亚的捷克人与沃尔多派有不同的地方。1431年，在多马日利策战役中，胡斯派教徒唱着圣歌，滚滚而来，但是战争的枪声还没有打响，十字军就从战场上纷纷逃离，如潮水一般溃退下来。战争胜利的结果是，胡斯派与教会达成了协议。在1436年教廷召开的巴塞尔会议上，教会承认了胡斯派的很多教义。

15世纪中，引起整个欧洲社会动荡不安的因素，还有一个就是瘟疫蔓延。社会黑暗，农民起义不断，地主和富人贪婪欺压百姓，普通百姓却处在水深火热之中，英格兰和法国屡次遭到农民队伍的攻击。德国农民起义，在胡斯战争后壮大规模，还蒙上了一层深厚的宗教色彩。印刷技术在这个过程中也产生了很大的影响。15世纪中期，活字印刷工人在莱茵兰、荷兰纷纷涌现，这种印刷技术随后又传到了英格兰、意大利。1477年，卡克斯顿在威斯敏斯特创办了印刷厂，《圣经》的广泛印刷，更多的人开始有了自己的宗教见解，也引发了很多关于《圣经》的争论。有趣的是，欧洲成了一个《圣经》读者的世界。虽然教会此时正面临着分裂，普通人民却可以在得到更多的信息后，更为清晰地掌握知识，王侯们正在筹划抢夺无力自卫的教会的财富的计划，他们知道教会在其领地所掌握的巨大财富。

在德意志，人们认识到教会的虚伪，以马丁·路德（1483—1546年）为中心，展开了一场反对教会的斗争。1517年，马丁·路德在维特根伯格批判各种正统教义和礼节。起初，他效仿经院哲学家的方式，用拉丁文论战。后来他借用印刷术的传播功能，用德文向广大民众传播自己的思想。当时也有很多人要置他于死地，但他与胡斯的遭遇不同。因为他的很多朋友都是王侯，也由于印刷品的影响，他免遭杀身之祸。

那个年代思想纷繁、信仰被削弱，很多统治者为了自身的利益，建立服务民族的宗教，自己坐上宗教领袖的位置，切断了自己的属民与罗马的宗教关系。很多国家都脱离了罗马教廷，到现在，它们仍然保持独立，如英格兰、丹麦、德国北部、挪威以及波希米亚。

上面这些王国的王侯，为了与罗马抗衡，他们并不关心臣民的道德和理性自由。民众的暴动和民众对宗教的怀疑不过是他们利用的手段，其最终是为了增强自己的力量。他们已经打好了算盘，一旦挣脱罗马的管制，自己控制国家教会，立刻掌控民众运动。然而，这些王侯无法消灭基督的教诲的奇特生命力，不管是世俗的还是宗教的王权之下的人们，在这种生命力的影响下，仍然超越服从和忠诚，追求自尊和正直。王权教会纵然已从罗马教权中分裂出来，又分裂成若干教派，这些教派去除了阻碍人与上帝关系的第三者，包括教皇或者王侯。比如，在苏格兰和英格兰的许多教派，《圣经》与自己本身挂钩，它点明自己生活和信仰的方向，国家教会的清规戒律与自己无关，也用不着遵守。这些人在英格兰，被称为“不信奉国教者”，他们在十七八世纪中，对国家政治产生了一定的作用。1649 年，他们砍掉了国王查理一世的头，人们不希望教会头领担任王侯。英格兰在不信奉国教者的统治下，度过了欣欣向荣的 11 年。

所谓宗教改革运动，一般是指北欧各大派从拉丁基督世界中脱离的运动。罗马教廷内部因为宗教改革，迫于压力，出现了深刻的变化。一种全新的理念诞生，教会不得不进行重组。一位西班牙年轻战士，在这种精神复苏过程中，起到了重要的作用，他就是伊尼戈·洛佩兹·德·雷卡尔，他被人们称为“圣依纳爵罗耀拉”。1538 年，他经过一番戏剧性的波折，成了一名教士，担负起建立耶稣会的使命，并尝试着发扬慷慨的侠义精神，让宗教机构加入军事传统中来。后来，真的出现了一个耶稣会，那是历史上最大规模的传教机构之一，中国、印度、美洲都由他引入基督教。它还有其他的贡献，罗马教会因为它降低了分裂速度，天主教世界也在这个机构的影响下，提升了智力水平和教育水平，加速了各处天主教徒良心的复活，同时欧洲新教在教育方面，受到它的刺激，在竞争中大大发展。耶稣会复兴，也帮助了天主教广泛地流传。

第五十一章　皇帝查理五世的一生

神圣罗马帝国，在皇帝查理五世统治时期，达到了繁荣昌盛。自查理曼大帝以来，最了不起的统治者就是查理五世了，他是欧洲最伟大的君主之一。

应该说，查理五世的丰功伟绩，离不开他的祖父马克西米利安一世（1459—1519 年），丰厚的遗产，这为他省却了很多艰苦的奋斗。哈布斯堡家族霸权地位的取得，不是通过阴谋诡计，也不是依靠战争，而是通过婚姻获得。财产继承的传统，非常有利于那些贵族，马克西米利安在继承遗产的基础上发展事业：他得到了斯提利亚、阿尔萨斯奥地利以及其他一些地区，他通过缔结婚姻，取得了尼德兰和勃艮第（在此，我们不加以介绍他的夫人）。他失去了勃艮第的大部分地区，只是保住了尼德兰，因为他的第一任妻子去世。之后，他没有获得布列塔尼，因为联姻失败。1493 年，马克西米利安继承了他父亲弗里德里克三世的王位，并因为联婚获取了米兰公国。联姻让他获得了很多好处，他让自己的儿子跟一个智障女结婚——哥伦布的支持者西班牙国王斐迪南和王后伊萨贝拉的女儿，只是为了获取更多的土地。那个智障女的家族有着极其广泛的统治范围，如新统一的西班牙、撒丁岛、西西里王国以及巴西以北的所有美洲地区。他的孙子查理五世，因为这个原因，继承了包括美洲的大部分地区、土耳其之外的约三分之一到二分之一的欧洲地区。1506 年，查理又继承了尼德兰。1516 年，其外祖父斐迪南去世，因为其母亲的无能，他实际掌控了西班牙；1519 年，他的祖父马克西米利安去世了，第二年，年仅二十岁的他当上了国王，正值青春年华。

这个年轻的国王，模样并不是很出众，金色的头发衬着白色的皮肤显得有些靓丽，厚厚的上嘴唇和长长的下巴，让他看起来很笨拙。那个年代，少年君主辈出，很多才华过人、精力充沛的年轻君主统领着国家。1515 年，在法国，21 岁的弗朗西斯一世成了统治者；1509 年，在英格兰，18 岁的亨利八世继承了王位。此时正是土耳其的苏里曼大帝的统治时期（1520 年），在印度是巴布王时代（1526—1530 年），而这两个年轻的统治者都极具才华。当时，教皇里奥十世（1513 年）也是一个才华卓越的人。查理在成为君王前，遭到弗朗西斯一世和教皇里奥都的阻挠，庞大的权力集中在一个人手中，是教皇们不愿看到的。亨利八世和弗朗西斯一世都竞争过帝国君王，但自 1273 年以来，哈布斯堡家族的人一直是皇帝宝座的主人，查理又大行贿赂，终于登上了王位。

这个青年人在起初是个傀儡皇帝，大臣们控制着他，戏弄他，后来，他有了自己的想法，继而掌控了大局。在复杂的王位上，他慢慢地察觉到了威胁性的东西。虽然皇位无比高贵，但这还不够稳固。

刚刚即位的查理面临的一个危机，就是德国路德宗教改革带来的骚乱。尽管教皇曾经反对他当皇帝，但是他并没有站在改革派的一边，坚决反对路德教派，因为出生在西班牙，对这个天主教国家情有独钟。后来，他被迫处在了刀口上，新教的王侯们与他冲突，特别是德国萨克森的当权者，基督教将要分裂为两大阵营。他耗费了大量的精力来弥补，但没有丝毫的成效。农民起义规模越来越大，德国爆发了一场规模巨大的农民起义，不但如此，帝国还受到了广泛的政治和宗教骚乱的威胁，局势变得非常复杂。弗朗西斯一世准备在西面进攻他，而土耳其人在东面准备攻击，他们都是贪得无厌的敌人，此时他们已经抵达了匈牙利，达成联盟，向奥地利索要贡品。查理虽然掌控西班牙的钱财和军队，却很难从德国得到资金。他在财政上大量举债，国家的经济和政治困境进一步加深了。

就总体上而言，查理与亨利八世联合，成功地抵抗了弗朗西斯一世和土耳其的进攻。当时，两方的将领在意大利北部作战，他们才能平庸，战略不完善，双方军队取胜的决定性因素是援军是否到达。法国遭到德国入侵后，撤回意大利，还失去了米兰，并在帕维亚遭到围攻。弗朗西斯一世一心想拿下帕维亚，但过了很久，他不仅没有成功，还自己受伤被俘，被押进监狱，在德国的重压下，法军溃不成军。于是，教会依然担心查理的势力增强，教皇与亨利八世联手准备对付他。当时，米兰德军在战争中缺乏军饷，士兵逼迫康斯特布尔·波旁将领向罗马进攻，在 1527 年，他们洗劫了这座城市。教皇为了躲避杀戮和洗劫，逃到了圣安其洛堡，并给他们 40 万杜卡特金币，帮助赶走德军。但是这个国家并没有发战争财，反而因为十年混战陷入了贫困。查理大帝最后在意大利获得了成功。在 1530 年的波伦亚，他成为最后一位受到教皇加冕的德国皇帝。

1526 年，土耳其人占领了匈牙利的首都布达佩斯，并杀死了匈牙利国王；1529 年，查理曼大帝在得知维也纳几乎被苏里曼大帝占领后，十分震惊，他决定无论如何，都要赶走土耳其人。可是此时，他发现德国各个王侯还是各自为政，不能团结一致地抵抗压境的敌人。接着，一场新的德法战争又爆发了，查理大帝在 1538 年占领法国南部。他们为了各自的共同利益，还是联合起来对抗土耳其人。然而，当时德国的王侯们与施马尔卡尔登结成同盟，一起反对查理大帝，下决心与罗马决裂，因为他们信新教。所以查理大帝又要花费全部精力，去打理国内斗争，收复匈牙利的计划，只好先放一放了。查理大帝发现，王侯们在争斗开始时就争权夺利，他们尔虞我诈，发动破坏力极强的血腥战争。为了争夺权力，王侯们的阴谋诡计，使得周围乌烟瘴气，这种混乱局面持续到 19 世纪，他们把欧洲中世纪折腾得极为衰败。

查理大帝好像并没有解决日积月累的困境，那些真正起作用的力量，依然逍遥法外。历史上伟大的人物，或多或少会受到时代的局限性的影响，他是个伟大的人，但是他却认为导致欧洲分裂和宗教纷争的真正原因，是神学的分歧。他多次召开各种会议，并为此颁布文告和声明，试图调节这种分歧，但是不见成效。因此，德国的学者们因为皇帝的缘故，只好潜心钻研各种文件，包括腊提本斯议会的解决方案、奥格斯堡的临时合约，以及纽伦堡的宗教合约等。但总体来说，这个皇帝的统治盛极一时，这只是苦恼生活中的一些细节罢了，其他细致内容，在此不再介绍。实际上，欧洲的王侯们都有自己的小算盘，但并不打算真心为国家，他们为争夺权力设下筹码，传播普通民众对社会和真理期待的知识，调节各地的宗教纠纷，这一切不过是王侯们设下的陷阱而已。教皇还把“信仰卫士”的称号，授予攻击异端的英国亨利八世，这个国王却觊觎教会的巨额财产，和妻子离婚，娶了叫安妮·博林的女子。此时的丹麦、挪威和瑞典早站在新教一边，他在 1530 年加入了新教。

1546 年，马丁·路德去世，德国宗教战争在几个月后继续爆发。一些具体的情节在此不再赘述了。查理有一个主要反对者，那人是赫森的菲力，但是教会以背叛信仰罪，逮捕并监禁了他；新教萨克森的部队在洛肖遭到惨败；在查理答应每年进贡后，土耳其人退兵。查理等到弗朗西斯一世在 1547 年去世后，终于可以松一口气。同年，他开始为不安宁的地方寻求和平。但好景不长，整个德国在 1552 年又陷入了战争，为了避免被俘，查理仓皇逃离因斯布鲁克。接着，《帕骚条约》签订，又形成了一个表面上平静，实际上仍是尔虞我诈的局面。

查理帝国 32 年的政治事件就是这样。我们可以看到：无论是土耳其人、英国人、德国人还是法国人，整个欧洲发动的战争，都是为了争夺欧洲的支配权。他们只顾眼前利益，没有看到世界局势在新航路开辟后的变化，美洲大陆与通往亚洲的新航线有着巨大的政治意义。此时，美洲也在发生着大事情：皮萨洛越过巴拿马海峡，占领了秘鲁；西班牙人科尔特兹只率领一小部分人马，就打败了那些处于新时期的阿兹狄克王国，轻易征服了墨西哥的印第安人帝国。然而，这些事情除了给西班牙国库增加数目惊人的白银外，并没有对欧洲产生重大影响。

查理大帝在《帕骚条约》签订之后，表现出真正的想法。帝国的荣耀已经是浮云，欧洲的每次战争，都让他感到失望和厌倦。他的身体并没有他的威名好，他生性懒散，又被痛风折磨。他让弟弟斐迪南掌管德国，让儿子菲利普统治西班牙和尼德兰，他决心退位了。他希望远离世俗，发现了一个有橡树和栗子树林的地方，他来到塔谷斯河谷以北的于斯修道院，1558 年，他在那里去世。

很多人对隐居的查理大帝做了很多伤感的描述，说他进入修道院，只是为了逃脱尘世的纷纷扰扰，他要与上帝同在，他是个孤独的归隐者。然而，他隐退后的生活既不简朴也不孤独，实际上还省却了不少的精力，居住在宫廷一样华丽的地方，有 150 多人随从伺候。菲利普二世对父亲非常孝顺，也对父亲言听计从。

查理大帝虽不再管理欧洲事物，但他却对另外一些东西感兴趣。普雷斯科特说："皇帝的饮食和疾病，差不多在加兹特卢、瓦利阿多里德、奎克沙达的国务大臣每日的通信中，这个话题经常被提到，就像平时的国务议政一样，甚至是在严肃的国务部门的商讨中。国务大臣们，不但要讨论紧急政治事件，还要研究太上皇的烹调。从瓦利阿多里德到里斯本的急差，为了采办御膳，都要经常绕道行驶经过亚兰迪。他们在每周的星期四，带回供一天的斋日使用的鱼类。查理特别爱吃鱼，也喜欢水产品，但是嫌附近地区的鳟鱼太小，手下的人只能到瓦利阿多里德买一种较大的鱼。在他的膳食中占据重要位置的有鳝鱼、牡蛎、青蛙等。他还喜欢吃坛装的腌制鱼类，尤其是鳀鱼。他喜欢吃低地土国的鱼，还非常喜欢吃鳝鱼饼。"

查理尽管已经退位，还是在教皇那里获得了很多训谕，1554 年教皇尤利乌斯三世同意他免除斋戒，还准许他在领圣餐的那天清晨开斋进食。

他回归自然以后，最关注两件事，就是吃饭和服药。他没有读书的习惯，可他喜欢让别人大声朗读后做出评论。他的乐趣还有玩机械玩具，他也喜欢听音乐、听讲道，他还把国事消息作为消遣，总还是忘不了国家。查理大帝倾心宗教进入修道院，是在深爱的妻子去世后。查理认为，宗教只是一种拘泥于细节的庄重仪式。他时常为政治忧心，为了减轻这些烦恼，他让教士每逢四旬斋期间的星期五，就用鞭子抽打自己，为了显示其诚心，都打出血痕来。这些行为和痛风只是折磨着他的身体解除了精神痛苦。查理反对新教的传播，当瓦利阿多里德附近出现了宣扬新教的思想时，他十分生气："宗教法庭庭长和他的议会，为什么不忠于职守，迅速地拿起斧子彻底地清除邪恶？"虽然他一般不用审判程序处理邪恶事件，也不怀疑宽恕的做法，他仍然觉得"就算一个犯人得到了宽恕，他还是就有机会重新犯罪"。作为例证，他还传授自己在尼德兰处理类似事件的方法："火刑处死冥顽不灵的人，斩首那些认罪悔过的人。"

查理十分关切葬礼。他似乎有一种预感，自己将要走向坟墓，或是看到了欧洲某些重要东西的死亡。他认为这些逝去的东西已经在世上完成了使命，纵使痛惜，也要马上埋葬。他要参加于斯举行的每一个葬礼，不仅如此，他还为不在本地的亡故者举办仪式；他还预先为自己举行葬礼，或许是妻子的周年忌日，引起了一些感伤和释然：

"黑暗，到处都是黑暗，教堂四周挂起了黑色的幔帘，巨大灵柩停放在教堂中央，蒙着大黑布，皇亲国戚戴着重孝，教徒身着礼服。修士们哭泣，人们依次向逝去的魂魄告别，祈祷灵魂升入天堂。百支闪烁的蜡烛照出主人瘦弱的身影，人们一想到他将死去，不禁泪流满面。查理亲自参加自己的葬礼，举着被点燃的蜡烛，披着一件深色的斗篷，等葬礼仪式结束后，把蜡烛交到神父手中，表示查理已经把灵魂交给了完美的上帝。"

预先进行葬礼后不到两个月，神圣罗马帝国短暂的伟大和荣耀随着查理的去世而消失。他早就把自己的领地分给了他的儿子和弟弟。它成了垂死挣扎的帝国，残喘到拿破仑一世时代，它那腐朽的传统，直到今天还一直在毒害着我们的政治空气。

第五十二章　欧洲对新的治国政策的探索

罗马帝国在拉丁教廷瓦解后，也变得动荡不安。16 世纪，欧洲各民族寻求新的治国政策，在黑暗中他们想着如何应付新形式。回顾古代历史，朝代一直在不断更迭，民族文化和语言也在变更，特别是那些被征服的地区，相对稳定的是在君主或神庙的控制下的政府形式。百姓的生活渐渐地稳定安宁下来。对 16 世纪初的现代欧洲而言，人们更多关注多样的政治与社会组织的实验。

我们已提到过，16 世纪以来，新情况发生不断的变化，为适应新形式，人类自发完善和调节自己的政治和社会，主要致力于世界政治史。新情况变化迅速并且极为复杂。人们只是无意识地适应，也就是在形式变化后，才开始想着适应。16 世纪以后，周围是失衡、躁动、繁杂的政治和社会制度；这一时期以后，人们在新的需要和可能性的激励下，有计划有意识地探求人类社会整体模式。

哪些人类生活打乱了存在于农民、商人、牧师和王国之间的平衡？那就是周期性的野蛮征服，在旧世界 1000 多年的历史中，人类的活动因此有了某种特定的旋律。

人是高智慧的生灵，活动变化更是复杂多样的。这主要归因于人类知识经验的增加和认识的扩展，起初由小批有才智的人缓慢传播，但到了最近的500年，已经普及到了广大的民众之间。

人类生活的精神变化，也引起了人类生活的变化。人开始不满足基本生活需求，而去汲取更多的知识，探求更广阔的空间，投入更多的事务中，作出更多的贡献。这就是过去20多个世纪中，世界的主要宗教开始用精神处理问题，如基督教、伊斯兰教以及佛教等。这些宗教处理人的精神问题的方法，就效果和性质而言，不同于以往的以教皇、神庙为中心的血祭宗教，这种新兴方法改进和替换了早期的宗教。人们开始注重个人自尊，提高人类对事业的责任感、参与感。

帝国的政治和社会生活有了很大的变化，首先是古代文字的简化和普及。签订和实行各地政治协定成为可能。其次是出现了多样运输的工具。车辆取代了马匹、骆驼，在宽阔的道路上畅通无阻，铁在军事上发挥了效力。新契约方式改变了交易、债务和债券的实质，那就是铸币，虽然有危险和安全的两面，但还是引起了经济的深刻变革。在这种形势下，人类的思想不断发展，重视真实记载历史和地理书籍，为了扫除无知。开始系统研究知识。各帝国的疆域面积也越来越大。地方的神灵已经消失，人类历史迈进了新时代，即诸神混合、世界性宗教交易主宰民主的时代。

科学在希腊和亚历山大时兴起，由于种种原因曾一度被切断。这很大程度上是因为民族的入侵，包括日耳曼人、蒙古民族的侵袭，瘟疫的蔓延以及宗教改革引起的动乱，也威胁着政治和社会秩序。到处是冲突和混乱，文明却重新崛起，经济生活基础发生了变化。造纸厂给印刷品提供了原材料，印刷品使人们彼此之间的联系更密切了，信息迅速传播。在不同的地方，人们还在追求知识、系统研究科学。

自16世纪开始，一系列的发明与设计应运而生了。这些发明与设计追求更广阔的活动范围，看重利害关系、注重合作，发展速度也越来越快。面对这种事情，人们根本就没有做好迎接新事物的准备，史学家们似乎也不能解释新发明带来的局面，也不知道该让人们如何做。到了20世纪初期，人们的思维变得灵活起来。过去4个世纪人类历史可以这样说：火灾发生在牢房中，熟睡的犯人没有醒来，他把炙热的火焰和燃烧声当成是过去的噩梦，他还没有清醒地认识到危机和机遇。

影响人类历史的发明有很多。16 世纪，印刷品和航海指南针已经得到了较广泛的传播，它们都是最主要的新发明。印刷品的出现，普及了知识和信息，推动了教育传播、公共信息探讨和政治活动的进程，因而引起革命性的变化；海航指南针远洋航行实现了人们环游世界的梦想。还有一点同样重要，那就是 13 世纪，蒙古人入侵，西方世界首次接触到了枪支和火药，并于后来应用和改进了枪支和火药。冷兵器已经不再使用，贵族躲进城堡，城市变得危在旦夕，封建制度被摧毁。西班牙的枪炮摧垮了秘鲁和墨西哥，君士坦丁堡也是在枪林弹雨中陷落。

到了 17 世纪，浅显系统的科学出版物得到大大发展，新时代也是在它的基础上产生了。在这个伟大的时代中，出现一位最杰出的人物，也就是后来的维鲁拉姆勋爵，英国的大法官。他师从考彻斯特的实验哲学家吉尔伯特，写了富有想象力和说服力的《新大西洋岛》，为老师代言，并发誓要为科学研究献身。他就是大名鼎鼎的弗朗西斯·培根爵士（1561—1626 年）。

后来，涌现了很多学会，如伦敦皇家学会、佛罗伦萨学习会等，有的国家为了鼓励学术研究，国家机构也开始注重出版和交流。在这些欧洲学术团体中，很多发明家批评怪异神学，他们指出那些邪说禁锢和破坏人类思维，并且举出了有力的事实。

十七八世纪中，纸张和远洋航船直接推动了人类的变革，人类知识和科学也在不断积累。到了 19 世纪，这种积累已经硕果累累了。这期间，他们进行着勘探地形和绘制世界地图的实验。发现很多新区域，如澳大利亚、新西兰和塔斯马尼亚岛。19 世纪，英国开始用焦炭制作铁，产生了廉价又优质的大铁块。这预示着近代机械工业时代即将到来。

科学经历了足够的发展开始结果。自 19 世纪以来，科学的果实持续增多。交通运输领域一片繁荣：出现各种机器，开启先河的是蒸汽机、钢铁和铁路，然后是桥梁、建筑和巨大的油轮等。这所有的发明和创新，一定程度上满足了人们的物质需求。电子科学也带领人们进入了更深的知识空间。

前面，16 世纪以来的政治和社会生活，好比那个火灾现场仍在做梦的囚犯。事实上，16 世纪的欧洲人，把天主教会统一罗马帝国的理想放入梦中。我们在生活中做梦时，会把某些现实影像极不合理地投射在梦里，无法解释充满破坏性的怪梦。当英国的亨利八世和德国的路德分裂了天主教的统治时，当地的人们恐怕会时常梦到查理五世的丑恶嘴脸。

到了 17 世纪和 18 世纪，君主拥有独裁的权力。这个时期，几乎欧洲的每个国家都在忙于巩固政权，并试图吞并弱小国家。此外，人们反抗君主的苛税，也对王侯们滥用权力的行为极为不满。土地所有者、把持海外贸易和国内工业的商人，以及有产阶级都争先反对贪婪的统治者。但双方都没有取得全面的胜利。国王和有产阶级，在不同地区的叛乱中，享有的优势不同。那个时代经常出现：有时，国王是国家权力主宰，而在它的邻国，资产阶级实际掌控国家。

国王的宰相，历史上有着非常重要又非常普遍的角色，宰相在天主教国家，通常是居于高位的圣职者。在国王这里是：为国王服务，同时也控制着国王。

限于篇幅，这些国家上演的闹剧不再陈述。荷兰的商人们努力挣脱封建政权，逃离了查理五世之子、西班牙王菲利普二世的统治，拥护共和政体，加入了新教。在英国，为君主专制奠定基础的人有很多，如亨利八世与其大臣沃尔西，伊丽莎白女王与其大臣伯利，然而，这却断送在愚昧的詹姆斯一世和查理一世手里。1649 年，欧洲政治思想有一个转折点，他们以叛国罪斩首了查理一世。直到 1660 年，共和政体的实施，使得英国皇权变得不稳定，还屡次受到议会的压制。乔治三世（1760—1820 年）力恢皇权，终于取得了部分成功。然而，法国在完善君主制方面，是最成功的，并出现了两位为皇权立威的大臣，他们分别是黎塞留（1585—1642 年）和马扎兰（1602—1661 年）。此外，发挥显著作用的还有一个人，他就是有杰出才能的“大君主”国王路易十四（1643—1715 年），他的长期统治稳定了社会局面。

在欧洲，路易十四是最典型的君主。就时代的限制而言，他的才干十分罕见。他野心庞大，气魄雄浑，巧用外交，将他的国家带到了破产的边缘。为了巩固法国，他的直接愿望是：将势力扩展到莱茵河和比利牛斯山，并吞并西班牙的荷兰；他还希望重建罗马帝国，让法国国王成为查理曼大帝的接班人。路易十四看重贿赂，并把贿赂利用得淋漓尽致，下面将会讲到英国的查理二世，波兰的很多贵族都受过他的贿赂。他实际上送出去的是法国纳税阶级的钱。他注重皇室的显赫，在凡尔赛，建了规模宏大且华丽的宫殿，客厅、回廊、花园、喷泉、庭院、挂镜以及打造精美的景致等，受到了全世界的羡慕和忌妒。

路易十四的奢侈带来了很坏影响。欧洲的王国和王侯们都学路易十四，甚至不顾国力和财产，去为自己建立豪华的宫殿。贵族们也扩建自己的别墅。这些都带动了奢华的工艺品的流行，其中包括彩色的陶器、印花皮革、雪花石膏、金属制品、镀金木雕、美丽的印刷品、大量动听的乐曲、壮丽的绘画，以及上等的葡萄酒、美味的食物等。在社会中出现了一些奇怪的“绅士”，他们戴撒了粉的假发，绸袍镶有花边，蹬着红色高跟鞋，手拿大手杖。“贵妇”们的穿着也很有时代感，高耸的发髻，衬着用金属架子支撑起来的绸裙，别有一番风味。他们都在装模作样，还有自视为世界太阳的路易十四。他奢侈淫逸的生活，早就引起了下层人民的强烈不满。

很多政体开始分裂，包括君主政体的德意志民族。1618 年到 1648 年间，德国出现了 30 年毁灭性战争，德国人和瑞典人、波希米亚人征战，不但没有夺取政治优势，还削弱了德国的国力。《威斯特伐利亚和约》签订后，德国的战争结束，从当时的地图上看，和约瓜分了德意志。1648 年的地图显示：公国、公爵领地和自由国等缠结在一起，甚至有的一部分属于帝国，一部分又脱离帝国。在补丁般的地图上看到，德国内部遭到了瑞典进攻，获得了帝国境内的少数岛屿外的领土，当时法国与莱茵河的距离还很远。在地图上看到了一个国家崛起，1701 年，普鲁士王国在几次战争中都获胜，势力渐增。普鲁士大君主弗里德里希（1740—1786 年），在波茨坦建造了宫殿，他们读法国文学，说法语，促进法国文化的繁荣。

1714 年，汉诺威选帝侯继位后，把英国发展成了一个横跨帝国内外的王国。

查理五世后代中，奥地利的一支依然在当皇帝；西班牙的大权也在西班牙分支中。这期间，东方又有了一个皇帝。1453 年，君士坦丁堡陷落，在这以后，莫斯科大公伊凡三世（1462—1505 年）接任拜占庭帝国的王位，并把双头鹰作为国家武器的徽章 。他的孙子伊凡四世（即暴君伊凡雷帝，1533—1584 年）改用沙皇的称号。到了 17 世纪下半叶，欧洲人看到了俄国人的崛起。一个皇帝把俄罗斯带向了欧洲战场，他就是俄国沙皇彼得大帝（1682—1725 年），他还把帝国的新首都彼得堡建在了涅瓦河畔，彼得堡连接欧洲和俄国。此外，彼得大帝又聘请法国建筑师，在距新都彼得堡 18 英里处的彼德霍夫，为自己建造了精美的宫殿，阳台、小瀑布、画廊喷泉以及花园，都是按照最精致的标准建造，以体现大君主国的富有。他们像普鲁士一样，把法语作为宫廷语言。

波兰由大土地所有者控制，秩序极为混乱，夹在奥地利、普鲁士和俄国之间。波兰的贵族地主瓜分了国王的权力，但他们打错了算盘，就算有法国支持，波兰最终还是被三个邻国瓜分了。当时，瑞士是联邦，由很多共和州组成；威尼斯是一个共和国；与德国一样，意大利也处于被各个王侯割据的状态。为了防止天主教各国叛乱，教皇不敢再干涉国王与他们部属间的纠纷，世界基督教的公益问题也没有提出。整个欧洲混乱分裂，谈不上统一的政治。

这些掌控君主国、共和国的人，侵入邻国，利用外交政策结成侵略性联盟，企图扩大自己的领土范围。复杂君主国时代的阴影仍然笼罩着今天的欧洲人，那个时代的敌意、仇恨和猜疑也困扰着他们。从历史的角度看这一时期的事件，不过是无聊又令人厌倦的闲话。那一时期的历史战争发动原因也很有意思：导火索要么是王妃的争夺或挑唆，要么是善妒大臣的争夺。有关这些争斗的废话在此不再赘述。当然，那个时代还是有对后代有意义的事实，知识和科学仍然发展进步，发明也不断增加。没有受到诸侯割据的混乱影响。到了 18 世纪，人们开始怀疑和批判宫廷及其政治的文学作品，这是进步现象。伏尔泰在作品《老实人》中表现出对欧洲世界那种无休止混乱的极端倦息。

第五十三章　欧洲新帝国的扩张

欧洲中部纠缠在分裂和混乱中，一些异国人正准备把领域扩张到整个世界，荷兰人、英国人、西班牙人、斯堪的纳维亚人、葡萄牙人和法国人能在纷扰中融合政治思想，离不开印刷机，而欧洲的领域能扩张到遥远的大洋彼岸也少不了远洋航船和指南针。

起初，为了进行贸易往来和开采矿石，荷兰人和欧洲人迁移海外。西班牙人最早来到美洲大陆，他们声称自己掌控着整个美洲大陆。但是不久，西班牙人就要与葡萄牙人分享这一权利。当时作为霸主的罗马帝国，即罗马教皇将这个美洲大陆分给了西班牙和葡萄牙。以佛得角群岛往西的 370 里处作为分界线，葡萄牙享有东面的掌控权，但还是向东面和南面扩展，西班牙占有西面的控制权。公元 1497 年，印度被华斯葛·达·伽马发现，他从里斯本开始，越过好望角，经过桑给巴尔岛，抵达印度的卡利卡特。1515 年，葡萄牙在印度洋沿岸建立和巩固了贸易口岸。他们强大的海军开始窥探这些地区：果阿、莫桑比克、印度的两小块土地、中国的澳门、帝汶岛的一部分，并最终占领了这些地方。

在美洲失去权益的国家，都不承认葡萄牙和西班牙的特权。不久一些国家做出了行动，它们在北美和西印度群岛，用木桩标出地权界线，这些国家包括瑞典、英国和丹麦。法国国王虽然最忠于天主教，也不理睬教皇的决定，擅自采取了行动。这些行动取得了一些成效，海外的领土成为欧洲人争夺的目标。英国在海外领地争夺中获胜。瑞典和丹麦忙于与德国的纠纷，因此无法建立起一支强大的海外远征军队。德国国王古斯塔夫·阿道夫，也就是新教众的“北方之狮”，击溃了瑞典进攻。后来，荷兰人击败了英国人，占领瑞典人在美洲建立的几小块殖民地。他们的竞争目标明确，远东的主要竞争者是荷兰、英国和法国，美洲的主要是西班牙、英国、法国。英国的“银带”是英吉利海峡，它能有利对抗欧洲大陆国家，此外，英国人也很少受到拉丁帝国传统的影响。

整个 18 世纪，法国失去了向东、西方扩张的机会，既想解决德国、西班牙又想平定意大利的内乱，根本没有足够的扩张力量。到了 17 世纪，政治和宗教纷争困扰着英国人，很多人为了寻找自己永恒的家园，来到北美养育后代。英国在北美战斗中，依靠这部分人取得了明显的优势。英国在 1756 年和 1760 年两次夺走法国在加拿大的美洲殖民地。过了几年，在印度半岛上，英国走在了荷兰、葡萄牙以及法国的前面，优势大显。此时，阿克巴、巴贝尔和其继承者统治的衰落的印度帝国，实际上由一家伦敦商务公司，也就是有名的东印度公司控制。在历史上，这很让人震惊。

起初，伊丽莎白女皇统治时期，成立了很多海外贸易团体，东印度公司便是其中之一。后来这个公司开始武装船只、建立军队，这个公司不再以赚钱为主要目标，由商业机构变成了强盗，逐渐插手经营王侯们的领土管理和税收，并且开始干预印度。令人费解的是，居然没人管制他们，那些公司的船长、官员、指挥官，普通职员明目张胆地把赃物带回英国。

他们在这样一片富饶辽阔的土地上肆意妄为。这些英国人不会同情这里的印度棕色民族，把他们看作是建筑和庙宇也是神秘异类。国内的人反感这些归国的英国将军和官吏，因为他们经常互相揭发对方的敲诈勒索和胁迫行为。1774 年，克莱夫在议会谴责案后，无法承受巨大的压力选择了自杀。第二任印度行政长官沃伦·黑斯廷斯在 1788 年被弹劾，但被判无罪（1792 年）。这在世界历史上是从来没有出现过的奇怪事件：英国一家商务公司，由国会统治，却统治着比整个英国疆域更广阔、人口也更多的帝国。

英国一些冒险的穷困青年人，来到遥远的印度，当他们在回来的时候，都成了傲慢有钱的老绅士了。许多英国人认为印度是奇异的民族，不知道这些棕色民族如何创造一个耀眼的东方国家。东印度公司来到了这个传说的国家，聚集大量的财富，没有什么势力可以监督和控制这个机构。

当西欧各国忙于争夺海上霸权时，亚洲也在实施征服计划。1368 年，汉人建立的明朝，挣脱了蒙古人的统治，一直繁荣到 1644 年。不过另一个少数民族——满洲人在中国建立了清朝，满洲人的统治一直延续到 1911 年。俄国既不属于东方，也不属于西方，在旧世界中崛起，向东面扩张后成为世界上的强大国家。俄国依赖信奉基督教的草原民族哥萨克人，得以大范围扩张。哥萨克人是欧洲东部的未开化民族，生活方式不同于西方波兰的封建农耕，也不同于东方鞑靼民族的游牧生活，他们占据了荒无人烟的欧洲东部地区。俄国那些受迫害的无辜者、反抗的异教徒、强盗、漂泊者、奴隶、杀人犯和罪犯等，在国内待不下去时，为了生存，都来到了南部大草原，还在那儿安家立业。为了生活和自由，他们还与俄国人、鞑靼人以及波兰人进行厮杀。后来，那些从东方来鞑靼的逃难者也加入了哥萨克的行列。俄罗斯帝国收纳这些边民，就像是英国政府收编苏格兰高地的部落。哥萨克人向土耳其斯坦进攻后，经过西伯利亚，准备占领亚洲领土，他们抵达阿穆尔河（即黑龙江），与日渐衰微的蒙古族部落抗衡。17 世纪和 18 世纪，蒙古势力衰退的原因，复杂多面。在中亚，从成吉思汗到帖木儿时代，蒙古族一度成为主宰世界的霸主，又沦落到对世界政治没有任何影响力的地步。转变的原因很多，如气候的变化、瘟疫、某种疟疾性的传染病的流行。中亚这次的衰落，从整个历史来看，或许只是一次短暂的时期。像一部分权威学者认为的，还有一个可能的原因，这个民族受到了中国的佛教教义的软化。到了 16 世纪，蒙古鞑靼民族和土耳其人没有力量对外扩张，西方的俄国、东方的中国的瓜分和驱逐，也让他们雪上加霜。

哥萨克人为了过上定居生活，在 17 世纪的时候，开始从俄罗斯欧洲部分向东方扩张寻找耕地。当时，哥萨克人建立了围墙和兵站，抵御当时南部强势的土库曼民族，形成一条定居地与活动边境线。俄国疆域在东北方向没有边界，扩展到了太平洋。

第五十四章　美国独立战争

18 世纪 50 年代到 70 年代，欧洲宗教不能阻止他们内部政治的分裂。但是欧洲人通过地图、书籍和新的海上航行没有在混乱的形势下四分五裂，并且征服了世界的各个海岸。欧洲人又凭借自己偶然的优势，把大部分荒芜的美洲大陆归于自己脚下，他们还准备吞并南非、澳洲和新西兰。

有史以来，几乎所有航海家都想进行贸易往来。为了满足贸易往来的便利，哥伦布到达美洲，华斯葛·达·伽马到达印度。人口众多、物产富饶的东方成了欧洲的殖民地，成为殖民者的一个交易市场。他们流失的财富，被欧洲人带回了自己的国家。美洲大陆的情况不同，那些低水平社会的金矿，吸引着欧洲殖民者，他们之间进行贸易往来。西班牙所占领的美洲地区就有着极为丰富的矿山。在美洲，伴随殖民者而来的，不但有欧洲商人，还有大批的勘探者、采矿者、种植园主以及自然资源的探寻者，在北方还有一些采集兽皮的人。当局者为了更好地开矿，鼓励人们在海外创建家园，长期耕作居住。许多欧洲人因不同的原因来到大洋的另一边：17 世纪，英国清教徒为了逃开宗教的迫害，乘船抵达了美洲的新英格兰；18 世纪的乔治亚，在那里安置了英国债务人牢狱里的囚犯；18 世纪晚期，荷兰把一批孤儿带到了好望角。19 世纪，欧洲人在蒸汽轮船出现后，开始了大规模的移民热潮，迁徙到美洲和澳大利亚这些荒凉的新大陆。

在广大的地区里，欧洲人把欧洲文化也传到当地文化中，只有很少地区有自己本土的纯正文化。这些海外新团体没有计划和显著目的，其实是无意识地把文明带到了新的土地上。欧洲的各个国家，面对这种新形势，惊慌失措，因为从没遇见过。很久之后，欧洲的政客、部长们，仍把有了自己独特文化的移民，看作是海外探险的临时定居点，他们不过是国家收入的源泉，但还是自己的领土和属地的一分子。越来越多的移民到来，欧洲的政治家和大臣们，在海上不能有效控制他们，在他们向内陆扩展后更是头疼，长时期把他们当作祖国的无助的臣民。

我们必须注意到这一点：直到19世纪，速度缓慢的轮船帮助欧洲大陆与一切殖民地联络。马匹依旧是陆路上最快捷的交通工具。这样，政治组织的团结受到了交通工具的限制。

1775年前后，英国王权控制北美洲北部三分之二的土地。法国除了若干小岛外，实际上已经放弃了美洲。除去葡萄牙所属的巴西，英国、丹麦、荷兰控制的若干小群岛之外，西班牙掌控加利福尼亚、路易斯安那、佛罗里达等广大地区。缅因州和安大略湖南部的一些英国殖民地，最先认识到已经不能凭借航船有效控制移民。

这些英国殖民地的臣民成员混杂。移民大都来自英国、瑞典、法国、荷兰；还有一些激进的新教徒住在新英格兰，也有英国天主教住在马里兰；新英格兰人反对奴隶制自力更生，但还是有很多殖民地，他们雇佣非洲黑奴，如拥有种植园的弗吉尼亚与南部的英国人。由于没有自然相通的共同点，这些殖民地很难实现自动的统一。在大西洋上需要借助轮船，人们仍需要依靠轮船往来，航程同样漫长和沉闷。虽然受自然条件限制，加上移民反对，英国还是组建了一个联合政府。英国政府为了英国的利益，让移民稀里糊涂地纳税，在商品交易中做出牺牲的都是那些移民；弗吉尼亚人反对使用奴隶，奴隶们有着潜在的反抗力量，一旦他们人口迅速增加，就会推翻旧主。然而，这些反对无效，英国政府为了获得更多的利益，继续贩卖奴隶。这引起了弗吉尼亚人的巨大恐慌。

当时的英国君主政体更加专制，乔治三世（1760—1820 年）的介入，加速了英国政府与殖民地政府之间的摩擦。

冲突发生了。英国政府为了袒护东印度公司的利益，颁布了一项牺牲殖民地商人利益的法规。新法律实施之后，1773 年，出现了波士顿倾茶事件，进口的茶叶被倒入大海。1775 年，英国政府为了逮捕在波士顿附近的莱克星顿的两位领导者，打响了莱克星顿战役，后来在康科德发生了第一次战斗。

这样，美国的独立战争就开始了。《独立宣言》一直到 1776 年的夏天才发表，各州参战议员召开会议，讨论国家建设问题。在英法战争中有过军事训练的乔治 · 华盛顿当上了总司令。这时期英国的很多移民还是想有机会回到祖国。1777 年，当英国大军在从加拿大奔赴纽约的途中，伯格恩将军在弗利曼斯一战中失利，被迫投降。同年，英国也遭受了其他重创。首先，是因为法国和西班牙的宣战，严重威胁了海上航行。后来，英国军队由康沃利斯将军率领，在弗吉尼亚的约克城兵败被围。1783 年，巴黎和谈后停战。这样，从缅因州到乔治亚州的 13 个殖民地独立了，美利坚合众国诞生了，而加拿大仍然为英国国王效忠。

此后大约 4 年，美国还没有强大的中央政府，各个州似乎要分裂成独立的国家，却由于来自英国的敌意和来自法国的威胁，没有走向这种地步。1788 年，联邦政府受到出台的联邦宪法的维护，并且得到各州准许，选举出了总统。1812 年，淡薄的国家意识在英国发动第二次战争时，得到强化。当时，美国发展前景似乎不景气，虽然疆域十分辽阔，但是落后的联络方式，不能统一各州的利益，美国似乎早晚会瓦解。边远地区的议员，常常要经过漫长又不安全的旅行，才能到华盛顿参加会议；此外，机构重叠，公共教育得不到发展，文化知识得不到普及。但是，美国并没有因此走上分裂。人们有了汽船、电报和铁路，开始团结起来，之后，美国成了近代史上的一个伟大的国家。

21 年后，美国的独立也鼓励了西班牙的殖民地与欧洲殖民者断绝关系。但是，这些殖民地无法互相联合，因为它们散布在美洲大陆各地，中间还有巨大的山脉、沙漠、森林、葡萄牙所占的巴西帝国所阻隔，所以只是成立了一些各自独立的共和国。起初，这些国家内部还相互发生战争与革命。巴西所走的独立道路是与众不同的。1807 年，葡萄牙国王抵挡不住法国拿破仑军队的进攻，避难到巴西，在 1822 年巴西独立时回国。看起来，葡萄牙应该是从属于巴西。1822 年，巴西宣布成立独立帝国，脱离葡萄牙国王统治。1889 年，因为“新大陆”不赞成君主政体。巴西国王被密送回欧洲，和其他美洲国家一样，成了一个共和国。

第五十五章　法国革命和君主制的复辟

美国的十三个州独立后，英国丧失了在美洲大陆的大片殖民地。社会和政治动乱后，法国的心脏地带也受到震动。此时，欧洲人清楚地认识到，世界上没有长期性的政治协议。法国的君主专制在欧洲的各专制君主政体中是最成功的，很多小宫廷为了竞争，羡慕并且效仿君主专制政体。然而，法国的君主专制建立在不公正的基础之上，君主大肆挥霍平民的生命和财富，激化了与下层人民的矛盾，最后它发生了戏剧性的瓦解。教士和贵族享有免交税收的权利，下层阶级却要承担全国的重担。农民在税收下，生活压力大增，此时，贵族还不断控制和羞辱中产阶级。

1787 年，法国出现财政困难，欠下了很多债务，国王召集各个阶层代表，举行了一次会议，要不是社会动荡，人民不满，他们也不会去商讨解决收入不足和开支过度造成的困难。1789 年，法国在凡尔赛还召开了贵族、教士和平民代表参加的三级会议，这与英国议会的早期形式大体相同。自 1610 年以来，法国在君主专制下，从未召开过三级会议。这次三级会议的召开，人民可以借机发泄长期以来的不满和愤懑了，三个等级发生了激烈论战，由平民代表的第三阶级，要求控制会议，平民获得了胜利，三级会议改为国民议会，有权限制国王。为了镇压平民的权利，法国国王路易十六从外省调来了军队。随后，法国革命浪潮，开始震惊世界。

革命推翻了法国的君主专制政体，革命群众的信心高涨，巴士底狱被攻陷，这次革命成果传播开来。农民烧毁了法国的东部与西北部区域的贵族巨宅，并销毁了他们的地契，杀死或驱逐贵族地主。在短短的一个月内，贵族阶级所控制的腐朽制度很快完全瓦解，王室成员的党羽跑到了国外。为了对抗国王的军队，革命军在巴黎与其他主要城市都建立了临时政府，并创设了一支国民自卫军。民众迫切需要建立新的政治和社会制度。

国民议会有强大的团结力量，痛恨专制主义王朝的不公正，猛烈扫荡国民议会，因此法国贵族的任务非常艰巨。 革命军大张旗鼓地废除了免税制度、农奴制度以及贵族的称号和特权，还试图在巴黎创建一个君主立宪政体。国王在巴黎的杜伊勒里宫不得不过上平淡的生活，凡尔赛的骄奢淫逸的生活只能出现在梦中。国民议会花了整整两年的时间，为了建立有效的现代政府，做了很多实验性工作，同时又废除了不少，但还是保留了很多健全而有效的制度，当然，这里面还有不少都是没有意义的，毕竟只是初步尝试。国民会议还废除了严刑逼供、非法监禁、迫害异端等残酷规定，对法典也做了一番修改，还把诺曼底、布尔肯特等法国一些古老的省份改为 80 个郡。士兵在军队中也有平等的机会，不管他们在入伍以前是什么身份，都有机会获得最高军阶。此外，法院还设立了一个制度，虽然完美而简单，民众来选举法官，但是法国短暂的任期是一个不小的伤害，这一制度并没有得到有效执行。事实上，群众确实有了地位的提升，他们成了上诉的最高管理者，法官与国民议会的议员需要听取他们的心声，除非他们不想得到民众的支持。国家没收并统一管理教会的庞大财产；解散那些不从事教育或慈善工作的宗教机构；国家负担教士的薪金，给了法国那些低级教士好处，他们不用羡慕富有教会的教士，相对以前的低报酬，这确实是不错的事情。除此之外，他们还推翻了罗马教会的一贯主张，选举产生教士和主教：国民议会废除以前教皇在罗马教会中的权力，目的是要把法国教会变成法国新教的教会。那些忠于罗马的、反对新办法的教士因为教会组织形式的改变，与国民议会选定的教士产生了纷争和矛盾。

1791 年，由于王侯贵族腐朽无能，外国军队汇集在法国东部，国王、王后和逃亡国外的贵族和君主主义相互勾结，法国立宪君主制的实验突然结束了。6 月的一个晚上，国王、王后及其子女们从杜伊勒里宫逃亡，外国朋友和流亡贵族并没有起到作用，在瓦雷内不巧被捕，并被带回巴黎，等待他们的将是无法改变的命运。于是，共和主义思潮和爱国风潮在法国掀起，法国向奥地利和普鲁士宣战，宣布成立共和国。1793 年 1 月，英国国王被处死，法国国王同样因叛国罪被判处死刑。

接下来，法国人誓死保卫法兰西共和国，发扬共和国的思想，对内对外决不会妥协，这是一个非常奇特的时期。他们不但铲除了国内的保皇党和反对共和国的余党；在国外，法国也拥护支持一切革命。整个欧洲国家都成为共和国，是法国人的愿望。法国青年纷纷加入共和国军队，法国到处洋溢着一种热情，他们高歌前进，法国士兵踏着《马赛曲》的曲调，热血沸腾，在炮火中勇猛向前，击败了外国的军队。1792 年底以前，法国的势力范围比路易十四时代还要大很多。法国军队一路上越过布鲁塞尔、攻入萨瓦，攻占了美因茨，荷兰人手中的斯凯尔特河也被他们夺去了。此时，法国对英宣战，因为英国在法国处死路易后，把法国的代表驱逐出境。当时的英国是海上的霸主，尽管法国有大批优秀的炮兵，并且清除了贵族军官，减少了传统束缚，但革命破坏了海军纪律，海军实力大跌。法国这次向英国的宣战，原先赞同法国的英国自由主义运动组织，也站在了英国一边，英国全国人民团结一致，共同抵抗法军的进攻。

其后几年，法国仍对欧洲联盟作战，在此不再赘述。总之，法国人永久地驱逐了奥地利人，这批人不能待在比利时了，法国人还支持荷兰成立了一个共和国。一小队法国骑兵轻易地战胜了荷兰舰队，因为敌军被困在了特赛艾尔岛上。法国一段时期里，在进攻意大利时，受到了挫折。1796 年，拿破仑·波拿巴率领疲惫饥寒交迫的士兵，经过皮埃蒙特高原，抵达曼图亚和维罗纳。C. F. 阿特金森说：“共和军的数目和速度让盟军大吃一惊。这些临时集结的军队，虽然缺少物资，但还是没有任何阻碍能与他们对抗。对职业军队而言，更多的士兵面对这些不利因素肯定会逃离，这些对于 1793 年至 1794 年的法国军队来说更有利，他们早已习惯了‘就地谋食'，这接近于近代战争形式。1793 年，近代战争方式诞生了，行军迅速，野营露宿征用军需，依靠个人素质打硬仗等行军特点，这种方式坚决果断。以往的部队行军受到很多的限制，要有营帐和足够的粮食，规模小，以及惯用阴谋诡计，行军谨慎，这是一种减少风险的行动。这两种方式形成了强烈的对比。"

疲惫不堪的法国军队唱着《马赛曲》为法兰西战斗，他们对于那些侵入的国家，心中也不清楚是在掠夺，还是在解放 。而在巴黎，由于某些不光彩的原因，共和主义的革命热情正在消退，共和国有着某种危险，需要什么人去解救。此时，革命运动的领导人罗伯斯庇尔下定决心保住自己的权力，他要成为挽救共和国的人，他相信自己才能拯救它，并且这个人只能是自己。处决骄奢的国王与屠杀贪婪的贵族分子，似乎是共和国蓬勃精神的来源。当时有一些地方也发生了叛乱，基本上也都是以屠杀镇压结束。其中之一发生在西部的旺代郡，那里的贵族与主教教唆人民反对征兵，也反对没收正统派主教的财产；还有一起发生在南部，土伦的保皇党同意英国和西班牙的军队进入法国。这些引起了马赛和里昂人民的反抗。那时的革命，似乎在叛乱结束的战场，到处都能看到残酷的屠杀。

随着法庭革命工作的开始，持续的屠杀开始了，人们似乎上了瘾。搬出了断头机，把贵族王侯送上断头台，处死罗伯斯庇尔的反对者，砍去那些不相信上帝的无神论者的脑袋。他们应该庆幸断头台的发明。断头台为他们解决了很多明的暗的敌人，也对那些顽固者起了警醒作用。罗伯斯庇尔的统治，似乎是凭着鲜血延续的，越来越多的屠杀巩固着他的统治。

最后，到了 1794 年夏，罗伯斯庇尔同样尝到了断头台的滋味，这个铁面冷血将军终于被推翻，他的统治随之结束。后来国民公会选举出了五个执政官，赋予他们组成的督政府接掌大权。他们对外，仍继续进行包围战争，对内负责维持团结统一。就这样，这个政府有了 5 年的统治，他们没有实施改革措施，不过是动荡历史中的一段奇异插曲。为了使欧洲各国建立共和国，法国军队带着一腔热情，去推翻意大利北部、德国南部、比利时、荷兰和瑞典等地的国王。上述提到过，他们不清楚自己是在解放还是在掠夺，但是，督政府的狂热宣传不顶用，被解放人民的财产都进入了法国人的手中，他们有自己的理由，为了减轻法国财政上的困难。法国军队发起的战争越来越像侵略战争，不是为了神圣自由而战，战争根本性质发生了变化。法国打算放弃大君主政体，他们放弃了传统的对外政策。但人们很快就发现：督政府的对外政策不过是换了种形式，与革命前没什么区别。

接下来，法国历史上出现了这样一个人，给国家带来了十年的荣耀，也给自己的国家抹上了失败和耻辱的烙印。他就是拿破仑·波拿巴，他用最强烈的方式把法国民族"自我中心"的精神表现出来，他也是率领督政府的部队战胜意大利的人。拿破仑在整个督政府执政的五年间，苦心策划和经营，都是为了拥有更大的权力，他渐渐地爬上了权力的巅峰。一般人认为，拿破仑·波拿巴理解力有限，但充满着精力同时又极端地直率。起初，他就是一个极端主义分子，拥护罗伯斯庇尔的统治，因此他获得了第一次升迁。他没有看清欧洲的形式，企图建立一个像罗马那样的大帝国，这个理想不合时代的政治设想，很难实现，就算能够实现也不能够长久。但他还是一意孤行。拿破仑·波拿巴憧憬罗马帝国，想创建一个以巴黎为核心的新帝国，试图盖过或减少曾经辉煌的罗马帝国的影响。拿破仑为了娶奥地利公主，不惜和法国的妻子离婚，因为维也纳的皇帝虽然不再是神圣罗马帝国的皇帝，但是奥地利的皇帝。

1799 年，拿破仑·波拿巴成为第一执政官。1804 年，他成为法兰西皇帝，在巴黎，教皇举行加冕仪式，在典礼高潮时，他学习查理曼大帝，从教皇手里拿过皇冠戴在了自己的头上。后来，他宣布自己的儿子为罗马国王。

法国拥有十年的荣耀和光环。数年之间，拿破仑在战争中获得多次胜利。他的统辖范围广阔，不仅占领了意大利，也征服了西班牙的大部分领土，拿下了奥地利和普鲁士，还把俄罗斯西部的整个地区划到自己的势力范围内。英国是当时的海上霸主，拿破仑还没有能力从英国人手中获取制海权。英国海军上将纳尔逊，在 1805 年的特腊法尔加战役中，击败了拿破仑的舰队。拿破仑失败后，反抗也开始出现。1808 年，西班牙开始反抗拿破仑。英国人还是向法国伸出了援手，实际上也是为了自己的海上利益，惠灵顿统领英国军队，帮助那些在西班牙半岛上的法国部队撤回到北面。1811 年，直率的拿破仑开始挑战俄国，他又与沙皇亚历山大一世发生了冲突。到了 1812 年，拿破仑的 60 万大军向俄国进攻，他如果能像曾经有谋略的蒙古人，做出精细的调查，也不至于出现后面的失败了。俄国军队奋力抵抗法国的进攻，一开始有些吃力，但是一旦俄罗斯的严寒气候来临，拿破仑的大军就支持不了了，被冻死的，活活被掩埋的不计其数，法国军队几乎全军覆灭。这是个绝好的反抗脱离机会，等到法国恢复元气，又不知道去哪里找这个机会了。于是，德国争先背叛了他，瑞典也跃跃欲试，最终也站起来反对他。两国的军队像商量好了一样，同时进攻法国，使得吃紧的拿破仑两面受敌，法国军队节节失利。1814 年，拿破仑迫于形势宣布退位，他被赶到厄尔巴岛，但是这并没有压抑住他膨胀的野心。他又在 1815 年回到了巴黎，引起了本国人们和周边国家的恐慌，英国、普鲁士和比利时的联军对抗他。拿破仑还是有信心能够东山再起，可是没料到竟然跌在了滑铁卢战役上。拿破仑成了英国的阶下囚，1821 年，极度失望的他在圣赫勒拿岛去世。

一开始，法国革命释放各种能量，最终还是被各种战争消耗殆尽了。革命革新了社会面貌，打击了封建传统势力，但还是破坏了社会秩序。为了这一目的，战胜国同盟在维也纳举行了会议。此后，欧洲在 40 年间，一直保持着和平，这也是一种精疲力竭之后的和平。

第五十六章　欧洲不稳定的和平

1854 年到 1871 年，欧洲在社会内部和国际间，并没有实现完全和平，这主要表现在两个方面。首先，贵族们干涉人们的思想自由。阻止人们的学文研究，禁止某些书籍传播、限制讲学活动等，他们还想恢复不公平的特权。其次，国际的紧张形势。维也纳会议上，外交家们心怀鬼胎，确立了不合理的国界线，这也使欧洲的局势趋于紧张状态。

欧洲的某些地方有君主政体复辟倾向，西班牙表现得较为明显，这里甚至恢复了宗教裁判所。西班牙在 1808 年，由拿破仑的哥哥掌管，此时大西洋的西班牙殖民地，开始起来反抗欧洲的强权体系，就像美国独立那样。起义接连不断，最让西班牙头疼的是南美洲的首领玻利瓦尔将军，他的能力与乔治·华盛顿不相上下。西班牙没有镇压这次起义的力量，只好让起义拖延下来。这次战争引起了各国的争议。奥地利有了这样一个提议：在此次战争中，欧洲各国应该支持和援助西班牙，因为大家都是同盟国。这一提议遭到英国反对，西班牙也因此没有得到盟军的支持。美国总统门罗也加以阻止，君主复辟没有成功，欧洲列强在西班牙的计谋才没有实现。1823 年，美国总统门罗公开声称：只要在西半球有所扩张的任何欧洲国家，都会被认为是对美国的敌对行为，这是非常果断的行动，被称为“门罗主义”。

门罗主义宣称，美洲是美国的领地，列强都不能在此进行扩张活动，它的有效期长达 100 年，在这期间，它一直不准列强干预美洲，给西属美洲的新国家带来了机遇，他们可以因此根据自己的道路安排自己的命运。协约还是保护着西班牙，它虽然在殖民地管理方面的失利，但还可以在欧洲做一切想做的事情。1823 年，法国接受到了欧洲会议的一个任务，镇压西班牙的一次民众起义。此外，也是根据合约，奥地利镇压了那不勒斯的一次起义。

1824 年，查理十世在路易十八驾崩后，继承了王位。专制政府的苗头又要出现了，查理十世想复辟专制政府，为了控制人们的思想，他还想要破坏出版和大学的自由，他还打算用 10 亿法郎的高价贿赂贵族，弥补他们在 1789 年大革命中被烧毁的城堡和被没收财产的损失。在他还没有付诸实际行动时，巴黎市民在 1830 年群起反抗复辟的查理十世，并拥立路易 · 菲利浦为国王，这个被拥立的人是在恐怖时代被处死的奥尔良公爵菲利普的儿子。英国在这次革命中，持公开支持态度，欧洲大陆的其他君主也没有干预法国，方便了巴黎市民的行动。奥地利与德意志境内又爆发了自由主义运动，他们无暇顾及法国。法国的路易 · 菲利浦（1830—1848 年）做立宪君主长达 18 年。

维也纳会议协定，不能阻止各国君主的倒行逆施，很多国家也进入了不安和动荡之中。协议上做出的不合理的国界线，弊端显现，也使政局变得紧张起来，威胁着人类的和平。这个时期，像以往的宗教国家那样，需要统一不同思想、融合拥有不同语系、接受各种文学思想的民族，这是一件很难办的事。不但如此，宗教纷争加剧和恶化了社会上潜在的分歧。

如果想把不同语言和传统的各民族团结起来，就需要有强烈的共同利益，如瑞士山地族人在外敌入侵后，各民族很快放弃了早期矛盾，紧密地联系起来。在瑞士还有一个有利条件，他们还实施着最大限度的地方自治。在马其顿，各民族聚居，村落零散，不利于文化交流，因此很有必要施行州自治制度。如果读者仔细看看维也纳会议，再加上后来的事实，就会在当时的欧洲地图上发现，这次会议是个阴谋，似乎是故意激起人民的愤怒。

荷兰共和国葬送在维也纳会议上，它将以前西属（奥属）尼德兰法语系的天主教徒与信仰新教的荷兰人凑在一起，诞生了尼德兰王国，但这些却是没有必要的。维也纳会议还赋予了一些国家管理另一国家的权力，它让讲德语的奥地利人管制原来的威尼斯共和国，以及远到米兰的整个北意大利地区。撒丁王国也得以恢复，因为若干部分的意大利和讲法语的萨瓦被结合在一起。一些本来就不和的民族被结合在一起，局势紧张起来，如奥地利和匈牙利由捷克斯洛伐克人、南斯拉夫人、匈牙利人、日耳曼人以及罗马尼亚人组成，局势不容乐观。1772年和1793年，出现了一个可能性的战争导火索：波兰被奥地利占领后得到承认。信仰希腊正教的俄国沙皇占有波兰的大部分地区，随后把波兰的一些重要地区划分给信奉新教的普鲁士管制，因为波兰人信仰天主教。俄国沙皇在维也纳会议的承认下，得到了异族的芬兰。挪威和瑞典由同一个国王统治，却有着很大的差别。此时，德国的一首歌谣能表明德国的现状："只要是讲德语的地方，就是德国人的祖国。"事实上，德国正处在非常危险的混乱状态了。德意志联邦控制奥地利和普鲁士的一部分，又接纳了丹麦的荷尔斯泰因地区，还有尼德兰王国。因为这些地区有的讲德语，所以也加入了德意志联邦；不过还有奇怪的一点，虽然尼德兰王国真正掌握卢森堡大权，并且这个国家有很多人说法语，却也被包括在德意志的联邦之内。这些证明，国家由相同语系和思想组成，将会更有利。也就是说德语系、信仰德国思想的德国人是一个整体，依此类推，意大利语系、信仰意大利文学的意大利人，波兰语系、信仰波兰文学的波兰人，会出现强大的体系。维也纳会议没有想到以区域的语言不同而划分出不同的国界。更不会认为，这是对自己对其他民族都好的事情。歌谣并没有成为事实，但还是给联合在一起的德意志带来了好处。

1830年，法语系的比利时人受到了法国革命的影响，开始反抗尼德兰王国和荷兰人的联合。欧洲列强不仅担心比利时成立共和国，而且担心比利时被法国吞并，所以他们就开始来干涉，急忙镇压这次叛乱。列强们还给比利时找了一个统治者，领导者是萨克斯·科堡·哥达的列奥波特一世。同年，还有很多国家爆发了起义，如意大利、德国，但都像比利时一样没有获得成功。沙皇还残暴地镇压了共和政府在华沙的反抗斗争，他们用为期一年的时间反对尼古拉一世（他于1825年接任亚历山大），最终还是失败了。从这以后，俄国沙皇严禁统治地区的人们使用波兰语，罗马天主教被希腊正教取代了，希腊正教成为波兰国教。

1821年，两个民族开始战争，他们是希腊人和土耳其人，希腊人反对战争长达6年之久，但欧洲各国却并不关心这场艰苦的斗争。这种袖手旁观的态度遭到了信仰自由的人们的反对，欧洲各国才有所行动，不过是人民自发组织的起义队伍，他们与起义者们并肩作战。最后，一些国家也看不下去了，俄国、英国和法国采取了联合行动。战争局面很快有了转变，英国舰队在接下来的纳瓦里诺战役中，击败了土耳其舰队，沙皇也侵入了土耳其，希腊得以成功。1839年，亚得里亚那堡条约（1839年）签订后，希腊重新拥有了自由，但他们还不能够得意忘形，因为其古代的共和传统得不到恢复。列强也像对待比利时那样，给希腊找了一个日耳曼国王，他就是巴伐利亚的奥托亲王，此外，列强还不放心，在一些地方设置信仰基督教的总督，如塞尔维亚（原南斯拉夫的一部分）和多瑙河诸省（如今的罗马尼亚）。不过，列强没有办法把这一地区的所有土耳其人都赶出去，除非他们愿意让更多的人牺牲。

第五十七章　科学得到进一步发展

十七八世纪到 19 世纪初期，欧洲各国间发生了多次冲突。这期间，在《维亚纳条约》(1815 年) 签订后，虽然引起了各国关系的紧张，和一些地方农民起义，但它还是逐渐代替了《威斯特伐利亚条约》(1649 年)，欧洲人仍处在动荡的政治环境中。新大陆的发现，引起了远洋航行的热潮，欧洲的文化也被那些越海远航的船只传播到了整个世界。这种全球性的文化交流，不但增长了人们的见识，扩充了知识储备，也使人们越来越了解自己生存的世界，增强了人们的自信心。尤其是在欧洲国家以及欧化的国度，人们对世界的了解程度不断深入。然而，这时期的政治与文化还没有相互影响，就算有影响，也只是极少数人的觉醒。我们看不到文化进步对 17 世纪到 18 世纪的政治生活领域产生任何直接的明显的作用，倒是影响了民众思想，但不是很大。然而，这种现象是不会长久的，人们的好奇心和自信心，迟早会在各个领域表现出来。19 世纪下半期，一些富裕和具有独立精神的小范围地区的人们最先享受到了文化进步的作用，他们也只是悄无声息地等待着生活水平的进一步提高。科学也随着人们的认识和生活水平的提高，逐渐有了新的发展历程：希腊是科学旅程的奠基者，亚里士多德等人的光环仍然照耀着人们前进；欧洲人迎着曙光，复兴了科学；这些发展的前提条件是英国有产绅士的资助。这一时期，还有一个不是主要作用的因素，学院发展了科学和哲学思想。但是科学资助并不是主动进行的，研究常常因为得不到主动精神的支持和推动，而发展滞缓。资助是进行各项研究的主要动力，但此时要想使科学蓬勃发展，就必须得到某种独立思想的鼓励。

这一时期的皇家学会，也开始重视科学的发展。1662 年，伦敦皇家学会成立，培根《新大西洋岛》中所描述的梦想是他们的追求，他们希望通过一番努力能够创造一个新世界文明。18 世纪，人们解释清楚了有关物质与运动的一般概念，还在数学领域取得了很大的进步，人们通过显微镜、望远镜等光学设备，也系统化地认识了微观世界，生物科学也发展起来，更新和发展了自然史的分类，并重视解剖学的研究了。亚里士多德首先提出了地质学设想研究，这是项伟大的研究工作，继而是列奥纳多·达·芬奇通过测试：阐释了岩石记录。冶金技术在自然科学的推动下，改良了冶金技术，大规模地制造铁和其他原料不再是奢望。最终出现了工业革命的浪潮，不同种类的机器出现，某些实用性的发明进一步提升。

1804 年，瓦特发明了蒸汽机，蒸汽机改变了人们的生活。特里维西科用蒸汽机的原理，制造出了世界上第一台火车头，人类要在速度上突破自然的限制了。1825 年，第一条铁路也随之建成，火车在达林顿和斯托科顿之间开始通车。后来，斯蒂芬孙又做了一些改造，人们看到了载重 13 吨，速度为每小时 44 千米的“火箭” 头火车，在铁路上高速奔驰。1830 年以后，铁路的发展十分迅速。欧洲遍布铁路也不过是在 19 世纪中期。我们可以看看以往的速度，来算算这种变化对人们的影响有多大。拿破仑在俄罗斯惨败以后，用了 312 个小时才从维尔纽斯回到了巴黎，不得不在 1400 多英里的路程上返回，虽然想尽了办法，还是用了 312 个小时，他们的最高速度也只是每小时 5 英里，这其实比平常的旅行者已经快了很多，他们要想走完这段路程，即使花费两倍的时间也是比较困难的。公元前 1 世纪，最快的旅行者在罗马和高卢之间旅行，差不多是拿破仑的速度。当时速度很大程度上限制了人们的出行，各种文化的交流。19 世纪初期，有了铁路，速度不再是大问题，1400 多英里的路程只需要 48 个小时甚至更少。欧洲各主要城市之间的旅行时间缩短到了以前的十分之一，理论上也就意味着：政府行政管辖的地区相比以前扩大了十倍。然而，还是有待欧洲人去证实这种理论上的可能性。在欧洲，马匹与公路时代所划定的国界线仍然存在。当美利坚合众国正为向西部扩展筹划时，他们发现铁路对美洲的影响十分巨大，人们不用再去担心各个州之间遥远又危险的旅程，坐在火车上越过大陆到达华盛顿。美利坚合众国能维持这样广阔的领土，也要归功于铁路的发明。

下面我们将要看到海洋运输的发展。海上航行的第一艘轮船，是美国制造的“凤凰”号，它从纽约出发抵达费城。轮船的出现比蒸汽机还要稍微早一些。1802 年，“夏洛特·邓达斯”号出现，它也成功地穿梭在克莱德运河的福斯湾；1807 年，美国的“克莱蒙”号轮船往来于纽约以北的哈德孙河上，那是富尔顿加上英国的发动机制造完成的。1819 年，美国的“萨湾纳”号轮船，首次横渡大西洋时，还是要利用风帆。上面说到的这些轮船都有一些弊端，它们不适合远洋航行，由于其轮桨很容易损坏，而轮桨一旦破损，船只就不能前行了。后来人们发明了装有螺旋桨的轮船，由于制造工序困难，并没有得到广泛的使用。19 世纪中叶，海上运输得到了发展，轮船的载重量得到了很大的改善，终于超过了帆船，人们也可以预算出航海船只到达目的地的时间，大大方便了商贸往来。到 1910 年，最快的轮船横渡大西洋只需 5 天的时间，人们不用再冒几周或几个月的风险了，并且可以比较准确地预报抵达的时间。人们并没有停下认识世界的脚步，蒸汽机被广泛使用到陆海运输时，有些人在研究神奇的电，并取得了一些成效。法拉第、瓦提和加尔瓦尼等人开始试图捕捉自然界中的电，并进行大胆的电现象研究，正是有了这批好奇的科研者，人类的世界再次发生了翻天覆地的变化，更加便利的工具出现在人类的文明进程中。1835 年，电报被发明出来，1851 年，英国与法兰西之间的第一条电缆铺设成功。整个文明世界几年内就建成了电报体系。现在，信息可以同时传递到全世界的每个地方，以前那种落后的媒介，缓慢地把信息传播到另一个地方的方式，不再流行了。19 世纪中叶的人们，沉浸在火车、电报等诸如此类的东西的便捷之中，任何时代的知识和技术，覆盖范围和发展速度都比不上自己生活的时期，他们其实不知道这种进步在伟大发明过程中，不过是最早一批粗糙简单的成果。起初，当时的人们也没有认识到这种情况带来的影响，不过当人类使用各种材料的能力扩大时，作用显著，就变得更加重要了。到了 18 世纪中叶，冶金技术还比较低下，人们还只能用铁锤锤打小块的铁（这些还都是通过木炭在矿石中提炼的），制造成人类所需的形状。在很大程度上，工匠个人的经验和技巧对铁的质量和工艺有很大的决定作用，还有就是因为铁材料的限制。16 世纪时，人们用大炮开取矿山，但是受到大炮威力的限制，人们处理的最大铁块，不过二三吨而已。冶铁技术随着时代的进步，也取得了显著的成效。18 世纪出现了鼓风炉，鼓风炉随着焦炭的广泛应用也越来越进步。18 世纪，还出现了轧制的铁板（1728 年）和轧制的铁杆以及轧制的铁条(1783 年)，它们极大地影响器械的发展。1838 年，内史密斯通过这些基础，发明了气锤。

动力蒸汽没有出现之前，古代社会的人们只能使用落后的冶金技术。蒸汽的出现当然也少不了轧制铁板的协助，倘若这个基础没被发明出来，最原始的抽水机都应该不会出现得太早。科学技术在一时期内得到迅速发展，虽说当时的冶金技术已经算是最高水平了，人们有理由沾沾自喜。但从现代的角度来衡量，那些早期的机器怎么算得上轻巧便捷呢？它们也不过是一些粗糙笨拙的铁家伙。冶金技术当然还是要进一步地发展，故步自封，通常情况下，不但不会得到发展，还很有可能引起其他的弊端，就像后面将会提到的“日不落帝国”的兴衰。到了 1856 年，贝西默发明出转炉冶炼法。紧接着，1864 年又出现了平炉冶炼法。外行的人，不知道这些水平发展代表了什么，或许他们会做出些想象，成吨的白热钢水在熔炉之中沸腾翻滚，就如同牛奶在锅里翻滚一样，钢铁炼制、锻造和熔化技术得到了发展，精巧的机器将有望出现在人们的视野。人类实用技术的进步，取得了显著的成果，此时人们可以自由地制造巨型钢铁，完全控制钢铁的成分与品质，也不是什么大问题，这样的成功是前面的蒸汽机难以相比的。人们终于愿意相信：早期的各种发动机以及铁路的发明只是冶金技术的初步运用，人们的生活质量也会进一步提升，如果这个时候就乐得合不拢嘴，那么还是有些早了。不久，人们看到了实用效果，研究者相继制造出了钢铁船只、钢铁桥梁等类似大规模使用钢筋的新式建筑。他们该知道这些大规模建筑的使用范围，很快，人们就发现，以往建造的铁路好像忽然变狭窄了，如果把轨道再设计得宽一些，那旅行就可以更加稳定舒适了。

19 世纪以前，船只的装载量一直稳健发展，限于技术，并没有制造出超过 2000 吨载重量的船，但现在人们发现，载重 5 万吨的巨型轮船比比皆是。有些见识浅陋的人，嘲笑这些大“体积”的进步，他们或许会认为那只是过去小型船只和小型建筑的扩大和变形，这实在没有什么值得炫耀的。实际上，这种大船或钢铁等巨型建筑，与人们的臆想不同，它们是一种完全不同性质的新事物。以前，人们在建造房屋与船只时，材料有着决定性的作用，人们只能服从材料的要求，还要凭借经验和技术。现在，新事物出现，它是由更精细和复杂的过程设计出来，它们更坚固，同时也变得精巧起来，加上优良的材料，它们也更耐用。人们开始建造新的房子，在船舶中使用新材料，随意使用或改造想要的事物。600 英尺的建筑是这样建成的：从矿井与河岸挖掘出煤、铁、沙子后，把它们搅拌、锻炼、熔铸，终于变成钢铁和玻璃，高大建筑物一步步地走向了天空中。

人类发展过程中不单单是冶金技术，还有很多其他技术的进步和成果。19 世纪前还尚未认识到镍、铝，后来通过相同的认识过程，在自然界中发现了越来越多的金属。人们对各种物质的控制能力增强，机械革命的巨大成就还在日渐增强，比如发明各种玻璃、各种染料和纺织、各种石膏等。人的主观能动性非常强大，这些还只是成果的起步阶段，不过人们仍要去学习如何操控自己拥有的力量。一开始人们并不能很好地利用科学技术成果，出现许多庸俗的、愚昧的，甚至是可怕的做法。当时，各行各业的技术人员还无法随心所欲地控制各种物质。这期间，电的研究成效显现出来，新电学也得到了迅速的发展。19 世纪 80 年代，人们的生活因为电学的研究成果，得到了很大的便利。输送能量在电灯与电力出现后，成为可能性，人们能够自由地将电能量转化为力，就好比用水管送水一样，电能量能转化为机械运动、光和热，普通人的思想开始有了这一系列的观念。

英国人和法国人最先在电领域做出成效。然而，拿破仑的统治让德国人遭到了屈辱，德国人开始积极投身到科学研究上，他们热情高涨、坚持不懈，研究水平逐渐超过了英国和法国。如果英法能够一直积极地进行科学研究，或许德国人就不会紧追不舍了。英国的教育水平衰退，只是迂腐地研究拉丁和希腊等古典名著，学术中心之外的英格兰人和苏格兰人发明出来了大部分科学成果。法国正在探究耶稣会士学派的古典传统，顾不上科学的进一步研究，因此也没有取得进一步的成就。尽管德国的这些机构的规模仍比较小，但比英国、法国来说已经很大了。英法两国只有寥寥无几的科学家在坚持研究，因为国家没有给他们更多的权力，或许是怕科学家们掌握了发明技术，发展富裕起来，会受到一种潜在的威胁。但那些科学家、发明家根本无心靠科学研究发家致富，如果他们有这样浮躁的心，或许也不能研究出什么实用性的东西了。然而，通过科学家们的发明，得到经济效益的，是那些目光敏锐的贪婪者。英国的有钱人在每一项发明上都得到了益处。他们虽然不会去侮辱杀害那些创造利益的科学家和发明家，他们不是宗教极端分子。但是他们即使知道那些科学家、发明家遭受贫寒困顿也不会提供一些必要帮助。他们认为这些聪明的科学家和发明家，理所应当地为他们服务。

德国人比他们聪明多了。德国的学者们面对新的学问，不会感到厌烦，不但允许它的发展，还会以强烈的好奇心去探索。当然，德国的发明家也不会受到英国那样的歧视，德国商人会为发明家提供一些资助。德国人不会随便糟蹋知识，他们像对待农作物那样提供必需的肥料。因此德国人不但给科学家提供更多的发明机会，还要资助他们，给他们非常丰厚的经费。到 19 世纪下半叶，德国的科学技术达到了一定的水平，很多国家望尘莫及，为了紧跟学科最新发展潮流，科研人员必须掌握不可或缺的德国语言。德国的某些学科远远超过了西方邻国的水平。 六七十年代，德国科学家为科学领域所做的工作在 80 年代开始呈现出明显的成果。德国的技术和工业超过了英法两国。

19 世纪 80 年代，出现了一种轻便高效的新型的发动机，这标志着人类发明史翻开了新的一页。它带来的动力威力不知道比蒸汽机大多少，被运用到了汽车上后，又逐渐提升了它的轻巧和效率。人类也能够依靠它实现飞行器的制作。1897 年，华盛顿史密森学会的兰勒教授，就已经成功地研制出一架小型飞机，虽然不能载人，但还是给后继者带来了灵感。1909 年，飞机已经在交通上使用了。交通速度在铁路和公路越来越完善时，并没有改变多少，人们不知道发展空间还有多大。飞机出现后，人们惊奇地发现，人可以像鸟一样翱翔在天空中。18 世纪，人们体验到了飞机的速度，从伦敦到爱丁堡只用了 8 天时间。1918 年，英国民航运输委员会做出了大胆的报告，用不了几年，绕地球半周，只需 8 天就能从伦敦到达墨尔本。

人隐藏着巨大的能量，速度提升只是一方面而已。19 世纪，人们在农业化学、农业科学上都获得相同的进步。人们为了获取更多的食物，懂得了如何在相同面积的土地上获取比 17 世纪多四五倍的作物。人类的平均寿命也因为医学的发展而不断延长，医学不但减少了疾病引起的死亡，也提高了日常的工作效率。

总之，海陆空都活跃着人类的足迹，各种高大建筑涌现，医疗化学水平提高，人类的生活变得越来越便利，迈进了一个新的历史阶段。人们用了仅仅 100 多年的时间，充分发挥了机械革命。从旧石器时代到农耕时代，或从埃及的斐比时代到乔治三世时代的悠长的岁月里，哪一时期的生活质量能达到这段时间的水平？人们不但对获得的所有巨大成就感到自豪，还适应时代产生了服务人类事务的新物质结构。在这初步阶段内，我们不但要大幅度调整经济、社会，还要重视政治层面，但这种调整的基础是机械革命的更深一层的发展，人类将要做出更多的努力去完善。

第五十八章　工业革命

这里的机械革命与工业革命是不同的，不能通过一些历史书的介绍，而把它们混为一谈。在人类的进程中，机械革命是一种新型的事物，它是个发明的阶段，发现金属，促进农业发展的农业技术等，在有组织的科学发展上成长起来，它是科学的新进步。但历史上曾有类似工业革命的发展，它指的是经济和社会的发展，机械革命和工业革命两者的性质是大不相同的。这两个过程的关系是：同时进行并且相互作用，其实是两种完全不同的概念。类似工业革命这种发展潮流，不会因为世界上没出现煤、蒸汽、机械而停止出现。但如果是那样，罗马共和国晚期的社会经济的发展路线就会持续；原有社会经济也可能会被失去土地的自耕农、庞大地产、金融财富、集体劳动所损坏。如果说到生产方式的话，工业生产也是在机械和动力出现之前就存在的。工厂不是机器的产物，是劳动分工的结果。社会的生产方式不会随着机械的演变而改变，水轮没有被用到工业生产以前，遭受剥削但训练有素的工人没有闲下来，他们已经开始研制妇女的装饰品、家具、绘制彩色地图、硬的纸箱，以及书籍插图等类似的物品了。工厂在罗马的奥古斯都时代，就已经出现了。比如，抄写者们在出版商的工厂里，按口授笔录写成了新书。我们还可以在笛福的著作和菲尔丁的政治小册子找到一些线索，英国在 17 世纪末的时候，已经开始让贫民从事集体劳动，自谋生计了。1516 年，我们也可以从莫尔的《乌托邦》中看到有关工厂的设想。工厂并非机械发展的产物，而是社会发展的产物。

18 世纪中叶，事实上，西欧的社会和经济史走向了倒退，他们开始学习公元前最后三个世纪的罗马城邦的老路。不过由于多种原因，历史还是转向了一个崭新的方向。如欧洲政治的不统一、底层人民掀起了反对君主专制的起义，他们认识到了机器的发展前景，认识到了新发明的便利。这一时期，还有一些有见识的有产人士，转移了对奴隶和集体劳动的关注，也开始把精力放到了机械动力和机器上。在崭新的欧洲世界里，基督教随着印刷术广泛传播，它的教义使各地的信徒团结一致，思想广泛传播，再加上当时各国各自为政，政治权力的分散，政治生活领域相对宽松，人们才有机会把目光投放到机械动力和机器上。

人类的生活产生了新事物，机器革命出现，也就是机器发明和发现的过程。机器革命不关注是否对社会、政治、经济以及工业产生影响，它只是向前进展。另外，机器革命与其他的社会变革相同，促进了工业革命的出现，不断使人类生活发生改变和转换。罗马共和国后期的几个世纪，与十八九世纪的资本集中很相像，王侯贵族大量聚集财富，征敛赋税，任意损害其他阶级的利益，很多小商人和小农阶级都走向破产，但这两个阶段之间仍有本质上的区别，在机器革命时期，劳动性质发生了深刻的变化。在旧世界，统治阶级非常重视人力，当时的所有的动力，虽然会使用一些兽力，但都是人力驱动的，被统治阶级，大多数都是被压迫的，他们靠着肌肉承担国家的建设问题。虽然会有牛马等的帮助，主要还是靠人抬起重物；被压迫者要凿开岩石去开路去开矿；人驱赶着牛去耕田。在罗马时代，桨手们要流汗去划桨，载着达官贵族的船只缓缓前进。在人类早期文明中，多数人就相当于现在的机器，他们没有什么地位，只有靠出卖劳动力维持生活。人力在机器出现的起始阶段，在笨重劳动中仍然占主力。统治者为了开凿运河、修建铁路或筑堤，役使了大量的劳动者，劳动力在他们眼里，仍是廉价不可或缺的产品。冶炼技术的发展，也需要更多的矿工。但是，速度增长更快的还是便利的设备和商品的产量。直到 19 世纪，新观点随着新环境的到来日渐清晰，动力源泉范围扩大，并且效率更高，才不滥用人类劳动力，机器能够更迅速更轻巧地完成人工很困难才能完成的事，并且不会像人那样产生抱怨，不需要太多休息时间。人的主要工作和任务是发挥判断能力和智慧驱动机器工作。在以前，被役使者麻木地完成艰辛的任务，他们只知道服从，失去了活跃的思维，但是现在用不到他们了，人类为了谋取幸福，想到了更便捷的方法，对这些曾经的苦力来说，是好事也是坏事，但长期来看，还是有助于他们生活。

人力资源的价值转换，在农业、采矿业那些古老的工业中也出现过，只是没有冶金工业时代显著。机器可以用来耕耘、播种、收获 ，一台机器可以做十几个人的工作。罗马文明产生在廉价的劳动力身上，而近代文明产生在廉价的机械动力上。100 年来，发生了一些转变，人们拥有着越来越廉价的机械动力，却不愿意轻易出卖人力劳动力。矿井里有了机器，但仍然使用大量的人力劳动力，那是因为人力还是比机器廉价。这在人类事务的发展中是一个极为重要的转变。在古代文明中，富人和统治者苦于维持足够的劳役力，财富要靠着人力来挖掘。但到了 19 世纪，聪明的人开始注重对贫民的教育，让他们懂得作为劳动力应该做什么，这样一来，就比那些纯粹的苦工更有价值。自基督教传教以来，欧洲一直缓慢实施大众教育。然而在亚洲，伊斯兰教传播的地方，大众教育早就已经开始发展。 伊斯兰教的信奉者必须阅读有关信仰的书籍，明确一些被拯救的信念。为了争夺信徒，基督教可以发生争辩，因为他们认识到了大众教育的耕耘作用。比如，在 19 世纪三四十年代中，英国甚至出现了教派的儿童教育组织，还因为教派发生了纷争，为了争夺年青一代的教徒，出现了国立教会学校、罗马小天主教，还有对国教不信奉的“英国”学校。19 世纪下半叶，大众教育在西方世界得到了迅速的发展，上层阶级有着各方面的顾忌和目的，没有快速普及这种教育模式。这个时期的社会中，知识分子不像以前那样与大众之间存在教育水平上的隔阂，他们之间只是有着程度高低的细小差别。教育的发展范围和水平从表面上看，与机器革命没有任何关系，但事实上文盲阶层正是因为有机器革命才得以消除。

罗马共和国时期，教育得不到广泛的传播，那些普通的罗马平民并没有真正了解过罗马共和国的经济变革，他们也不明白生活环境的变化，如今我们可以代替罗马民众，透彻和广泛地理解他们的政治生活变化。到19世纪末期，工业革命的发展已经促使广大民众能够读书、探讨和相互交流了，当时的人们并不满足已经获取的知识，贫民们也开始四处游历、观察事物，这在过去是从来没有的，所以此时的普通人在受到工业革命的影响后，都能将这一时期看作是一个完整的进程。

第五十九章　现代政治与社会思想的进程

古代的文明制度、风俗和政治观念在悠久的岁月中缓慢地演变着，谁能预见、筹划未来呢？一切都是在无意识、自然而然地发展，人们才有了对彼此间关系的清晰思考，公元前6世纪，这是人类伟大的青春期世纪。人们第一次开始质疑那些已经确立的法律、信念和执政方法，这是个伟大的进步，不但如此，他们还想要改变它。

在前面我们已经提及过，希腊和亚历山大城的知识辉煌史，也说过在不久之后，其腐败的奴隶制度、宗教迫害以及专制政体是怎样腐蚀知识的曙光的。十五六世纪，欧洲一直没有打破禁锢走向思想自由之路，前途还是一片黑暗。蒙古人的远征风暴，以及阿拉伯人的好奇心扫清了欧洲的一些传统，欧洲的自由精神开始受到了重视。一开始，人类获得了大量的自然知识，发展了物质成就，认识了物质力量，这也是人类理性恢复的第一批成果。和人类感情密切相关的有多个方面，包括社会心理学、个体心理学以及教育经济学等这些社会科学，它们自身本来就很微妙复杂，人类的认识逐渐得到了提高。然而，这个认识是非常缓慢的，一个是自身发展的不可捉摸性，另一个就是经常会有强大的反对力量，这些都阻碍这些学科的发展。当时出现这样一种情况：通常人们愿意倾听繁杂的天文和原子的知识，也不愿意听不同生活方式的不同思想，这实在是件令人头疼的事，这毕竟也是一代发展的一个结果，但是他们还是会坚持分析研究对人类密切相关的学科。

在古希腊，柏拉图的那种乌托邦思想已经产生，亚里士多德还没开始探索事实，人类的思想源远流长，博大精深。柏拉图的《共和国》和《法律篇》中的乌托邦故事，虽然没有实现或发展，但还是影响了欧洲人，欧洲那些最早的智者开始满怀激情地探究政治。柏拉图的思想还影响了托马斯·莫尔爵士，尽管只是一种怪异的仿照，但还是在英国新恤贫法中产生了效果；那不勒斯人的康珀内拉更富幻想的《太阳之城》，却没有对人类产生过任何实质性的影响。这也正显现着古希腊的智慧。

17 世纪末，人们开始探究政治和社会科学，这方面的著作也出现了很多，这些也是为了让人们能够更好地跟上时代潮流，或是为了解除人们内心的困惑。不管怎样，这时期也出现了很多优秀的学者。英国出版商的儿子，约翰·洛克是这些作者中的先驱之一，他是牛津大学的学者，曾在牛津大学从事医药和化学研究方面。至今我们可以看到他有关于信仰自由、政治和教育方面的很多论文，这些资料显示，作者已经相信社会改造会成为一种可能。法国也出现了有着相同威望的思想家和法学家，他就是孟德斯鸠（1689—1755 年）。比约翰·洛克稍晚一些，他先是对政治、社会和宗教制度进行了探索性的研究，然后根据自身的智慧判断，做出根本性的分析，他甚至激烈地认为法国的专制君主政体完全是虚伪的政体。这样，孟德斯鸠与洛克这些颠覆思想，确实让人们耳目一新，并且有了相同的感受，人们愿意跟随这些先进者一起清除妨碍人们改造人类社会进行思考和尝试的诸多错误观念，因此他们一起赢得了巨大的荣耀。

18 世纪中后期，新一代的探索者继续认识政治和社会，他们扮演着重要的角色。人们大都是在洛克、孟德斯鸠的基础上，开始了更大胆的探索，前人清理了人类的道德和理智间的纠纷，更多的问题需要人们去解决。在这些人中，出现了名字响当当的教派，它就是“百科全书派”，都是由很多出身于耶稣会中的极具反抗精神的学者构成的，他们希望建立一个新世界。经济学派在这个时期也登上了历史舞台，他们有自身的见解和贡献。经济学派大胆、直率地研究食物和商品的生产与分配方面，为后来的经济体制改革做出了一些探索。莫雷利是19世纪各派集体主义思想家的先驱，也是《自然法典》的作者，在这一书中他严厉批判私有财产制度，并提出建立共产主义社会组织的设想。

到底什么叫社会主义？从形式上来说，能够有上百个不同概念的解释，并且也会有上千个不同的派别进行争论。就本质上而言，社会主义批判私有财产制度，它是从大众利益的角度出发的，提倡共同获取利益财富。我们能对历代的财产观念做简短的描述。在我们的政治生活中的两个基本概念是国际主义和社会主义，它们不是完全对等的。因为人类有了好斗的本能，根据进化论来说，人类未进化前是类人猿，作为一种动物，很早就存在占有私有财产的行为了，所以才产生了财产权的观念。原始人类的争夺的物品和动物之间进行争夺的东西，就是原始财产。比如，骨头是狗的财产；洞穴是母虎的财产；对于拥有领袖的群居动物来讲，统领的地位便是一个很有吸引力的财产，这些都是显而易见的财产所有权。在社会学中，最荒唐的就是“原始共产主义”，这根本是不可能实现的事。在旧石器时代初期，领袖已经开始占有妻子、儿女、工具和所有看得见的财产。从神话传说中的战争史可以看出，很多战争都是为了财产争夺而挑起的，著名的就是争夺那个叫海伦的美丽女人。只要领袖活着，他就会想方设法带领部族，打击想要夺取他的东西的人，只要有可能，他必定会将对方杀死。部落的传统就这样一代代地传扬下去。阿特金森在他的《原始法则》中说过这样一句话：时间不断地流逝，部落长老渐渐地承认了年轻人获得财产的行为，包括从其他部落掠夺而来的妻子、装饰品以及他们所杀的猎物等。人类正是在财产权的相互妥协中，得以成长。这是一种将其他部落驱逐出自己势力领土的本能妥协。人们特别想占有那些公共地盘，倘若某个山 脉、丛林、河流不属于你的地盘，也不属于我的地盘，那它就是我们共同的地盘。不过这种愿望几乎不能实现，当所有人都想把它占为已有时，每一个出动者都会受到其他人的攻击，这也是本能妥协的一个体现。因此一开始社会就是对占有权的调和。本能的占有更强大，它不会受到理性的控制，这也是文明社会的人与兽类和原始人类的不同之处。

当今没有受过教育与原始人没有太大的区别，没有理性的制约和道德的约束，他们的占有欲望是永无止境的。他们认为女人、俘虏、野兽、空地以及采石场等一些好东西，抢到手的就是自己的。这些得不到限制的欲望，给社会带来了极大的不稳定。于是，随着社会不断的进步，越来越迫切地需要制定一种法则以防止互相残杀，解决所有权的争夺也需要一种简易的方法：提出了所有权的产生，最先制造出、最先获取或是最先主张的那个人，这和专利权的性质有些相似。人们理所应当地认为：债主可以在欠债者无法还债的情况下，没收其财产；同样地，如果一个人把自己所有的土地，交给另一个人使用，那这个人就可以向使用该土地的人索取租金。社会生活越来越发展，人们逐渐认识到了有组织的生活的合理性，他们越来越了解到，这种无限制的占有欲是有害的。人类并不是从人类诞生的那一刻起就占有了一切的权利。人类先在这个世界诞生，然后才占有世界的。现在我们没办法弄清楚早期文明的社会斗争，不过我们仍能够看到这种不良影响，在前面已经讲过罗马共和国的历史，显示出债权已经对社会生活造成了不良的影响，当时的社会意识认为应该废止那种制度。此外，人类也不能无限占有土地，君主独裁不可取。后期的巴比伦就曾限制过占有奴隶的权利。后来，伟大的耶稣也猛烈抨击人类的所有权。他这样说，如果一个有着很多财富的人能够升入天堂，除非骆驼能够穿过针眼。世界范围内，抨击财产所有权的事情一直持续了2500年到3000年之久，各种起义也是对所有权的控诉。1900多年以前，基督教已经出现，就在耶稣出现以后，信仰基督教的人渐增，也渐渐相信了人可以没有财产权。人们不再信奉那种“某个人对自己所占有的东西想怎么处理就怎么处理”的理念。

但是，18世纪末的世界，财产权总是能蛊惑人心的，人们始终只是怀疑这个问题，有产或无产的人，只是在特定的历史事件内考虑到这些问题，当时的人们并不能清晰地判断这些权力该何去何从，人们也找不到任何解决的方法。那时，人们的想法比较单纯，自己的财产只要不被王侯们强占，或不被国王挥霍，就是非常好的事情。法国大革命的爆发，主要因为国王的苛捐杂税侵吞了平民的私有财产，人们主要是为了保护自己的私有财产。但是，革命中的平等主义，又使革命反过来批判它曾经保护过的财产，这不单单是革命的一个弊端，也说明了人类不可能达到真正的全面平等。贫穷的人常常这样说，没有居住的地方，吃不饱穿不暖，如果不去劳动，占有者就不给他们住所与食物。

如果不能消除这种不公平，那就“平分”，这是一个个重要的团体想出的好办法。一些原始社会主义者为了实现自由平等，主张废除私有财产，使一切财产归国家（应理解为民主主义国家）所有。

这样一来，很容易出现两种极端，虽然同样都是追求自由和幸福，但一方提议财产权的绝对化，一方坚持要彻底消灭财产私有化。这是个客观存在的事实矛盾。我们可以从这一矛盾上发现，所有权并不是能够轻易解决的一件事，而是很多复杂事物的结合体。

到了 19 世纪，在社会不断的发展中，矛盾仍存在。人们渐渐地意识到，财产就是拥有对很多不同结果和不同价值的复杂的所有权，已经算不上是单纯的事物了。财产包括个人财产和公有财产，这些与原始的分类有很大的不同。私有财产有很多事物完全属于个人财产，如个人的身体、艺术家的工具、牙刷以及衣服等。公有财产也包括很多东西，比如铁路、房屋、花园、机器、游乐艇等。但是这些物质的特定划分也是不准确的，国家经过具体的考虑管理或划分，众多的物质在何种程度属于公有财产，在何种程度属于个人财产，现实生活中的这些问题就是这样进入了政治的范畴。如何有效地实施国家管理、维持国家发展，也与这些问题有关，此外，它们还涉及许多教育学、心理学的内容。这时，人们还是任意地不科学地批评财产。一方面，为了用已经有的财产来保证和扩大自由权，人们提出了个人主义；另一方面，为了将国家的财产集中起来去限制个人的财富，提出了社会主义。事实上，我们能够发现，所有阶层的人都处于共产主义和极端个人主义之间，一方面，完全否认占有财产；一方面，认为政府的税收与自己无关。现在我们所谓的社会主义，注重团体的发展，也被称做集体主义，但不是消灭个人的私有财产，同意个人有相当数量的私有财产来调动人民的积极性，但也主张应该由国家去完善各种组织，并且享有重要的物质生产权，还有教育普及、开发矿产、完善交通、土地所有权分配等权力。近来，有一些社会主义者开始有了主张用科学的方法研究和计划的想法。人们还逐渐发现，没有接受过教育的人身上有各种弊端，要想在大规模的事业中，与这些人合作是件相当困难的事情。因此，教育必须要紧跟时代潮流做出相应的完善措施，教育要适应国家在过渡过程中的变化，和接受私人企业的过程中整顿，一定要组织机构有效地进行控制、监督。当代国家里的新闻出版物和政治运动，都会受到各种各样的限制，大规模的集团活动才是正途。

共产主义在全世界广泛传播靠的是一种显著的基本形式，是因为雇用者与被雇用者之间，常常会出现各种纠纷，导致关系紧张，特别是自私的雇主和有反抗精神的雇工之间关系更加紧张。马克思最先提出这种共产主义，并通过各种实践进一步地完善理论基础。人们的思想意识也受到经济条件的制约，在现代文明中，富裕的雇用阶级压榨被雇用阶级的剩余价值，他们之间有着某种必然的利益冲突。上文还提到过机械革命与教育的关系，教育在机械革命的基础上得到发展，而教育的发展又促进人的觉悟，被雇用阶级开始向着更高的阶级进军，他们也越来越坚定地反抗占统治地位的剥削阶级，向着伟大的蓝图前进。马克思曾预言过，腐朽的统治阶级，定会在工人阶级觉醒以后，被某种方式夺取政权，政权被推翻后，会建立一个全新的社会主义国家。这些政权交替可以通过反抗、起义和革命等手段，但不管怎么说，这都对社会造成了一定的破坏性。 在俄国的社会主义运动中，可以看到马克思主义理论的破坏力，他们提倡要用武力彻底消灭剥削统治阶级。马克思看出阶级之间的矛盾是主要的矛盾，要用阶级斗争代替国际斗争，为此，他曾提倡建立了第一、第二和第三国际工人组织。然而，这种思潮要是从近代的个人思想出发，或许也会成为一种世界性追随的狂潮。从英国伟大的经济学家亚当·斯密时代起，人们就开始讨论认识这些问题，在研究的过程中慢慢地发现，那些让全世界繁荣的目标，必须建立在一些基础上，最主要的还是在世界范围内，贸易要获得自由、不能受到丝毫的阻碍。实际上，这种想法很难实现，因为很多个人主义者敌对国家，不愿把自己的精力浪费在国家的利益上，他们同时还敌对国界和关税，也就是那些以国界、关税为法律依据，限制了各种运动的自由行为，是他们所敌视的。这两种思想路线，精神实质上就截然不同，如果想要更形象点，这就好比是产生在维多利亚女王时代，出现了自由贸易的哲学，它们体现着英国商人所主张的个人主义。这种思想与马克思主义者所主张的阶级斗争的社会主义思想一样悬殊。然而，它们还是有一些相似之处，他们都宣告不应该用国家的边界去限制各种人类事务。这是非常有意思的一个理论对比。现实的逻辑通常比理论的逻辑更深刻。我们渐渐地发现，那些研究社会主义与个人主义的人，其实是从两个相反的立场出发研究同一个问题，这个问题就是共同劳动的问题，人们应该怎样做才能实现这个目标，需要一个更为广泛的政治和社会的解释和解决方法。在这个新文明、新思想和新发现的时代，人们的目标不再是地中海，已经面向了全世界，人们这个时候更加质疑神圣罗马帝国和基督教思想，并且在欧洲得到了强化。

本书的读者可能会对从古至今的社会、经济以及政治等诸多思想的发展和纷争感兴趣，但脱离本书的范围与意图，不太适合介绍很多争执不休的观点。然而，即使是这样，从宏观来看，人们并没有完成这些指导思想的重建，也不能准确地说出，甚至去评价这项任务究竟完成到何种程度。但我们还是能够看到某些正在形成的共同信念，它们明显地影响了今天的政治事件与公众的行动。人们还是不能有组织地去实现它们，因为这样信念模糊，没有充分的说服力。在历史发展的过程中看出，人类在传统与新思想之间摇摆时，更容易倾向于传统的方式。尽管如此，与前人相比，人们的思想渐渐形成一种新的形态。但是，它还是很模糊，只有一个大体的轮廓，在细节和规则上还稳定，然而，要相信，它的方向会越来越清晰，它最主要的轮廓也越来越固定。

时光荏苒，有一个观点逐渐清晰，人类向着一个共同体转变。人类要共同管理很多世界性的事务。比如，全世界其实是一个经济共同体，面对自然资源，要考虑全面后适当开发。再如，现在整个世界也开始关注这样一个问题，世界要联合起来处理一些问题：疾病、传染病、人口增长和移民的问题；此时的人们也遭受着更大的苦闷，一旦战争爆发，会给人类带来很大的灾害，并且由于人类活动范围扩大，活动能力增强，这种战争的扰乱性和毁灭性也会波及世界。所以，为了解决政治和民族斗争而发动战争的方法也不再适用。为了实现这些构想，需要比从前的每一个更大规模、更具控制力，有着更大的权威性的政府，必须要有这些新的政治实体。

我们最初的反应是征服、联合的现存政府组成一个世界性的超级政府来解决这些问题。人们经过半个世纪的实验和探讨，推测现存制度，还试着要成立人类议会、世界总统、世界皇帝以及世界国会，事实证明这些不能够很快实现。需要跨越一系列的阻碍，才能沿着这条路实现世界统一。现在人们换了一种思维，找到了一个能够执行的方式，成立了一个世界性特别委员会或组织，并赋予它权力，组织的成员是现存政府的代表，他们负责指导如何开发自然资源减少消耗，还会帮助解决世界和平、劳动条件的平等、人口、货币、疾病、健康等各方面的问题。

世界政府没有实现，并不代表世界人民不能够同心协力做一件事，但可以看得出，共同事业中仍会关注人们的共同利益。虽然人类还没实现完全统一，爱国主义者会忌妒质疑国际合作，但是实现人类的共同信念还是一个必须实行的基础。应该广泛地传播，人类就是一个大家庭，地球是我们共同的家园。

在上千年间的岁月中，普世宗教一直努力传播“人类皆兄弟”的思想。然而迄今为止，人们还是会受到各种思想的干扰，憎恨、愤怒和猜忌仍然长时间地存在于各国之间、部落之间、各种族之间，这些不良思想依然阻碍着人们公仆思想的形成。公元六七世纪的基督教已经证明了这种思想的不可行性，他们在那混乱的局势里还妄想支配欧洲人的灵魂。现在，那些忠诚的、默默无闻的传播者还在努力地传播人类皆兄弟的思想，尽可能地传播和普及这种观念，没有哪位当代作家可以推测这一事业的发展前景。

我们都不是预言家，不能超越同时代的思想，也不可以超越自身的知识行事。我们不知道前面是什么，有多少的战争阻碍和平，会有多少的浪费、悲痛和恐惧，什么时候才能结束毫无目的的生活，我们只有满怀激情去前进。尽管前路模糊，还会受到各种质疑，但仍然进行着一项重建知识的大任务，在走向完善的过程中，我们的观念也会越来越清晰和准确了。我们很难判断，这项任务的进展到底是迅速还是缓慢。人们心中在这种观念逐渐变得清晰的时候，自然而然地会凝聚在一起，这是一种伟大的力量。但是，由于这种观念还缺乏保证和不够准确，因此这种力量还没有完全形成。

第六十章　美国势力的不断增大

北美地区因为交通工具的发展，当地人民很大程度地转变了生活方式。北美的发展速度，也受到了世界的瞩目。美国把18世纪中期的自由思想纳入宪法之中。它的政治体系维护私有财产，并把这种权利看作是自由的一种，取消贵族头衔，废除王权和国教；男性成年公民在这种制度下，还享有选举权。一开始因为选举的方式不够成熟，高度组织化的政党机构，掌握了政治生活，这些措施在各州实行的情况各有不同。美国这个时代的精神非常强大，这些刚刚重获解放的人发挥出巨大的热情和公共精神，比同时代的任何民族都要充满活力。

接下来，我们关注一下交通工具在速度上的提高。交通运输工具的发展，拯救了美国共和国的统一，使得这个地域辽阔的大陆国家能够便利地连接起来。美国是交通提速中受益最多的国家。但是美国人却理所当然地认为，就算没有铁路、电报以及轮船，美国一样能够走过这些历程，但是他们忽略了自己的获益情况，英、法、德发明了工具，提高了交通速度，美国享受着这些成果，这些优势怎么能够抹掉呢？首先是轮船和铁路，方便了美国的西进运动，没有这些发明，美国人或许永远都不能穿过中部大平原。如果缺少了这些便利的交通工具，他们大概要用两百年的时间，才能从东海岸移民到密苏里州，而这样一段路程还不到大陆宽度的二分之一。

事实上，他们只用了几十年的时间。1821年，“独木舟”密苏里州在密苏里河对岸建立，移民走过了到太平洋那段剩下的距离。

我们可以在1600年以后的美国地图上通过人口转移的方向和速度，探求交通运输对他们的作用，有了事实证明，他们就不会主观认为，就算没有这些发明，也照样能这样发展了。不难发现，在两百年间，移民沿着河岸地区或水域缓慢地前进，当到了印第安纳州、肯塔基州时，他们移动缓慢，几乎停止了。然而在1810年前后，这种情况有了很大的转变，轮船出现后，顺着河流的航道，速度明显提升，移民速度增加，扩散范围扩大。不久，开拓者从沿河区域扩散到了堪萨斯州、内布拉斯加州。

在1830年左右，铁路出现了。移民们不用缓慢爬行了，他们可以飞奔向前，好像是喷墨机一下子喷出来的，人们怀着惊喜的心情前进。有些区域的人口忽然增加了很多，10万人以上的城市也逐渐增加，这些地区快速发展，都离不开周围铁路网的帮助，铁路增加了速度和载客量，人们可以更加便捷地流动了。

在全世界，美国是一个很神奇的民族，十三个州独立后，国家还不稳定，但是它们却迅速发展起来，这是从来没有过的。还是因为铁路的帮助，它们拉拢了国家，扫除了一些分裂的可能性，如果是在以前，不用说出现这样的社会，就算出现了，也肯定会很快瓦解的。假如没有电报、铁路，中国的那一套封建统治将会非常占优势，从北京管理加利福尼亚要比在华盛顿更容易。美国人口也因为交通的发展而迅速增加，国家越来越统一，社会也趋于稳定。他们的生活习性也越来越相似，今天的纽约人和旧金山人比一个世纪以前，新英格兰人与弗吉尼亚人更加相似。现在国家内的这种同化作用，依然在不断进行着。在铁路和电报的作用下，美国的语言、思想和行动渐趋统一，逐渐成为一个不断增大的协调的统一体。不久出现了航空事业，并为社会的发展做出了巨大的贡献。

美国是世界上唯一一个达到大规模的单一民族国家，历史上从来没有出现过这样的大共同体。历史上曾出现过超过一亿人口的大帝国，可它们都是多民族国家，美国相对而言，就是一种新生事物，我们应该用新的词汇来称呼它。我们称荷兰、法国为国家，也称美国为国家，这种普遍的称呼不能点明它们之间的区别，就像汽车和马匹，虽然同为交通工具，却有着不同的速度和使用范围，当然美国人是深深明白这种区别的，他们也很自豪地认为自己是“天赋使命”的国家。美国诞生的时代和环境与以前的国家完全不同，这也就导致了新生事物的产生，这个新的国家以飞快的速度走着完全不同的道路。美国就规模与可能性来讲，恰恰是欧洲式国家与全世界联合起来的国家之间的一种国家。

美国进行了激烈可怕的战争，力图使自己更加强大和安宁，也出现了统治世界的野心。刚开始还只是内部的纷争，特别是南北方的利益纠纷。由于没有及时地普及铁路、江轮和电报等相关设施，联邦南部诸州（实行奴隶制度）与北部诸州（都是自由人，崇尚自由），陷入越来越深的利益冲突和思想冲突。最初，轮船和铁路加深了美国南北之间的冲突，战争带来了军队和暴行。使南方精神与北方精神靠着新运输工具发生了激烈的对抗，这时交通工具不单单是促进国家统一那么简单了。美国的北方精神注重自由和个人主义，南方却恰恰相反，大地主和上流社会的人们，为了获得不劳而获的生活，仍然坚持奴隶制度。两方几乎没有和解的可能性。

南北战争爆发的时候，正好赶上人口大规模西移，州组织成立，因此战争越发激烈。新成立的州政府面临着水火不容的两种抉择：是拥护自由和个人主义呢，还是要支持等级制度和奴隶制度？美国从 1833 年起，就成立了反对奴隶制的协会，为了防止奴隶制度的扩张，开始全国性地向国人宣传废除奴隶制。后来双方开始讨论得克萨斯州能否加入联邦，这种讨论发展成了公开的冲突。原来，墨西哥共和国掌管着得克萨斯州，不过它的开辟者主要是实行奴隶制各州的移居者，1835 年，得克萨斯为了获得独立，脱离了墨西哥，1844 年它被规划为美国的领土。得克萨斯州的奴隶受到墨西哥法律的一些支持，可现在加入美国后，南方又声称这里要实行农奴制，并且付诸实施。

这一时期，美国迎来了越来越多的移民，远洋航海事业得到充分的发展，方便了各地羡慕美国的人，人口显著增长的是北方各个州。北方的很多农业区都被提升到州，如明尼苏达州、俄勒冈州、艾奥瓦州、威斯康星州等，他们都是信仰自由的人，由于北部人数在参议院与众议院中增多，反对奴隶制的势力增强。种植棉花的南方受到了两个方面的威胁，一方面因为废止奴隶运动的日益强烈，自身的利益受到严重的挑战；另一方面又意识到北方在议会中处于优势地位，自己没有胜算的把握，于是开始讨论脱离联邦。南方人向往那些拥有奴隶制度的庞大帝国，他们计划在吞并墨西哥、西印度群岛之后，创建一个巴拿马的奴隶制的庞大国家。

1860 年，亚伯拉罕·林肯当选为美国总统后，南方更急于脱离联邦，这个总统竟然带头反对农奴制。南卡罗来纳州通过了一项“脱离法令”，不能坐以待毙，他们决定采取战争的途径。之后，为了扩大胜算的把握，还联合起了美国各个南部的州，他们在阿拉巴马的蒙特马利举行议会，这些州有佛罗里达、佐治亚、路易斯安那、密西西比、阿拉巴马以及得克萨斯，议会推举一位心目中的总统，他就是被称为“美国南方各州同盟”的杰斐逊·戴维斯，他们还制定了一系列拥护黑人奴隶制的宪法。

美国独立战争之后，有很多成长起来的新一代人，林肯就是这些美国人之中的典范人物。他曾经也是美国西迁运动中的一个年轻人。1809 年，林肯出生在肯塔基州，他的少年在印第安纳州度过，然后又去了伊利诺伊州。他的童年非常艰苦，那时他们在印第安纳州的旷野中随便盖起一个木头的房子。他的母亲虽然贫穷，但还是不放弃对他的教育，亲自教他读书写字，他一方面是为了实现母亲的期望，一方面是本身对书籍的极大兴趣，在很小的时候就孜孜不倦地读书。在艰苦的环境下，他不放弃锻炼身体，因为贫困，林肯最终在 17 岁时成长为一个强壮的运动员，他擅长摔跤与赛跑。他还曾经在一家商店做过雇员，后来与一个不靠谱的人合作后，欠了一笔债，一直到 15 年后才还清。1834 年，25 岁的林肯，就当上了伊利诺伊州众议院的议员。当时，议会中对于奴隶制问题议论纷纷，伊利诺伊州有一个主张扩展奴隶制的党派领袖，正是伊利诺伊州的参议院议员道格拉斯。他是一个才华横溢且具有威望的人，也是林肯强有力的对手。在几年里，林肯实行亲民政策，散发小册子传播观点。他还进行演讲，影响了民众。林肯靠着这种论战的方式终于战胜了他。在1860年的大选中，两人之间的对抗达到高潮。1861年3月4日，林肯就任总统。就在他当选的同时，美国南部各州正在积极备战，开始准备脱离华盛顿联邦政府。

美国内战开始了。联邦军队都是临时招募的，人数越来越多，后来扩展到了百万人之多。内战战场最初是在新墨西哥，后来阵地转移到了东部海洋的辽阔区域，他们开始争夺里士满和华盛顿。在此，我们无法为读者详细叙述战斗进行的情况，以及如何在田纳西州、弗吉尼亚州的丘陵和森林地带，以及在密西西比河沿岸所进行的战斗。但可以肯定的是，这场战争中，侵染了很多士兵的鲜血，看着希望一次次地变成失望，人心变得焦躁不安，都希望尽快结束这些恼人的战火。华盛顿和里士满，都在惨遭占领之前，得到了援助。南方军队有了威名的李将军，就不再顾忌人数和资源劣势了，他们也开始提高勇气对抗北方部队。而联邦军队人员广大，却经常撤换将军，他们实在找不到优秀的指挥人员，北方军队最后获胜是因为有了谢尔曼和格兰特的领导，再加上南方军队已经疲惫不堪，战争形势才有所改善。1864年10月，南方军队左翼，被谢尔曼率领的北方军队攻破，北方军队从田纳西州经过佐治亚州直达海岸，横穿南部联邦，然后挥军北上，越过南北卡罗来纳州向南方军队的后方发起攻击。格兰特与谢尔曼共同打败了李将军的部队。1865年4月9日，南方军队在阿波马托克斯投降。南方的残余部队在之后纷纷投降，南方军队宣告瓦解。

美国人民深受这场战争的残害，这一场长达四年的战争，消耗了物质，损害了精神。北方人强迫南方废除黑人奴隶制，人们也普遍认可了州的自治。当时的战争，也伤害了很多亲情，敌对的军队中通常有着兄弟或者父子，在战场上就是敌人的关系。他们只是因为政见不同而已，做出这些决定，不知道是否值得。当然，北方一直提倡本方的立场是正义的，可很多人看来，它并不是十分完美的正义事业。林肯在这种混乱的情况下，并没有失去理智，时刻保持着清醒的头脑。他认为要避免国家分裂和对立，国家应该统一并保持永久的和平；其次他反对奴隶制。

在内战初期，林肯缓和了北方军队和议会将领们狂热的冲动，他知道在短期内解放黑奴是不太现实的，种种利益纠纷，不那么容易得到解决。林肯认为解放奴隶应该循序渐进，还要想办法对奴隶做出相应的补偿。1865 年 1 月，议会在时机趋于成熟时，提出了宪法修正案，这样永久性地废除了奴隶制。当此项修正案由各州通过时，美国内战已告终了。

内战在 1862 年到 1863 年内，失去了初期的热情，有了拖延的趋势，人们开始反感和抵触战争，战争消磨着人们脆弱的信念。林肯清醒地发现北方形势不容乐观，他的周围没有可用之才，都是些叛徒、被撤职的将军、居心叵测的政治掮客等；原本支持的美国国民都极度疲惫，开始怀疑总统的决定；在前线缺乏领导人才，他们都是些平庸的将领和没有朝气的军队。他最大的安慰是里士满的杰斐逊·戴维斯的状况也好不到哪去。但还是要在这个关键时刻捏一把冷汗，英国政府这时援助南方联邦，派出了海军，让三艘配备航海人员的快船在英国下水，赶走了海上的美国船只，在这些船只中，留下最深印象的是“阿拉巴马”号。此时，在墨西哥的法军，没有顾忌门罗主义，偏偏要侵犯美洲大陆。里士满方面趁机向美国提议暂时停止内战，共同对外，以后再去解决内战争议。双方达成协议，南方军队和北方军队联起手来，一起抵抗墨西哥的法军。然而，林肯认为美国是一个统一的国家，应该由联邦享有最高统帅，接受一致对外的提议。

美国国内虽然满布着绝望和分裂的气息，长时间带来的无数挫折、失败以及疲劳深深腐蚀民心，但林肯一直把美国紧紧地凝聚在一起，没有气馁，也没有什么记录说他信念动摇，他是国家的中流砥柱。林肯最喜欢沉思，在无事可做时，就会静静地坐在白宫里，就像一尊刚毅的雕像。林肯总统会说些有趣的事，还时不时讲些玩笑，面对那些烦扰的国家大事，他就这样简单地缓解紧张的情绪。

终于，在南军投降的第二天，林肯来到里士满接受李将军的投降，联邦胜利了。回到华盛顿之后，4 月 11 日，林肯发表了最后的公开演说，题为“两方和解与战败诸州重建忠实联邦政府的问题”。4 月 14 日的晚上，林肯被一个偷偷进入包厢的人射杀，当时他在华盛顿的福特剧院的席上观看演出，一个叫布恩的演员对他的统治感到不满，开枪射中他的后脑。至此，林肯已完成了他的事业，联邦和美国都得救了，留下了人们对他的无限敬意。

通向太平洋海岸的铁路在战争开始时，还没有建造，在战争结束的时候，铁路如同蔓藤般地四处伸展，连接了美国庞大的领土。如今，铁路的密布也紧紧缠绕着美国辽阔的疆域，美国变成一个在物质上和精神上都无法分解的统一体。

第六十一章　德国的复苏与对欧洲的控制

前面提过，拿破仑在法国大革命爆发后，没有认清国际形势，继续按照自己的主张去进行军事冒险，这些导致了欧洲的大动乱，欧洲正处在一种不稳定的和平状态，而德国又复苏了，它用现代的形式恢复着 50 年前的政治局面。19 世纪中期，国家政治并没有受到那些重大发明的影响，轮船、铁路以及炼钢技术都安分守己地做着自己的事。然而，这些发明创造还是产生了一些其他影响，法国开始城市工业化，还有越来越大的社会压力，仍在动荡的局势中徘徊。1830 年革命之后，1848 年的革命又开始了。1852 年，法国的首任总统拿破仑三世成为皇帝，他是拿破仑·波拿巴的侄子。

当时的巴黎像 17 世纪的风格那样，到处是垃圾，残败不堪，拿破仑开始实施重建巴黎的计划，最终建造具有拉丁风格的城市，这种宽敞、到处都是大理石建筑的风格，至今还依稀存在。此外，他还致力于重建法国，要让法国成为光辉灿烂的现代帝国主义国家。为了这个理想，他甚至表现出这样一种意图：欧洲列强应该像十七八世纪那样，因战争而陷入困顿和不安。当时，俄国沙皇尼古拉一世向南扩张，逼近土耳其帝国，对君士坦丁堡的一举一动了如指掌。

到了 19 世纪下半叶，欧洲战争不断，又开始新一轮的“均衡势力、争夺霸权”。当时，英国、法国和撒丁致力于保护土耳其，与俄国展开了克里米亚战争；普鲁士当时是奥地利和意大利的同盟军，它为了获取德意志的掌控权，发动了战争；法国在得到意大利的萨瓦许诺后，从奥地利手中解放了意大利北部，并获得了相应的酬劳，意大利渐渐成为一个统一的王国。拿破仑三世终于发现了一个浑水摸鱼的机会，他对墨西哥实施了很不理智的冒险，当时美国爆发了南北战争，形势紧张，无暇顾及周边的情况，他于是在墨西哥扶植了一个傀儡皇帝马克西米利安。可是没有想到美国暂时放弃了内乱一致对外，当拿破仑三世受到胜利的联邦政府提出抗议和恐吓之后，又立即放弃了对马克西米利安的支持，他的阴谋没有实现。墨西哥人逮捕了马克西米利安，并把他枪毙了。

长期以来，法国为了争夺欧洲霸权，一直和普鲁士闹纠纷，1870年，普法两国再度爆发战争。两国之间的准备就已经预示了斗争的结果。普鲁士早已料到会有这一场战事，所以做了充分的准备，法国国内财政不断恶化，心有余而力不足，战斗力量大大地减弱。法国戏剧性地迅速溃败。8月，德国又开始挑战刚刚经历失败的法国；9月，拿破仑三世亲率的一支大军在色当投降；10月，在梅斯，另一支法国部队投降。1871年1月，德军占领巴黎。

德法战争结束后，交战双方在法兰克福签订了和平条约，德国获得了洛林和阿尔萨斯。普鲁士国王登上了德国皇帝的宝座，于是，除了奥地利外，整个德意志变成统一的帝国了，和欧洲皇帝们一样有了自己的国王。德国在其后的43年，一直是欧洲大陆最强的国家。1877年至1878年间，俄罗斯和土耳其之间又爆发了一场战争。此后，欧洲各国国界，除了局部调整巴尔干地区外，在30年间都没有发生变动。

第六十二章　进入轮船、铁路时代的新海外帝国

到了 18 世纪末，欧洲各国稳定的局面开始变动，各个帝国纷纷呈现出分裂的态势，这一时期，不能完成扩张的梦想。由于交通不便，距离遥远，英国、西班牙等国与它们各自在美洲的殖民地间，很大程度地阻碍了本土与各自殖民地间的自由来往。

于是，殖民地开始有了自己的意识形态，与本土分离开后，少了很多的限制，后来这些殖民地成了新的独立的社会实体。随着时间的推移，航运越来越不能维系本土和殖民地。那些本土设在殖民地的商贸公司，为了生存，必须得到根据地国家的帮助和支持，实际上已经不能发挥原先的作用，包括英国设在印度的贸易公司，法国设在加拿大的商站以及所有那些设立在荒原之上的贸易站。所以很多 19 世纪初期的思想家都认为，海外殖民地的最好限度就只能这样了。欧洲国家不愿意放弃扩张，在 1820 年以后，俄国还在向东扩展其势力，甚至要跨越整个亚洲，18 世纪中期，欧洲其他国家在欧洲以外创建的帝国，势力范围都有了明显的减小，他们没有能力继续扩张。

1815 年，不列颠帝国疆域辽阔，是一个“日不落帝国”。控制着加拿大沿海、多湖泊和多河流域地区、哈得孙湾公司的皮货交易站，这是当时唯一的一个移民点、好望角沿海区；印度半岛三分之一的领地又被东印度

公司控制；在西非海岸还有几个贸易站；牙买加、马耳他岛、直布罗陀、西印度群岛上几块役使奴隶劳动的小领地、南美英属圭亚那等。世界另一端还有两个囚犯流放地，那是澳大利亚的博塔尼湾与塔斯马尼亚岛。此时，西班牙控制着古巴和菲律宾岛的某些领地，包括从前在非洲征服的一些土地；荷兰在东印度群岛和荷属圭亚那，拥有部分的领地和几个岛屿。欧洲列强似乎特别喜欢在世界范围内占领别人的领地，这种扩张的欲望一直没有停歇，但是只剩东印度公司还有扩张的趋势。

拿破仑战争，为欧洲的很多国家提供了便利，历任总督率领英国东印度公司，借着混乱之势，开始在印度入侵其他国家。东印度公司在《维也纳和约》后，多次发动战争，它还强行征税，像独立国所做的那样，派遣使者到亚洲各个国家。但是，它还是要把掠夺来的财富送往英国本土。

英国东印度公司取得霸权地位，有一个复杂的过程，在这里，不再赘述。总之，东印度公司的势力范围一直伸展到阿萨姆、纹德、奥德等地。此时，印度领土残缺，当时的版图是这样的一个轮廓：各大省份被英国直接管制包围，还有连接的诸土邦。

印度终于在 1859 年爆发了一次规模宏大的叛乱，打击了东印度公司的势力，在叛乱被镇压下去后，英国王室终于将这个公司并入英国的统治范围。英国也采取了一些措施，削减东印度公司在殖民地的势力，可见本土对其傲慢态度早已不满。根据《改善印度政府管理法案》，代表英王的副王是印度总督，为了取代公司在英国国会的权势，还设立了印度事务大臣。到了 1877 年，贝肯斯菲尔德勋爵为了完成上述法令，拥戴英国的维多利亚女王为“印度女王”。

就这样，英国和印度用这样一种不同寻常的方法达成同盟。大不列颠君主共和国当然不会给印度实权，它取代了印度莫卧儿大帝的位置。印度这个时候就出现了一个没有独裁君主的专制政体，这种制度有两方面的弊端，既具有君主专制的弊端，也具有民主制度的不负责任的表现。印度人只有一个象征性的皇帝，一枚金色的徽记，他们甚至没有办法像以前那样，向君主表达苦楚和不满。印度人不能忍受这种痛苦，只好在英国散发传单，或者在英国下院提出抗议。但是，英国议会忙于英国内部，根本没有解决的意愿，印度被冷落了一段时间后，最后被少数高级官吏所左右。

印度在铁路和轮船投入使用之前，就在不断扩张，当时，欧洲各帝国反而没什么重大的扩张。英国有一派政治思想家认为，印度王国趋于衰落的主要原因之一就是在海外扩张领土。人们在 1842 年发现了铜矿，1851 年发现了金矿后，欧洲列强开始主要打澳大利亚的主意，它不再受到人们的冷落。澳洲的羊毛在运输条件改善后，成为欧洲越来越畅销的产品。加拿大在 1849 年以前，发展也不太乐观，因为它一直受到英法移民纠纷的困扰，后来还发生了几次重大的叛乱。加拿大内部混乱局势得到缓和是在 1867 年，联邦自治政府因新宪法的颁布而成立。加拿大与美国很相似，也是因为有了铁路才得以向西扩展，欧洲市场上也出现了加拿大的谷物和商品，销售门路得以拓宽。此外，铁路的发展也有利于加拿大的统一，各地在情感、言语、利益等各方面趋于一致。我们可以看出，机械革命的那些发明，轮船、铁路以及电报，对殖民地发展的全过程起到了重要的作用。

英国早在 1840 年以前，为了开发可利用资源，就已经在新西兰创建殖民地，还成立了新西兰公司。新西兰也在 1840 年成为归属英国王权的殖民地。

正如前面所述，在英国的殖民地中，加拿大第一个采用新的运输方式，并拥有了新的经济能力。后来，由于交通条件的改善，南美洲的诸共和国，特别是阿根廷共和国，开始加入欧洲市场，他们的家畜与咖啡在欧洲也受到欢迎。 从前，欧洲列强一直受到香料、象牙、奴隶、黄金和其他贵重金属的吸引，为了获得重要物质，冒险进入这片未开发的野蛮区域。但是欧洲诸国在 19 世纪最后 25 年中，由于人口急剧增加，粮食短缺，必须依赖海外输入才得到供给。科学工业的发展，又引起了那些像油脂、橡胶一类原料的热潮。荷兰、葡萄牙和英国抓住机遇，精心经营很多热带、亚热带的产品，获得了巨大的收益。1871 年以后，那些未被吞并的原料产地，以及有利可图的现代东方国家，受到了德国、法国、意大利的注意。

于是，整个世界开始了新一轮的争夺，主要是针对那些政治上没有受到庇护的地区。由于美国门罗主义的阻止，美洲大陆才避免了蹂躏。

紧靠着欧洲大陆的是非洲大陆。1850年以前，欧洲人认为非洲是一个莫测高深的神秘大陆，欧洲人仅对埃及和沿海地区略有了解。他们开始探索开发非洲大陆，企图得到一些意想不到的财富。最早到达非洲大陆中心的探险家和冒险家的历程，以及其后陆续跟进者的惊人故事，由于篇幅限制，不再详细叙述。但我告诉读者，非洲就是一个神奇的大陆，它有奇异的人种，如俾格米矮人；物产丰富，还有奇特的野兽俄卡皮鹿；有罕见的昆虫、鲜花、水果，当然也有可怕的疾病；更有惊奇的森林山岳、浩渺的内海、宽阔的河流以及景象壮观的瀑布。欧洲人发现了一个拥有崭新精神面貌的地方。欧洲的探险家发现：已绝灭的某一古代民族的文明遗迹，甚至出现在非洲的津巴布韦。这个神奇的地方，生活混乱，欧洲纷纷向这个新世界侵入时，发现黑人生活混乱和困顿，而阿拉伯奴隶贩子已经有了来福枪，这种状况，让外来分子有利可乘。

19世纪后半叶，欧洲列强为了瓜分非洲，测绘、勘察和估计了非洲全境。在这场瓜分大战里，那些强盗根本不会顾及当地居民的利益。他们禁止留在境内的阿拉伯奴隶贩子贩卖奴隶。贪得无厌的列强在比利时得到刚果后，让刚果当地土人采集野生橡胶，这使当地土著人与欧洲官吏的矛盾进一步加深，惨剧时常发生。可以说，在非洲的欧洲列强都有可耻的行径。

1883年，土耳其虽然在名义上拥有埃及，但这时英国已经占领了埃及，并在那里保持自己的势力。1898年，英法之间差点引发战争，缘由是马尔尚上校率领大军从西岸经过中非，想要在法绍达攻占尼罗河上游。在此，也不再详细叙述了。

起初，荷兰移民是奥伦治河地区与德兰斯瓦两地的布尔人，英国政府本来允许他们在南非内陆地区成立独立共和国，但后来又反悔了，并在1877年吞并了德兰斯瓦共和国。1881年，德兰斯瓦人民为了重获自由，与英国军队在巴山发动战争，并赢得了胜利。这是英国战争史上的一个黑色记忆。后来，英国人不甘心，在1899年，继续与这两个国家发生战争，苦战三年后，两国战败，不过英国也为此付出了巨大代价。

然而，这两个国家短暂屈服了一段时间。1907 年，英帝国主义政府垮台，南非问题又牵绊了英国的自由党人，他们终于重新获得自由。为了在英国管制下，成为自主共和国，他们迫切希望组成联邦，开始拉拢好望角殖民地，以及纳达尔结成一个由南非各国组成的联邦，作为英王管制下的自主共和国。

非洲在短短的 25 年内，几乎完全被瓜分一空。除了三个小国：摩洛哥，一个在穆斯林苏丹统治下的小国；利比里亚，位于西海岸的一块解放了的黑奴居住地；阿比西尼亚，一个信奉基督教某个古老分支的未开化国家，在 1896 年击败意大利，捍卫了独立。

第六十三章 对亚洲的掠夺和日本的复兴

19 世纪，欧洲人对当时的历史背景没有深入的认识，也没有深入批判的习惯。他们认为西方工业革命出现的成果，就是欧洲永久主宰人类事务的证据，其实那不过是短暂的优势。他们甚至小看诸如蒙古人这类伟大征服的事情，因此他们也吃了亏。他们以为只有自己才能进行发明和创造，不会想到中国、印度照样能胜任研究工作。他们总是想得很片面，总是认为欧洲人拥有智慧和闯劲儿，永远处于主宰世界的霸权地位，认为东方人天生就是很保守和懒惰，很难成大事。

这种自信观念有一定的好处，但是也很容易看到一些后果，即争夺殖民地，扩充控制范围。英国霸权受到欧洲诸国的对外机构的挑战，他们都为了世界上未开化的区域而相争。不仅如此，为了开采原材料赚取更多利益，他们还要瓜分亚洲有着众多人口的文明国家。欧洲列强们希望把殖民地一路扩展，证明自己可以征服世界。英国统治阶级控制着印度，以及荷兰在东印度群岛有着广阔的属地，这些使列强产生了一个想法，衰落的波斯可以被征服，解体的奥斯曼帝国可以被占领，东印度、中国以及日本可以被瓜分。

1898 年，欧洲列强开始瓜分中国广阔的疆域，如德国人强占胶州湾，英国人占领威海卫。第二年，中国的旅顺港又被俄罗斯人吞并。欧洲人的野蛮行为引起了中国人民的愤恨，1900年，欧洲列强驻北京的使馆被中国人围攻。欧洲联军对北京发动报复性的进攻，美名曰“援助使馆人员”。实际上，他们瓜分了北京大量的贵重财宝。接着，俄罗斯人强占了中国的东北；1904年，英国人入侵中国西藏。

在这些相互争夺的国家之外，突然出现了日本的踪迹。在以前的历史上，日本处在遥远与世隔绝的地方，根本没有任何重要的地位，也没有对全人类的命运产生过什么影响。严格来说，日本民族承传于中国，包括对文明、文字，还有艺术方面的继承和改造。日本其实也是富有传奇色彩的民族。公元2世纪末，出现了英国人攻击法国的东方翻版，那时，日本已经有了封建制度和武士传统，他们向中国和朝鲜发动战争。16世纪，日本首次与欧洲接触。1542年，日本境内来了几个葡萄牙人；1549年，耶稣会传教士弗兰西斯·萨维尔来到日本传教。他们看到了欧洲人的先进，在明治维新时期学习效仿欧洲人，很多日本人受到了欧洲教士的影响都改信了基督教。当时，一名叫威廉·亚当斯的欧洲顾问，受到了日本人的欢迎，日本人从他那里学习了建造大型船只的方法。不久，印度和秘鲁有了日本人的足迹，他们驾着自己造的船远洋航行。后来，在日本，葡萄牙的耶稣会、英国与荷兰的新教徒以及西班牙的多明我会，为了教徒互相争斗。当时占优势地位的耶稣会，又残酷地迫害佛教徒。日本人终于认清了：欧洲人全是祸害，它们的宗教都是阴谋，尤其是天主教，它只是教皇与西班牙国王争权夺势的一个手段。因此，日本为了消除这些不利因素，展开了一场大规模的清理基督教徒的活动。1638年，很少有欧洲人进入日本境内，日本采取了封闭的策略，这种情况延续了两百多年。日本闭关锁国了两百多年，这期间，与世界上其他国家没有任何的来往，就好像是在异星球生活。日本政府禁止国人出海，只允许一些沿海使用的小船航行；国人不准去海外，而欧洲人不准进入日本。

日本在长达两个世纪里闭关锁国，处于世界历史的主流之外，平民受到贵族、武士肆无忌惮的压迫，人民痛苦不堪。而此时，外面的广大世界出现了新兴力量，有了迅速的发展，有了更广阔的眼界。在日本海峡能够看到经过的奇异船只。有时日本也会看到漂流而来的遇难船只和船员，他们或许还在庆幸国家的政策。与外界唯一有联系的桥梁，就是马岛上的荷兰人居留地，日本人逐渐发现自己落伍了，他们开始羡慕西方国家的先进生产和政治制度。1827 年，一艘挂着奇异星条旗子的外国轮船，救助了若干名遇难日本水手驶进了江户湾。然而，他们遭到了日本人的炮击，这艘船只好离开了。不久，挂着相同旗子的船只又出现了。而 1849 年，日本扣押了 18 名美国水手，同样旗子的船只再度驶来。1853 年，日本境内出现了不速之客，佩里率领四艘美国军舰，不顾日本政府禁止停泊的规定，驶进日本海域，并写信交给当时统治日本的两位执政者。1854 年，佩里又率领由蒸汽推动的十艘军舰，开进日本，然而这些军舰不但有强大动力，里面还装有大炮。日本人无力拒绝佩里提出通商的提议，只得同意佩里和 500 名士兵登上日本岛，并签订了通商条约。这些耀武扬威的访问者从日本大街上通过。

不久，日本境内相继出现了俄罗斯人、荷兰人和英国人。下海关的一个贵族炮击外国船只，入侵者联合起来炮轰那个炮台，击退了反抗的武士。1865 年，日本受到各国联军舰队的逼迫，签订并认可向全世界开放的经商条约，打开了日本的门户。

日本人决心洗掉这次的耻辱。此后，日本为了提高自己国家的文化和制度，先后爆发了明治维新运动、资产阶级民主运动，凭借着智慧和顽强的意志，渐渐赶上了欧洲各国的水平。日本国家那样快速的进步，在历史上是从来没有出现过的事情。1866 年，日本还停留在中世纪时代，是一个封建制国家，但到了 1899 年，日本是一个完全西化的国家，它已经赶上了最发达的欧洲国家的水平。这样，日本消除了欧洲对亚洲人种的偏见，相比之下，欧洲的进步似乎不如日本发展得那样快。

1894 年至 1895 年间，日本发动侵华战争，但我们在此不能细述。此时，日本军事实力增强，陆军和精干的舰队都已经达到高效的西方化水平了。英美两国开始把复兴后的日本看作欧洲国家，其他国家根本不关心这个新秀，他们在忙着抢占亚洲新印度群岛。俄国正准备入侵朝鲜，而法国已经向安南扩张了。德国也在寻找可以扩张的殖民地。日本人面对三大强国的勾结，在侵华战争中，除了割让台湾和赔款之外，没能获得更多的好处。

日本暂时屈服了，回到自己的国家后开始养精蓄锐。日本做足十年准备后，向俄罗斯宣战。这场日俄战争产生了一些其他意义，意味着亚洲进入了一个历史的新纪元，欧洲的独自霸权时代，在这时已经不复存在了。当然，俄国的国民对这场外国的进攻浑然不知。俄国那些远见的政治家并不主张这场战争，但是，沙皇贵族统治者被有企图的政客包围，执意不肯从中国撤退，他们企图获得中国的金银财宝。于是，很多日本士兵经过海上到达旅顺口和朝鲜，而俄国的农民凭借西伯利亚铁路，奔赴前线，在远离祖国的战场上死去。

日本在日俄战争中轻易获胜，还有一些其他因素。俄国缺少优秀将领，腐朽官员扣押后方的粮草和弹药，物资紧缺，因此在陆上和海上都没有战胜日本。俄国再次发起了一场愚蠢的战争，波罗的海舰队绕道非洲而来，但在马六甲海峡被歼灭。俄罗斯民众终于被这些徒劳无益的远征激怒了，发起了革命运动，沙皇不得不停止战争 (1905 年)。1907 年，沙皇把占领的萨哈林岛南部交给了日本，日本还获得了沙皇在朝鲜的特权。

第六十四章　英帝国统治下的和平

英国拥有一个独特的政治联邦体系。在这里要讲的是，1914 年的大英帝国统治下的各个组成部分的不同性质，铁路和轮船将这些组成部分紧密地联系在一起。

在整个联邦中，居于首要和中心地位的是不列颠联合王国的“君主共和国”。不列颠国会由威尔士、苏格兰、爱尔兰这三个议会组成。国会上选举的多数决定了政府的性质、政策和内阁首脑。而这些议案的提出，多半要考虑国内政治。事实上，这个内阁就是掌管帝国各个部分的最高政府，有宣战和媾和的权力。

大英帝国的政治重要性，远远要大于其他国家，澳大利亚、加拿大、英国最早的属地纽芬兰、新西兰以及南非的“君主共和国”依次排在不列颠之后。其实这些地方排在后面也是理所应当的，虽然它们都是独立的自治国和大不列颠达成联盟，但是由伦敦政府任命每个自治国国王代表。

印度帝国是大莫卧儿帝国的扩展，势力范围不断扩大，不但有附属地，还有“受保护”的各个联邦，已经从俾路支扩展到缅甸，而且亚丁也包括在内。英王和印度事务部实际控制着这个外强中干的帝国。

其次是埃及，虽然土耳其名义上统领埃及，并有着自己的君王，而事实上还是由英国官员统治，所属关系不是很明确。

然后是意义更不明确的被称为“盎格鲁 – 埃及”的苏丹省，由埃及统治，英国政府又管制着埃及，统治着盎格鲁。

当时的大英帝国还包括一些半自治地区，有些本来就属于英国，有些不属于，主要是巴哈马群岛、百慕大群岛、牙买加、马耳他岛等。这些地区选举产生立法机构，行政长官也由上面任命。大英帝国还有着近乎君主专制的对外统治，就是英国政府通过殖民部建立直辖的殖民地。这种地区包括斐济（有一个英国任命的政务会议）、直布罗陀和圣赫勒拿（有一名总督）、锡兰、特立尼达。

最后是广大的热带地区，很难搞清楚这些地方的管制。尽管这里生活着未开化的土著居民，但为了获得原材料，他们非常乐意控制这些政治性相对比较弱的野蛮地区。殖民者派遣职位高于土著酋长（如在巴苏陀兰）或特许公司（如在罗得西亚）的高级官员，到这些热带地区，名义上是去保护，实际上是去掠夺。对于管制问题，大部分责任归于殖民部，有的由印度事务部管理，有的归外交部管理。

从上面的种种原因可以看出，英国的领属范围很广，很难将其看作是一个简单的整体，如果某个机构或某个人把它看成一个简单的整体，也是不可行的。英国其实与以前所谓的帝国完全不同，它就是一个在不断发展中逐渐由各个国家拼凑起来的混合体。与其他帝国也有相似，大英帝国的官方也是在施行各种苛政，暴露出各种弊端，虽然如此，并没有出现大的差错，它还是保证了表面的和平与稳定；“国内”的百姓即使不同意这些措施，也没有什么办法，因为它赢得了很多“隶属”国民的支持和容忍。大英帝国与“雅典帝国”一样，是一个海上帝国，日常联系完全依靠不列颠的海军，这些海军势力强大，曾经一度是海上霸主。和其他的帝国相同，大英帝国凝聚在一起的物质保证是发达的交通。大英帝国也正是凭借 16 世纪到 19 世纪发达的航海技术、造船技术、蒸汽轮船技术，才有可能赢得统治下的表面和平稳定，大英帝国在表面上蒸蒸日上。不过，当航空运输和高速陆地运输有了新进展后，或许会出现一个可能性，大英帝国的和平会在某天发生动摇。

第六十五章　军备阶段与世界大战的爆发

美利坚合众国站在自然科学的山坡上，又在轮船和铁路的基础上成长为一个强大的国家。海上霸主的英国也开始眼馋这块肥肉，企图向美洲扩张。

然而，并不是所有的欧洲国家都这么幸运，那些聚集在欧洲大陆的其他国家，虽然也有扩张的野心，却没有因为这种进步而得到有效的发展，他们后来又被门罗主义吓破了胆。这些国家并没有随着交通技术的进步得到什么发展，他们被限制在土路和骑马时代所划定的国界之内，他们眼睁睁地看着，大英帝国还有其他国家不断在海外扩张其势力，自己却无能为力。但还是有一个例外，有一个国家仍然有着向东扩张的倾向，这就是俄国。俄国在通往西伯利亚的途中，修建了一条大铁路，俄国就是凭借这条铁路，与日本展开了一场暗无天日的战争，也让他们的国民看到了这场愚不可及的战争如何走向失败。最终俄国的扩张还是惹怒了英国，它不断向东扩张，攻击波斯和印度，这是英国人不能容忍的。人口过剩产生的拥挤变为欧洲其他诸国头疼的事。此时的人类需要在更为广泛的基础上，重新调整各国事务，调整新的生活。但这种调整的基础有一个前提条件，那就是互相联合，它可以是某种自愿的联合，也可以是强国强迫各国实施联合。当然，以近代思想来衡量的话，肯定是愿意接受前一种联合，由于各国的传统势力，欧洲被推向强权。

人们开始把欧洲的政治集中在德国身上。拿破仑三世帝国覆灭和新德意志帝国的崛起，使人们出现了一种希望或失望，德国可能领导欧洲实现统一。和平在欧洲的大约40年期间，一直摇摆不定，于是欧洲政治都集中在这一点：德国可能成为主宰者。自查理曼帝国分裂以后，德国一直企图成为欧洲主宰者，但是却一直受到法国的阻碍，法国还和俄国达成联盟，弥补实力的不足，继续挑战德国。德国也不甘落后，尝试着结盟，它寻找的对象是在拿破仑一世时代，已经不属于神圣罗马帝国的奥地利。此外，德国还试图拉拢意大利入伙，但与意大利的新王国结盟没有成功。随着德国海军的实力越来越强，英国不再像以往那样忽冷忽热地对待欧洲事务，而是与法国、俄国结成联盟。英国在德国君主威廉二世实行海外冒险策略后，开始互相敌对。日本和美国也开始倒向敌对阵营一方。

于是，这些国家明显感到了战争的火药味儿，都开始了武装的工作。在动荡不安的局势里，越来越多的军事设备、枪炮和战舰被制造出来。战争一直在拖延，一会儿加剧，一会儿又有所缓和。德国、奥地利首先向法国、俄国、塞尔维亚发动了攻击。战争最终还是爆发了。接着，德国又向比利时进攻。英国也不示弱，拉拢日本加入同盟，立即参战援助比利时。德国阵容，在不久之后，接纳了土耳其和保加利亚。意大利在1915年向奥地利宣战。1916年，罗马尼亚对德国宣战，1917年，美国、中国不得不向德国宣战。德国阵容形势不容乐观。本书不会过多地评判这次大战的责任，不会讨论这次大战爆发的导火线，而最想说的是，为什么没有人制止这些预料到的战争，反而积极为战争做准备？对于人类来说，哪一次的战争不让人悔恨？无论是战败国还是战胜国，都要承受着一定的损失，我们或许会痛恨蓄意挑起战争的一小撮人，但更让我们感到痛心的是，只要人类团结起来，就能有效制止战争，可是并没有形成一个公开的、广泛的欧洲统一运动。

在此，这场大战的复杂细节，限制于篇幅，不再详细叙述。可我们能够看到一个显而易见的事实，现代科学技术在短短几个月内得到迅速的发展，也导致了战争性质的深刻变化。人们通过物理学，认识到力量的存在；这种力量不但被充分认识，人们还通过那些势能转换，进行冶炼钢铁，维持各国的联系，治疗疾病；然而，不可置疑的是这种力量有利有弊，人们对道德的认识程度和政治上的理解力，决定着利用这种力量行善，还是作恶。这场战争，最终还是爆发出史无前例的破坏力，因为旧政策影响欧洲各国政府的猜忌和仇恨，他们被这种负面情绪控制，在抵抗的过程中，产生了不幸的战争。战争的气息弥漫着整个世界，无论是战败国，还是战胜国，都遭受了巨大的损失。战争迫使健康的成年男子参加海军或陆军，有的还被送到临时工厂为军需生产服务。这一时期，社会生产活动几乎都被迫停止。大战初期，各国疯狂进攻，也都遭到了各自顽强的抵抗，德军进攻巴黎，俄军猛烈攻击东普鲁士，他们还是不顾及战争的惨烈，反而继续加强自己的防御力量，修建了坚固的战壕，力图获取战争的胜利。两方的兵力十分强大，在对峙的某段时间内，只有付出巨大的牺牲，人们才勉强地在漫长的战壕中向前推进 。民众在自己军队的后方给予支援，并组织起来把粮食和军需品送往前线；几乎一切生产活动都被迫停止，各国全力以赴地为战争服务。不但如此，欧洲交战国有一半以上的国民，不管是否出于自愿，都开始服从社会性趋势，在这场战争期间根本转换了职业。战争波及了教育和科学方面，这也将是非常危险的事，各国政府要么限制科学的研究工作与教育工作，要么直接为军事服务，性质发生了很大的改变。这时期的公共媒体也受到了影响，新闻受到军事上的强迫性审查和宣传，也改变了原有的味道。

由于交战双方准备充足，对峙局面愈演愈烈，最后开始转向敌人后方，他们使用了一切破坏性活动，有时进行空袭，有时捣毁粮食或军需用品，大大加深了人民的痛苦。此外，交战双方为了压制战壕中士兵的抵抗，还加紧了武器的研制。战争形势紧迫，人们也把战争的破坏性发挥得淋漓尽致，他们改进了枪炮的口径和射程，还发明了毒气弹和小坦克。在所有的新方法中，飞机的出现，改变了战争的空间，革命性的发明便是空袭了，战争因此从平面发展到立体空间。此时的战争受到很小的限制，在任何地方都能给敌人以重击，不用像以往那样在交战双方相接的地方进行。各种飞行器也层出不穷，首先是齐柏林飞行器，继之是轰炸机，非战斗地区也受到了战争的波及。战争不再区别对待士兵和平民，他们几乎把所有职业的人们都当成了攻击的对象，曾经的战争文明消失了，他们甚至攻击那些耕种的、裁缝、伐木者、修房的，甚至还有车站和仓库，不知道是否是因为人类太过聪明了。紧张的人们时刻生活在恐惧中，他们害怕空袭会发生在自己的身边。空袭的范围扩大，欧洲的很多地区都成为空袭目标，战争狂热分子，似乎每夜都会轰炸一些重要的城市，如巴黎、伦敦等。这场战争深深伤害了人们的肉体和心灵，高射炮的怒吼声时常呼啸在身边。救护车、消防车在漆黑无人的街上疾驰而过，到处都是伤亡。这场残酷的战争，在身体和精神上，伤害最深的就是那些老人和小孩了。

“一战”在 1918 年结束后，没有符合人们的战争经验，战争过后必瘟疫的时代，好像已经过去了。其实，这些奇怪现象还是得益于医学的发展，如果说其他领域或行业都受到了破坏，那么过多的伤亡促进了医学的不断进步。在战争的四年里，医学阻止了普通的流行病。然而，这并不表明就没有什么危险了，人们还是受到了流行性感冒的侵害，数百万的人被这次来势汹汹的流行性感冒夺去生命。战争期间，欧洲大部分地区在 1918 年初，还是不可避免地陷入了饥荒之中。全世界很多人忙于抗战奔赴前线，没有人去收割粮食，最终产生了饥荒；世界运输系统混乱，潜水艇活动猖獗，各国边界封锁，粮食受制于阻塞的道路，前线得不到粮食供应。战争的负面性越来越大，人们只能领到各国政府定期定量分配的粮食，因为国库储存的粮食在不断减少。战争的第四年，物资更加匮乏，衣食住行全得不到保障，每个人过着饥寒交迫、颠沛流离的生活。人们不仅为粮食的匮乏而感到苦恼，更为缺少衣服、房子和大量的生活用品困扰着，商业和经济极度混乱。

这场战争在 1918 年 11 月，才算真正结束了。战后，德、奥都已经彻底崩溃了，耗尽了资源和精力。

第六十六章　俄国的十月革命

那个半东方的俄国沙皇在同盟国瓦解的前一年，还没有实现继承拜占庭皇帝的梦想，就被推翻了。然而，沙皇的颓败迹象，早在战争开始前的一年中已经显露出来了。宫廷的大事由宗教骗子拉丝普丁掌管，军事腐败和民事管理无能。战争初期，一支庞大的军队很快组建，然而，这支有着爱国精神的军队不仅缺乏适用的武器装备，也缺乏优秀的将领和军官。就这样，德、奥的前线上来了一支缺少供给、没有优秀指挥官的敌方军队。

俄国军队在 1914 年 9 月，当德军即将在巴黎取得胜利时，毫无计划地突然出现在东普鲁士，它转移了德军的精神和注意力。在这次俄军出征中，那些俄国农民承受着巨大的痛苦。他们没有出色的指挥，牺牲了数万人，法国也因此从失败中脱离出来。这个伟大而惨烈的民族给欧洲带来了喘息的机会，没有遭遇德国的毒手。国内气氛紧张，军民无法承受这样的打击，他们并不是没有能力，只是苦于生在这个腐朽的帝国，俄国士兵投入战斗后，不仅没有获得炮火的支援，甚至缺乏枪支弹药，这似乎在一开始就注定会失败，然而，那些参战人员被狂热的军国主义分子欺骗，白白地牺牲了性命。俄国政府并没有安抚军民，让那些可怜的人在相当长的时间里，独自承受着巨大的痛苦，这种忍耐是有限的，就算是再忠厚的人，也无法承受这样的失败。于是，反抗的思想开始蔓延，这些被出卖和被屠杀的军人，对沙皇政府极度不满和憎恨，这种强烈的思想很快转化成了行动。1915年后，俄国的西方盟国开始担心这个国家的命运。到了 1916 年，俄国大部分时间都处于守势状态。到处都流传着它要和德国单独媾和的谣言。

俄国形势又发生了一些改变，那些激烈的反抗分子付出了行动，在 1916 年 12 月 29 日，圣彼得堡的一次晚宴上，刺杀了僧侣拉斯普丁。随后整顿沙皇政府的计划开始进行，可是为时已晚了。这仅仅是国民行动的第一步，事态在 3 月有了迅速的发展，圣彼得堡发生了粮食骚乱，人民再也忍受不了了，一场革命起义爆发。临时政府成立，推翻了国家代议机构杜马，并逮捕了自由派领袖 。沙皇在 3 月 15 日被迫退位。此时的俄国人民厌倦了战争，看透了欧洲的嘴脸，痛恨欧洲秩序、痛恨沙皇的统治。他们现在只希望早点脱离这种无法忍受的痛苦，因此他们的革命非常温和，只是撤换了沙皇，不过后来事态明显后，市民不再相信沙皇政府的调整，他们开始做出进一步的行动。协约国的外交官们开始对新政府设置各种障碍。那些所谓高雅的外交官对俄国境况并不是很了解，因此那些成员国对俄国了解有限，他们只是把所有的目光都放到了俄国宫廷，俄国下层阶级的境况涌动并没有受到他们的关注。因此，他们没有对俄国下层形势做出侦察，就对俄国做出了极其错误的估计。克伦斯基善于雄辩、极具风采，具有很强的领导力，他现在正领导着俄国共和政府，但是他被两方面的事情困扰着，其一是国内革命运动有蔓延的趋势，遭到了社会革命力量的攻击；其二是国外各协约国政府对俄国政府有了清醒的认识，开始逃离沙俄阵营。协约国没有摸清状况，反对他把边界以外的土地交给俄国农民，也不希望他在境外停战。俄国政府甚至受到了法国、英国的威胁，那些煽动者在报纸上大发言论逼迫俄国重新发起进攻，然而，俄国内部问题还没有解决，又来了外患，德军也看到了俄国混乱的状况，从海上登陆向里加发动攻击，俄国协约国英国的海军却没有去援助俄国。俄罗斯没有得到任何支援，只有凭借着满腔热血去进行殊死的战斗。然而有一点要引起我们的注意，协约国把波罗的海的管制权送给了德国。如果说他们是忌惮德国的强大军事实力，那么还有情可原，可是当时，各协约国在海上处于上风，英国海军上将费希尔勋爵（1841—1921 年）也曾提出过抗议，但结果却定型了。我们只知道，英国和协约国，在战争期间只在局部地区开展了几次潜艇攻击。

俄国人早厌倦了这场战争，他们为了结束这场残酷的战争，愿意付出任何代价。俄国人民终于看见了希望，成功地发起一个代表工人和普通士兵的组织，在圣彼得堡成立了苏维埃政权。它号召社会主义者在斯德哥尔摩召开国际大会。这期间俄国又发生了一连串不幸的事，不但没有物质援助，也没有获得道义上的支持。柏林在这时又发生了粮荒，德、奥的厌战气息更浓了，战争总会在达到一定程度后，消磨人民最初的激情。起初，俄国也开始需寻求同盟国的支持。克伦斯基曾恳求他的西方同盟准许召开这次会议，英国工党也以微弱的多数通过了这一要求，但是同盟国并没有同意，他们是这样认为的：如果召开这个会议，也就意味着西方资本主义将会受到一场世界规模的社会主义与共产主义革命的挑战。不过，在以后的情况下可以看出，这样的国际大会能够实现正义和平，因为它根据民主的原则，德国革命也会因此而出现，但这都是外话了。这个不幸的俄国，孤立无援，仍然继续进行着战斗，曾获得过几次胜利，但还是以失败告终，俄国人民再次遭到了血腥的屠杀。

俄国人民的忍耐力达到了极限，再也无法忍受这样血腥的失败，兵变时常发生，特别是在北方前线这种情况更为明显。1917 年 11 月 7 日，列宁领导的布尔什维克主义者推翻克伦斯基的政府，并夺取了政权。这批革命者下决心维持俄国的和平，改变俄国的现状，并不理睬西方列强的警告。1918 年 3 月 2 日，它单独与德国签订了《布列斯特—立托夫斯克和约》。

布尔什维克社会主义者信奉的马克思主义，是马克思在实践中总结出来的，有着深厚的理论基础和实践经验，因此在本质上，与那些口头上的立宪主义者、克伦斯基革命党人完全不一样，它的优势很快明确地呈现出来。他们为推动全世界社会主义的革命起了主导作用。他们虽然没有任何经验，但是有美好的信念，致力于改造社会，建设经济秩序。西欧诸国和美国政府并不看好这个新政府，就算想做出点什么，也没有这个力量，因此，没有引导或帮助苏俄进行这个非凡的实验。然而，还是有其他的干预力量，媒介报纸开始制造舆论，不顾及自己的名义，攻击这些新势力，它们竟站在了统治阶级的立场。全世界的报纸公开进行着无耻的、恶心的、虚伪的宣传活动。为了使布尔什维克政权陷入困境，鼓励那些汉奸和偷袭者，报纸把强盗和魔鬼的字眼用到了布尔什维克的领导人身上，并且咬牙切齿地把他们形容为荒淫、恐怖、嗜杀成性。与之相比，在拉斯普丁参政时期，他也没有这样攻击沙皇宫廷，引起俄国人怨恨的沙俄竟然显得纯洁和清白了。这个国家在这样不利的情形下，已经筋疲力尽了。敌方用尽一切卑鄙和可怕的手段，排挤新政府，为那些反动新政府分子提供资助和武装。大战使俄国已经变得伤痕累累，极度混乱了。但布尔什维克政权，并没有放弃在经过5年大战后变得衰弱的国家，期间虽然很艰难，还是在各条战线上进行苦战：抗击俄国旧军官高尔察克的进攻；在东西伯利亚打击入侵的日本部队；在阿尔汉格尔斯与英国开战；在南方与罗马尼亚、希腊和法国的军队进行战斗；在克里米亚与法国舰队支持下的邓尼金交战。同年7月，圣彼得堡，差点被尤登尼奇率领的爱沙尼亚军队攻下。1920年，苏俄又受到法国的挑拨，遭到了波兰军队的新一轮进攻。邓尼金的继承者弗兰格尔，竟然带领着一支新成立的反动叛军，袭击自己的祖国。1921年3月，珂琅施塔德的士兵发起了暴动。列宁领导顽强的苏俄政府，成功地打败了四面八方的围击。1921年底，英国和意大利首先认可了这个共产党政权，苏俄人民不懈的努力终于取得了一些成效。

布尔什维克政府要反抗外国侵扰和与本国叛乱进行斗争，这些都相对容易，它还想要在俄国建立一个基于共产主义信念的新的社会秩序，这就困难多了，首先，会受到四面八方的排挤，共产主义者必须要付出更多的努力。其次，共产主义者并不会得到俄国农民的大力支持，因为他们都是有着很少土地的小资产家，共产主义的观念对他们来说是不可能的事，他们宁愿守着自己的小土地过着安稳的日子。但是战争过后一片狼藉，很难再回到从前了。因为战争，农业产量大大减少，铁路瘫痪，粮食无法运输，百姓的生活混乱不堪，国家陷入了困境，农民的粮食也仅仅能维持自己的生活，城镇则被饥饿折磨着。他们想要仅仅依靠种地换取货币，已经行不通了，就算有足够的粮食，货币也早因为战争贬值了。这些问题凸显出来，如果得不到解决，又会引起更大的混乱，他们根据共产主义理念，很快制订出了恢复工业生产的计划，因为太慌忙，这个计划漏洞百出，同样失败了。到了 1920 年，俄国陷入极度的崩溃状态。消极情绪蔓延，颓败现象弥漫，铁路报废，城镇也成了一片废墟，人们将要失去信心了。更可恨的是，各方面的敌人也趁火打劫，整个国家不得不在边界交战。1921 年，战争下的东南几省已经变得疮痍满目，这时就算不能雪中送炭，也不该再发生什么意外了，偏偏又遭遇到了干旱和饥荒。数以百计的人民忍受着饥饿，在死亡边缘徘徊。

迄今为止，各界人士关于俄国境况和恢复经济问题，仍存在着不同的意见，本书对此不作过多的讨论。但人性是伟大的，民族的复兴不过是早晚的事，读者不用杞人忧天。

第六十七章　全世界重建政治经济秩序

各种条约引发了复杂、激烈的争论，特别是《凡尔赛和约》就对第一次世界大战做出了总结。受本书意图和范围的限制，不再深入讨论。现在，我们终于发现，这场规模庞大、气势雄浑的战争，根本没有结束和开始，也没有解决任何问题。数百万人因为这场可恶的战争死于非命，全世界都呈现出一派颓败荒芜的景象，沙皇俄国也被这场战争完全摧毁。但这场战争并不是一无是处，它时时刻刻提醒人们：这场悲剧的战争不过是帝国主义的贪欲罢了。如果它们在大战后恢复，这些在战争中充分暴露出来的事实，会引发一场更大的灾难。人类战争和革命的最大作用，摧毁不合时宜的传统，扫除古老的障碍物，“一战”或许有这些作用，但人们却深深痛恨这种最野蛮、最痛苦的方式。一些国家在“一战”中，还是捞到了一点好处，欧洲粉碎了德意志的威胁，瓦解了俄国的帝国主义，并消除了很多君主政体。然而，军队继续强大，武器越来越先进，人类的威胁越来越大。欧洲仍有很多杂乱的政权，各国的边界像往常一样处于紧张状态。

《凡尔赛和约》从形式上来说，要对战争的冲突和战败的时间作出某种结论，但它却不合理地制定出一些权限。它取消了一些国家参加会议的资格，如德国、土耳其、保加利亚和奥地利，议会的裁决不会顾虑这些国家的利益。很多人认为会议选择的地点很不合理，会使人们的心里产生一些联想。1871年，骄狂的德意志帝国在凡尔赛宣告了自己的成立；大会同样带着凯旋者的骄傲，在凡尔赛的明镜大厅举行。

战争结束了，各国开始清理自己的损失，完全没了战争初期所表现的慷慨，战败国因战争带来的灾难不会被考虑到，战胜国只是特别强调他们自己所遭受的损失与痛苦。事实上，大战之所以爆发，还是牵扯着欧洲各国的利益纠纷，他们盛行的国家主义遭到了各国激励的对抗，还是没有实施有效的协调活动。如此小的一个地方，拥有那么多强大军力的独立主权国家，战争必然会爆发。不管在何种状态下，总会在某时某地聚集，爆发出战争。这样就可以判断出一个事实，如果不想在二十或三十年里出现更具灾难性的战争，必须实现政治上的统一。本书出版后的十几年，就爆发了第二次世界大战，作者早就看出了他们的把戏。国家加强军备也会引发战争，这种情况自然得就像母鸡下蛋一样。然而，并不是那么多人有远见，在战争中，人们要么被胜利冲昏了头脑，要么被悲伤洗去了激情，怎么奢望那些受到损失和伤害的国家、国民，注意到这样一个事实？战争结束后，战胜国在讨论该由谁负责赔偿战争带来的物质损失。他们并没有像有识之士那样有远见，而是互相推卸责任，法、英两国认为，德国人应该负战争的主要责任，而德国人认为，负主要责任的是俄、英、法三国。其实，战争爆发的真正原因是欧洲支离破碎的政治结构。《凡尔赛和约》的主要目的是制止战争，要惩罚那些战败国，迫使已经破产的国家再背负巨额的战争债务。通过建立国际联盟的方法，改善国际关系，但是这种方法不够妥当。

就有关欧洲国家的做法看，它们是否有调整国际关系促进永久和平的念头，还很值得怀疑。在近代国家中，美国只是提出了保护新大陆不受欧洲干预的门罗主义，但是现在，美国总统威尔逊提出建立国际联盟，并将其引入现实的政治活动中。美国一直是构建世界和平的主要支持者，以前从来都没有对国际关系有过任何明确的见解，而如今美国遇到了一件前所未有的事情，突然被要求解决当代重大政治问题，并提供精神上的帮助。“旧世界”的政治在美国人民看来不值一提，他们也不愿意置身于“旧世界”的纷争中，只是坚守自己对世界的永久性和平向往。美国受到了德国潜艇的海底攻击，还没有提出自己对世界问题的解决办法时，已经卷进了这场战争，加入了反抗德军的联军阵容。1918 年至 1919 年，人们还没有从战争中恢复过来，继而就开始担心此类战争的再度爆发，他们需要寻求一个妥善的方法防止这个惨痛事实的再次出现。但在旧世界，和平并不是那些政府所渴望的，为了权力他们宁愿发动战争 。威尔逊提倡建立国际联盟的公开演说，它尝试着建立美国式世界，欧洲方面，相信这个方案是深思熟虑的结果，这个提议似乎在一时间越过了欧洲各国政府，而直接引发了世界各国人民的共鸣，他们并没有看到其中的不完善，也没有意识到其中的危险。各国人民都相信美国，也都信任美国的提案，因此表现出十分强烈的反应。 然而，人民并无法直接表达自己的见解，各国政府才是威尔逊的直接交涉的对象，弊端很快显现出来。现在人们看到，威尔逊确实富有非凡的想象力，但是他有一些狭隘性，处处为自己的利益着想，人们终于意识到这项提议是欠思考的，因此，这股由他所引起的热浪，很快就烟消云散了。

狄龙博士在其所著的《和会》一书里曾经说道：“威尔逊被当成人们心中的摩西，当威尔逊总统到达这里的海岸时，欧洲就看到了曙光，确信将会找到一个合适的道路。各国人民迫切地渴望着，跟随摩西去那个没有战争和封锁的理想王国。一个巴黎劳工领袖在见到威尔逊的时候，曾激动地流下了眼泪，法国人民充满尊敬和热情地向他鞠躬，他们表示过，愿意付出任何代价，实现威尔逊的崇高计划，就算是赴汤蹈火也在所不辞。不但在法国，在意大利也是如此。威尔逊的名字在劳动大众的心中就像是一个号角，预报新世界的来临。甚至德国人也赞成威尔逊及其所提倡的主义是和平的保障。米尔隆坦率地说出当时的情形：‘德国人狂热追随威尔逊，如果这人来到德国演讲，对他们做出最严厉的判决，他们也会没有丝毫的怨言，并立即投人工作。’德意志人民、奥地利人民把威尔逊当作救星，他们甚至听到这个名字便会得到安慰，会从苦难中得到解脱……”

人们对威尔逊抱了无限的希望，但是他却是那样令人失望，人们眼睁睁地看着国际联盟崩溃，心中的支撑倒下了，人们感到失望和不快。美国人民不支持总统的行动，不同意加入欧洲人期待的国际联盟。威尔逊也确实夸大了人类悲剧，但只是做出了渺小的努力就想实现自己伟大的梦想。美国国民渐渐明白，他们正被卷入他们没有任何准备的事端当中，这是个烫手山芋，没有深思熟虑，不可能做出有效的裁决。而与此相对应，欧洲方面也渐渐发觉到，尽管有精心设计的章程，但是美国并没有解决混乱局面。事实上，国际联盟也有它失败的必然性。一方面，根本没有达到成熟的时机；另一方面，它也是不切实际的，其权力也受到明确的限制，依靠它重建有效的国际关系，除非跨过那些种种的障碍。国际联盟的存在，不但没有解决根本问题，也阻碍了某些问题的解决。然而，我们还是能够在这件事上，看到全世界统一，建立世界新秩序的希望。最初，全世界的民众（不是政府而是民众）把那股世界性的热情投入这个计划，都加入了反战行列中来，这是任何历史书都应该特别郑重地加以记载的。

1918 年以后，世界进入一个会议时代。这类会议的过程和尝试，不再细述了。可我们还可以看到，1921 年，那个最成功、最具创意的，由美国总统哈丁召集的华盛顿会议。此外，日内瓦会议也备受瞩目，因为它召集了俄国和德国的代表团。还有一点越来越明确，国际联盟不能解决任何问题，它事实上是匆忙组织起来的。人类大范围的重建活动，倘若是没有世界大战或世界性的屠杀，早就蓬勃发展起来了，根本不会有这些国家集团临时拼凑的协调机构。这些表面很强大的组织或机构解决不了任何问题，它们根本就不符合新时代的复杂政治要求。新兴学科开始得到系统的发展，如金融学、教育学、经济学、人事关系学、个性心理学、团体心理学等，都要尽快进入应用阶段。人类共通的起源与共同的命运，将会取代狭隘、腐败，还有灭亡或濒临灭亡的道德和政治观念，这将会出现更便捷、更明朗的思想。

科学是把双刃剑，人们通过它掌握了前所未有的力量，但同时它也给人类带来了空前的危险、困惑和灾难。人类经过准确明晰的阐释和彻底的批判，终于明白，人类并不能驾驭所有强大力量，科学方法在不断地进步，人们也要不断地反省，这样人类才可以有控制这些力量的希望，也才会有更好生活的期望。本书的作者把历史当作一个过程，看到了人类为了理想和希望而进行的种种努力，同时我们也能像作者那样，看到当前的希望和危险间的真正比例。人类不能放弃前行的希望，人类面临的困境不是由衰老疲惫引起的，人类的成长还处于青春期。现在我们似乎还没看到人类伟业的第一道曙光，但是通过有效的训练和控制，我们还是能够拥有日渐强盛的力量。生命是多么地美好，万花盛开，可爱的小动物嬉戏，甚至是夕阳西下都有独特的美，在诸多优美的风景之中，我们还要去苛责什么呢？另外，我们也可以获得人类意识的启示，不但是在物质层面，还在精神层面：聆听伟大的音乐篇章，沉浸在雕刻与绘画作品的意境中，散步在宏伟的建筑或令人心旷神怡的庭院之中，未来就在前方。我们拥有梦想，我们也拥有不断增加的力量，现在，人们取得了一些小小的胜利，但和平与统一是大趋势，相信我们的子孙将生活在一个更加美好的世界中。历史带给我们的是经验和教训，也是人类将要进行伟大事业的序曲，未来会更好。

附录：世界大事年表

公元前

800 年 创建迦太基。

790 年 埃塞俄比亚人占领古埃及，创建第二十五王朝。

776 年 首届奥林匹克竞技会开始。

753 年 罗马建立。

745 年 提格拉特·帕拉沙尔三世占领巴比伦，建立新亚述帝国。

722 年 萨尔贡二世使用铁制武器装备亚述部队。

721 年 以色列人遭萨尔贡二世驱赶出境。

680 年 亚述王爱沙哈顿征服古埃及的底比斯（颠覆埃塞俄比亚人的第二十五王朝）。

664 年 萨姆提克一世收复了古埃及，建立第二十六王朝（到公元前 610 年）。

608 年 在米吉多战斗中，古埃及王尼科战胜犹太王西亚。

606 年 迦勒底人与米堤亚人占领尼尼微，建立迦勒底帝国。

604 年 尼科入侵幼发拉底河，被尼布甲尼撒二世击败（尼布甲尼撒把犹太人抢到巴比伦）。

550 年 居鲁士承继米堤亚人塞克萨里斯，且占领克里萨斯。

550 年 约生活在这个阶段的有：释迦牟尼、老子与孔子。

539 年 居鲁士重夺巴比伦，建立波斯帝国。

521 年 大流士一世占领自多瑙河到印度河的辽阔区域，且征战斯基台。

490 年 马拉松战斗的开始。

480 年 塞尔比雷战斗和撒拉米斯战斗。

479 年 普拉多战斗和麦卡利战斗，终结了波斯入侵的忧患。

474 年 西西里的希腊人消灭了伊特鲁里亚船队。

431 年 伯罗奔尼撒之战（到公元前 404 年）。

401 年 希腊“万人军”凯旋。

359 年 菲利普任马其顿国王。

338 年 凯罗尼亚战争。

336 年 马其顿军队到达亚洲，菲利普遭遇暗杀。

334 年 格勒奈克斯河战争。

333 年 伊苏斯战争。

331 年 阿尔比勒战争。

330 年 大流士三世被杀害。

323 年 亚历山大大帝逝世。

321 年 旃陀罗笈多在旁遮普崛起，撒姆尼人在科丁山路战争中击败罗马人。

281 年 皮洛士入侵意大利。

280 年 赫拉克利亚战争。

279 年 奥斯库卢姆战斗。

278 年 高卢人来到小亚细亚，定居于加拉西亚。

275 年 皮洛士远离意大利。

264 年 首次布匿之战爆发（阿育王开始治理比哈尔直至公元前 227 年）。

260 年 米勒战斗爆发。

256 年 埃克诺米斯战争。

246 年 秦始皇继承秦国君主。

221 年 秦始皇统一中国。

214 年 中国修建长城的开端。

202 年 札马战争。

146 年 迦太基陷落。

133 年 阿塔罗斯把王国交予罗马人。

102 年 马略打败日耳曼人。

100 年 马略获胜。中国汉武帝占领西域。

89 年 意大利人都变成罗马公民。

73 年 斯巴达克带领奴隶抗争。

71 年 斯巴达克奴隶抗争失败。

66 年 罗马军在庞培的率领之下抵达里海和幼发拉底河，跟阿雷奈人作战。

48 年 恺撒在法舍拉斯打败庞培。

44 年 恺撒被刺丧命。

27 年 奥古斯都 · 恺撒任执政首领（直到公元 14 年）。

4 年 耶稣的诞生公元（西历纪元从此开始）。

公元

14 年 屋大维逝世，提比略担任罗马皇帝。

30 年 耶稣受十字架刑逝世。

41 年 克罗狄乌斯在卡利古拉受暗杀之后被禁卫军拥作帝王（罗马军团第一位皇帝）。

68 年 尼禄自尽，加尔巴、奥托、维泰利乌斯接连坐上罗马帝位。

69 年 韦斯帕西安成为皇帝。

102 年 班超经由西域到达里海。

117 年 哈德里安继图拉真后当上皇帝。罗马帝国的势力范围在此时最大。

138 年 印度斯基台毁掉希腊人统治印度的最后印迹。

161 年 马可 · 奥里略承继安东尼 · 皮乌斯当上皇帝。

164 年 大瘟疫蔓延，持续到 180 年奥里略去世时。亚洲由于瘟疫受到重创（罗马帝国开始近一个世纪的战争和动乱）。

227 年 阿塔薛西一世（萨桑波斯的首位国君）消灭波斯的安息王朝。

242 年 摩尼开始宣教。

247 年 高卢人穿过多瑙河，肆意抢掠。

251 年 高卢人取胜。罗马皇帝第裘司打败逝世。

260 年 第二位萨桑波斯王撒波一世征服安堤奥克，且劫走罗马瓦勒安皇帝，可是在自小亚细亚回返的途中被帕尔米拉的奥迪尼林斯消灭。

277 年 摩尼在波斯遇害。

284 年 戴克里先成为罗马皇帝。

303 年 戴克里先残杀基督教徒。

311 年 伽莱里乌斯终止残杀基督教徒。

312 年 君士坦丁大帝成为罗马统治者。

323 年 君士坦丁举行尼西亚的宗教大会。

337 年 君士坦丁大帝在弥留之前接受洗礼。

361—363 年 尤里安（背教者）颁令禁止基督教，允许太阳神崇拜教。

392 年 狄奥多西变成东、西罗马帝国的统治者。

395 年 狄奥多西逝世。雷诺留和阿卡丢将罗马帝国再次分割成东、西两部分，把斯底利哥和阿拉列当作它的保护者。

410 年 阿拉列率西哥特人征服罗马城。

425 年 汪达尔人定居于西班牙南部，匈奴人征服潘诺尼亚，哥特人在达尔马提亚定居，苏维汇人和西哥特人来到葡萄牙与西班牙北部，盎格鲁人侵略不列颠。

439 年 汪达尔人征服迦太基。

451 年 阿提拉进犯高卢，在特鲁瓦被罗马人、法兰克人、西哥特人击败。

453 年 阿提拉逝世。

455 年 汪达尔人劫掠罗马。

476 年 鄂多亚克向君士坦丁堡报告西方已无君主，西罗马覆灭。

493 年 意大利被东哥特人狄奥多里克占领，成为意大利君主，可是在名义上却向君士坦丁堡称臣。

527 年 查士丁尼当上君主。

529 年 查士丁尼关掉已经有 1000 年历史的雅典学校，他的一位部下征服拿波里。

531 年 科斯洛埃斯一世继承帝位。

543 年 君士坦丁堡蔓延着瘟疫。

553 年 查士丁尼将哥特人赶出意大利。

565 年 查士丁尼去世，伦巴德人占领北意大利大部。

570 年 穆罕默德诞生。

579 年 科斯洛埃斯逝世，伦巴德人掌控了意大利。

590 年 瘟疫在罗马肆意蔓延，科斯洛埃斯二世继承皇位。

610 年 赫拉克利乌斯继承帝位。

619 年 科斯洛埃斯二世征服古埃及、大马士革、耶路撒冷，屯兵海拉斯庞特。唐朝已开国一年。

622 年 穆罕默德自麦加迁移至麦地那。

627 年 赫拉克利乌斯在尼尼微击败波斯军队。唐太宗当上中国皇帝。

628 年 卡瓦特二世废掉并杀死他的父亲科斯洛埃斯二世。穆罕默德写信给诸国国王。

629 年 穆罕默德光荣回到麦加。

632 年 穆罕默德去世，艾卜·伯克尔成为哈里发。

634 年 亚莫克河战争，穆斯林征服叙利亚，奥马尔成为第二位哈里发。

637 年 卡迪西亚战斗。

642 年 赫拉克利乌斯去世。

643 年 奥斯曼成为第三代哈里发。

655 年 穆斯林击败拜占庭。

668 年 摩阿维亚哈里发自海上进攻君士坦丁堡。

687 年 赫里斯塔尔的丕平当成宫相，再次占领了奥斯特拉西亚、纽斯特里亚。

711 年 穆斯林军队自非洲进犯西班牙。

715 年 哈里发瓦利德一世的统治范围向西到达比利牛斯山，向东到达中国。

717—718 年 苏里曼入侵君士坦丁堡，可是失败了。

732 年 查理·马尔泰尔在普瓦捷大败穆斯林军队。

751 年 丕平成为法兰克国王。

768 年 丕平逝世。

771 年 查理曼成为法兰克君主。

774 年 查理曼占领伦巴底。

786 年 哈伦·阿尔·拉希德成为巴格达的阿巴斯王朝的哈里发（到 809 年）。

795 年 利奥三世担任教皇（到 816 年）。

800 年 利奥教皇为查理曼举办加冕式。

802 年 埃格伯特被查理曼封作威塞克斯王。

814 年 查理曼去世。

828 年 埃格伯特变成第一个英格兰国王。

843 年 加洛林王朝解体。

850 年 北欧人留里克始于这个时候治理诺夫哥罗德与基辅。

852 年 包里斯当上保加利亚第一位基督教国王。

865 年 俄罗斯（诺曼）人的舰队威胁君士坦丁堡。

904 年 俄罗斯舰队撤出君士坦丁堡。

912 年 罗伦成为诺曼底大公。

919 年 亨利（捕鸟者）当上德意志王。

936 年 奥托一世承继亨利的德意志王位。

941 年 俄罗斯舰队又一次威胁君士坦丁堡。

962 年 德意志王奥托一世被约翰十二世加冕成为皇帝（是撒克逊王朝的开端）。

987 年 休·卡佩成为法兰西王，加洛林王朝灭亡。

1016 年 卡纽特治理英格兰、丹麦、挪威。

1043 年 俄罗斯舰队威胁君士坦丁堡。

1066 年 英格兰被诺曼底公爵威廉征服。

1071 年 伊斯兰教在塞尔柱突厥人中再次兴起，莫拉斯格德战斗。

1073 年 希尔德布兰德成为教皇（格列高利七世），延至 1085 年。

1084 年 诺曼人罗伯特·奎斯卡特劫掠罗马。

1087 年 乌尔班二世成为教皇（到 1099 年）。

1095 年 乌尔班二世发动首次十字军东征。

1096 年 民众十字军遭遇肆意屠杀。

1147 年 开始第二次十字军东征。

1169 年 萨拉丁成为古埃及苏丹。

1176 年 弗里德里希·巴巴罗萨承认教皇亚历山大三世在威尼斯的优越权。

1187 年 萨拉丁占领耶路撒冷。

1189 年 开始第三次十字军东征。

1198 年 英诺森三世成为教皇（到 1216 年），而且变成四岁的弗里德里希二世的监护人。

1202 年 十字军第四次进犯东罗马帝国。

1204 年 拉丁人重夺君士坦丁堡。

1214 年 成吉思汗攻占北京。

1226 年 利那留三世成为教皇。

1227 年 成吉思汗崩逝（他的统治范围自里海至太平洋），一年以后窝阔台继承汗位。

1228 年 弗里德里希二世发动第六次十字军东征，夺得耶路撒冷。

1240 年 蒙古人击溃基辅，俄罗斯给蒙古人进贡。

1241 年 在西里西亚的利埃格尼兹战斗中，蒙古人获胜。

1250 年 弗里德里希二世（霍亨斯陶芬家族最后的君主）逝世，自此开始了日耳曼时代，帝位一直虚悬到 1273 年。

1251 年 蒙哥成为蒙古大汗，忽必烈在九年以后继承王位。

1258 年 旭烈兀攻陷巴格达。

1261 年 希腊人自拉丁人手里夺得君士坦丁堡。

1273 年 鲁道夫被选作皇帝，瑞士缔结永久性联盟。

1293 年 实验科学的倡导者罗杰·培根去世。

1348 年 黑死病横行。

1368 年 中国元朝覆灭，明朝建立（一直到 1644 年）。

1377 年 教皇格列高利十一世返回罗马。

1378 年 教皇开始分裂，克勒芒七世在阿维农，乌尔班六世在罗马。

1398 年 胡斯在巴格达宣传威克利夫的教义。

1414—1418 年 康士坦茨宗教大会，胡斯被烧死于 1415 年。

1417 年 教会分裂终结。

1453 年 奥斯曼土耳其人在穆罕默德二世的带领下夺得君士坦丁堡。

1480 年 伊凡三世（莫斯科大公）摆脱蒙古的统治。

1481 年 苏丹穆罕默德二世在准备进攻意大利时逝世。

1486 年 迪亚士环绕好望角航行。

1492 年 哥伦布穿过大西洋，到达美洲。

1493 年 马克西米利安一世当上神圣罗马帝国皇帝。

1498 年 达伽马绕过好望角，到达印度境内。

1499 年 瑞士变成独立的共和国。

1500 年 查理五世出生。

1509 年 亨利八世成为英格兰国王。

1513 年 利奥十世成为教皇。

1515 年 弗兰西斯一世成为法兰西国王。

1520 年 苏利曼当上苏丹（直到 1566 年），他的统治范围向东抵至巴格达，向西抵达匈牙利。查理五世成为皇帝。

1525 年 在尼巴特战役中，巴布尔获胜，重夺德里，建立莫卧儿帝国。

1527 年 在意大利的德军在波旁族的将军率领下征服并劫掠罗马。

1529 年 苏利曼包围进攻维也纳。

1530 年 查理五世被教皇加冕，亨利八世和教皇产生冲突。

1539 年 耶稣会建立。

1546 年 马丁 · 路德逝世。

1547 年 伊凡四世当上俄国沙皇。

1556 年 查理五世退位，阿克巴成为莫卧儿帝国皇帝。

1558 年 查理五世逝世。

1566 年 苏利曼逝世。

1603 年 詹姆士一世成为英格兰和苏格兰国王。

1620 年“五月花”号远航至美洲，建立新普利茅斯，黑奴第一次登上弗吉尼亚的詹姆斯敦。

1625 年 查理一世当上英格兰君主。

1626 年 弗朗西斯 · 培根逝世。

1643 年 路易十四承继王位，统治达 72 年。

1648 年《威斯特伐利亚和约》签订，瑞士和荷兰被认作自由共和国，普鲁士渐渐强大，皇帝和国王都没获得全胜。弗隆德战争，法兰西王完胜。

1649 年 英王查理一世被处决。

1658 年 奥朗则布成为莫卧儿帝国国王，克伦威尔逝世。

1660 年 查理二世当上英格兰统治者。

1674 年 新阿姆斯特丹依照条约变成不列颠领土，更名为纽约。

1683 年 土耳其人最后一次入侵维也纳，被波兰约翰三世打败。

1689 年 俄国彼得大帝当上沙皇（一直到 1725 年）。

1701 年 弗里德里希一世成为首位普鲁士国王。

1707 年 奥朗则布逝世。莫卧儿帝国解体。

1713 年 弗里德里希大帝出生。

1715 年 路易十五成为法兰西统治者。

1755—1763 年 不列颠和法兰西抢夺印度与美洲，法兰西联合奥地利、俄国抵抗普鲁士、英格兰，发起了七年战争（1756—1763 年）。

1759 年 不列颠将军沃尔夫征服魁北克。

1760 年 乔治三世当上英王。

1763 年《巴黎和约》签订，加拿大归属英国，英国治理印度。

1769 年 拿破仑·波拿巴出生。

1774 年 路易十六继承王位。

1776 年 美利坚合众国颁布《独立宣言》。

1783 年 英国与美国订立和约。

1787 年 费城宪法会议创建联邦政府，法兰西濒临破产。

1788 年 在纽约举行首次美国联邦会议。

1789 年 举行法兰西诸级会议。巴士底狱被攻占。

1792 年 法兰西向奥地利宣战，普鲁士向法兰西宣战，瓦尔米战役，法兰西共和国创建。

1793 年 路易十六被处决。

1794 年 罗伯斯庇尔被处决，雅各宾共和国解体。

1795 年 督政府创建，拿破仑平定动乱，担任总司令带领大军到达意大利。

1798 年 拿破仑入侵古埃及，尼罗河战役。

1799 年 拿破仑回到法国，变成第一执政官，掌控大权。

1804 年 拿破仑当上君王。

1805 年 弗朗西斯二世成为奥地利皇帝。

1806 年 神圣罗马帝国皇帝称号不再，从此神圣罗马帝国灭亡。

1806 年 在耶拿战斗中，普鲁士被完全击败。

1808 年 拿破仑的哥哥约瑟夫被封作西班牙国王。

1810 年 西班牙的美洲属地改为共和制。

1812 年 拿破仑向莫斯科发起战争。

1814 年 拿破仑退位，路易十八承继王位。

1824 年 法兰西查理十世承继王位。

1825 年 俄国尼古拉一世当上沙皇，最初的铁路开始通车，以斯托克顿为起始点到达伦敦。

1827 年 纳瓦里诺战斗。

1829 年 希腊独立。

1830年 路易·菲利普驱逐查理十世自立为王。比利时从荷兰分化出来，萨克·科堡·哥达的列奥波特一世成为比利时君主，俄属波兰革命失败。

1835年 首次用“社会主义”这个词。

1837年 维多利亚女王承继王位。

1840年 维多利亚和萨克森·科堡·哥达的亚尔伯特亲王迈进婚姻殿堂。

1852年 拿破仑三世当上法兰西皇帝。

1854—1856年 克里米亚战役。

1856年 亚历山大二世成为俄国沙皇。

1861年 伊曼纽尔成为意大利建国之后首位君主，林肯当上美国总统，美国南北战争爆发。

1865年 美国南方军队在阿波马托克斯被降服，南北战争终结。日本对外开放。

1870年 拿破仑三世宣战普鲁士。

1871年 巴黎于1月投降，普鲁士国王威廉成为德意志皇帝。订立《法兰克福和约》。

1878年 订立《柏林和约》，西欧开始达三十六年的短暂和平期。

1888年 3月，弗兰德里希二世成为德意志国王；6月威廉二世成为德意志国王。

1912年 中华民国建立。

1914年 爆发第一次世界大战。

1917年 俄国革命开始，建立布尔什维克政权，开始统治俄国。

1918年 第一次世界大战终结。

1920年 国际联盟举行第一次会议，德、奥、俄土被排除在外，美国没有派代表参会。

1921年 希腊完全不顾及国际联盟的调解，入侵土耳其，发起战争。

1922年 希腊在小亚细亚被土耳其击败。